如果这是宋史

❹仁宗盛世卷．下

高天流云◎著

辽宁教育出版社

图书在版编目（CIP）数据

如果这是宋史.4,仁宗盛世卷.下/高天流云著.—沈阳：辽宁教育出版社，2011.10

ISBN 978-7-5382-9446-0

Ⅰ.①如… Ⅱ.①高… Ⅲ.①中国历史—北宋—通俗读物 Ⅳ.①K244.09

中国版本图书馆CIP数据核字（2011）第198236号

辽宁教育出版社出版、发行

（沈阳市和平区十一纬路25号 邮政编码 110003）

北京嘉业印刷厂印刷

开本：710毫米×1000毫米 1/16 字数：277千字 印张：18

2011年12月第1版 2011年12月第1次印刷

责任编辑：王丽君 责任校对：刘 璪

封面设计：小徐书装 版式设计：高 亮

ISBN 978-7-5382-9446-0

定价：29.80元

如果这是宋史 | ❹仁宗盛世卷·下

目 录 CONTENTS

目录CONTENTS

如果这是宋史

第一章
1042年的北风

现代商场上有句名言:“世间的钱只有那么多,你多得了,别人就会少得,从无例外。所以商场即战场,必须抢!”

人世间的快乐也是一样的,只有那么多,你快乐,必然会有人不快乐。除非,大家都是无欲无求的第欧根尼,有个狗窝就觉得上了天堂。不然,你的欢乐总得有些理由吧,那个理由,就一定建筑在别人的不快乐上。

从无例外,小到今天买土豆时讲下来两毛钱,大到耶律宗真和赵祯讲价钱。

公元1042年,是宋庆历二年,辽重熙十一年。这时耶律宗真二十六岁,已经当了十一年的辽国皇帝。最近他有点烦恼,日子太顺了,幸福得让人无聊!

他坐在契丹皇位上向四面八方张望,先看自己人。从他老爸望到老妈,从兄弟看到儿子,边看边想,觉得谁都挺好,但谁都让他提不起兴致,似乎生活还少了点什么。

老爸死了很久了，显赫人物的死亡就像老酒，时间越长，名头越芬芳。圣宗陛下，这个名头在辽国百余年间独此一份，必将万古流芳，他只有羡慕的份儿。

他的老妈，强悍凶狠的萧褥斤女士，不说也罢，早在八年前，就让他凉透了心。那时萧老妈突然间觉得这个儿子很陌生，情敌养大的孩子，就算是亲生的，也不投缘。她秘密召集娘家人，要用小儿子耶律重元替换宗真，辽国需要新的刺激，搞个政变还是很有趣的嘛。

可惜小儿子的心理有问题，从重元后来的表现来看，这个契丹娃总是在造反和不造反之间纠结，闹得国家不安，他自己更不安，直到全家死光光，辽国也元气大伤。其实他现在就顺理成章地当皇帝多好？但精神上的毛病就是个绝症。

他悄悄地跑去告诉大哥，老妈要干掉你了，怎么办要快想。

大哥当机立断，先下手为强，把一大堆的舅舅都抓了起来，收回老妈的太后印玺，再给她搬家，到老爸的坟前去反省。直到三年之后，宗真有一天突然悲从中来，思念自己的妈妈，亲自驾车赶向庆州皇陵，把妈妈接回皇宫。

但怨恨不解，萧褥斤厌烦了谁，终身都没有宽恕。无论宗真怎样孝顺，也没法挽回。于是这时他只能自嘲地一笑，看来母子之间的感情，也得从娃娃抓起，沟通要及早啊。

目光转移，再看向弟弟。耶律重元现在是皇太弟，所谓“仁兄贤弟”，弟弟当年如此贤良，哥哥怎会不仁德？皇太弟的名号已经是辽国的正规皇储，并且兼任北院枢密使，是南京（今北京）留守，名副其实的辽国第二号人物。

位高权重，彼此安生，那就继续安生下去吧。

下一位是他的太子，十三年后的下一任辽国皇帝出场。说到名字真是如雷贯耳，现代华人无人不晓，就是《天龙八部》里萧峰的结义大哥耶律洪基。这时耶律宗真应该露出了由衷的微笑，很得意，这个儿子太理想了。

首先这是个心灵美的标准契丹青年，佛教是他的心灵主宰，有荐于伟大的圣宗皇帝小名都叫做文殊奴，可以了解，父子之间、祖孙之间有着怎样的共同宗教语言。历史可以证明，洪基把宗教变成了怎样的事业去做。他和宋朝未来的赵佶皇帝一南一北，一个叫“道君教主皇帝”，一个庙号是“道宗”，互相呼应，真的让各自的国家变成了前所未有的理想社会。

一个信道，一个信佛，宋、辽就在他们两人手中亡国！

这都是未来的事。信神终得救，这时耶律宗真也是个非常虔诚的佛教徒，他深信，这么好的宗教，一定会让他国泰民安，仙福永享，寿与天齐，敢说亡国，小心乱讲遭雷劈。身边的人都看到了，他的目光变得深邃而辽远。契丹王廷御座之下的各位王公贵臣静候良久，才听到年轻的皇帝非常深沉地问：“我姐夫那边还好吗？”

忘说了，李元昊的正妻就是辽国的公主，是耶律宗真的姐姐。为了两国的传统裙带关系，已经嫁过去好多年了，只是半点夫妻感情都没有。估计辽国的公主很自尊，李元昊又是个暴烈型的宅男，互相从来就没好脸。从历史资料来看，这时公主已经死了，但辽国还不知道消息。

这时耶律宗真听到的回答是，也好，也不好，但无论怎样，对我们都很好。

说好，是李元昊还活着。不好，是他胖头肿脸地往回跑，被张亢踢黑了脸。无论怎样辽国都好，这更简单。坐拥东亚最强军事实力，辽国坐山观虎斗，两边打得越狠，对它越有利。

一些利益简直是不招自来，比如西夏国和李元昊最短的那条船板——钱。没有了宋朝每年的恩赏，再断了宋、夏之间的榷场，李元昊的国家里仍然只出产青盐和马匹，他想要钱打仗，就只有一条路好走。

把牛、马、羊、骆驼等土特产卖给契丹人，但非常可惜，卖不上价。这些东西辽国人都有，一点都不稀罕，你爱卖不卖，简直是坐地要价，地下室还钱。这样就造成了一个结果，李元昊拼了命去打架，实际上都是替耶律宗真创收。

这日子是多么美啊。

完全可以更美，耶律宗真问过了姐夫的近况，开始向群臣微笑，顿时契丹王廷上金光闪烁，每个人都看到了大笔的现金、布匹、绸缎，或者黑黝黝的土地。要问美丽的生活哪里来，大家向南看。

坐山观虎斗只是预备动作，要是没有下一步的趁火打劫，就是个只会看热闹的呆汉。这时宋、夏战争已经打了快三年，早了宋朝没疼，根本不怕；再晚些就要打出结果了，时机一去不复返。耶律宗真紧急指示，大家想个办法，立即行动，要俺的皇兄吐出钱来，还要他心甘情愿。

因为我们一定要做到有理有据。

这时辽国人的智慧开始显露，以前和以后的历史都证明过，游牧民族一点都不傻，金钱面前人人平等，和汉人们一样聪明。他们把史书往回倒翻，很快找到了打劫的理论依据，在这一年的年关正月，给宋朝的皇帝写了一封信。

信是这样开头的，“弟大契丹国皇帝谨致书兄大宋皇帝”，很客气，内容嘛，是一本血泪控诉回忆录。

从五代十一国的后晋时说起，汉人方面的皇帝，上至柴荣、赵匡胤，下至赵光义、赵恒，再到现任的赵祯，你们都是错的，从根错到梢，从里错到外，我们契丹这方面长期愤怒，忍无可忍，可也能忍，只要你们有改正错误的诚意。

事情从石敬瑭说起，当年的干儿子是诚心诚意把燕云十六州献给老爸耶律德光的。而爸爸也没白拿，亲自出兵办事，以至于最后累死，所以十六州的土地是合理合法的劳务费。

但是被汉人那个狂暴的，不讲道理的后周皇帝柴荣给抢跑了，一共有三关十六县之多。你们宋朝的皇帝不说归还，反而变本加厉，尤其是你爷爷赵光义，不仅攻打我们的友好邻邦北汉，还突然越过国境袭击幽州。这是怎么回事？真理没有年限，别以为时间久了就是本死账，现在你们得回答。

还有赵恒，澶渊之盟占了大便宜，我的父亲好说话，你们就不自觉，瓦桥关以南还有十个县，我们日夜都在期盼，你们就不怕利息太多不好算？至于你，我的皇兄，你就更出格了。

远的不说，就说李元昊。他是我辽国的女婿，是我的家臣，就算犯了再大的罪，要杀要剐得我说了算。你连告诉一声都没有就大打出手，当我是主人还是狗?!

综上所述,委曲加愤怒,亏吃得太大了,我要求亲兄弟明算账,瓦桥关以南十县土地必须还给我。还了是好兄弟,不还……你自己看着办吧。

赤裸裸的威胁,说得振振有词。这就是历史的妙处,年深日久,再加上人类都善于从多角度、多层面去分析问题的优秀传统,很多事就都说不清了。这封信在正月发出,宋朝正月里收到,大过年的开始全体做心脏体操。

各个都心跳过速。这事儿不必多计算,太宗陛下当年都没法承受党项和契丹的联手压力,被迫向辽国求和。何况这时党项已经强大到了这种地步,西北动荡,再加上东北方开战,宋朝边防必将崩溃!之后就是开封以北所有土地的沦陷。

宋朝的军备最强的只有一面一点,即边防线上的全面防御圈和开封城里庞大的禁军集团。在这两者之间全都是真空地带,平时的驻军可以参看鄜延路上的延州城,只有几百或者过千的士兵,根本形同虚设。再想一下澶渊之盟后到现在三十九年的时光里,北方战线上从设备到人员都处于休闲状态,这仗根本就用不着打。

死定了。

问题出现,辽国人的要挟接受吗?给土地还是要战争?或者再想深一层,本着死到临头也要睁大眼睛的勇敢精神,来仔细分析一下,辽国人有几分胆量是真要开战,只要不得到土地?

讨价还价,还有没有可能?

在这样想时,每个有理智的宋朝人都会隐约地感到到另一种可能。契丹人会不会真的和自己的女婿李元昊联手,要覆灭大宋……

面对危险,大到一个国家,小到某一个人的成色都显露了出来,只有这种时刻,才能百分之百地看清楚他们都是些怎样的人。

说危险,危险面前最早崩溃的先是一群最聪明的人。这些人是宋朝当时的"精英"。唯其聪明,所以奸诈,因为奸诈,所以得势。他们就是宋朝的宰执集团,具体到个人,就是吕夷简、晏殊。

说他们崩溃和"聪明",都是有证据的,就是他们对契丹勒索行为的应对方式。宰执集团乖乖地就范了，他们选择接招。第一步，先选出来宋朝的接伴使，要由这个人去迎接辽国使者。相应的，以后所有出使、谈判的工作，也要由这个人负责。

这个人是谁呢？想了又想，吕夷简为国为民选出了一位硬汉子。他私下里提醒赵祯，陛下，还记得当年您离婚时，哪位臣子对您最凶狠，最不留情面吗？

嗯，范仲淹？

不，富弼。

赵祯一下子就想起来了，当年富弼曾经写过奏折，把他说成了一个不敬父母、荒淫好色，还陷害忠良的劣等皇帝，有碍于当时的形势，才压下来不让它见天日。是啊，这个臣子很有特点，至少是很有胆量。好，就派他去和契丹人打铁吧。

就这样，吕夷简不计冤仇，又在危难时刻给国家推荐了一位忠贞贤臣。历代史书中提到这一点，都会和他以前推荐范仲淹上西北前线联系起来，说吕大宰相虽然平时拉帮结派，总揽朝纲，做事阴险，是个坏蛋，但在大事情、大方向还是很不错的嘛。

真的吗？这里隐藏着一个事实。试问吕大宰相可以一手遮天，那么他的势力有多大？帮手有多少？为什么在国家用人的时候，他总是把政敌推上去，自己的人都跑哪儿去了？

把整个宋史翻一遍，吕夷简的人出场时，都是在内斗中神勇无比。这些人一句话就可以涵盖——阴险小人，只会给别人下绊子，射冷箭、在国家正事上面半点能力都没有，基本上全是草包。

部下、亲信都是草包，首领是什么？大草包，大奸臣，这就是吕夷简的本相。

任命颁布之后，朝野一片哗然，其中最哗的是大才子欧阳修。欧阳修连夜写了一道奏折给皇帝，陛下，您还记得唐代的贤臣颜真卿是怎么死的吗？您有好臣子，可别当垃圾随便乱扔啊。

颜真卿，世人都知道“颜筋柳骨”，那是中国历代所有书法家中怎么排都进前三的人,《祭侄文稿》仅稍逊于《兰亭序》排在行书天下第二。他更是大忠臣。唐德宗兴元元年,公元 784 年,淮西节度使李希烈叛变,奸相卢杞借刀杀人,派颜真卿去劝谕。

那真是恶搞,那时安禄山叛变已经过去了三十年,唐朝早就进入了藩镇割据时代,谁有兵,谁就是王。面对造反居然去“劝谕”,完全是找死。可颜真卿真的去了,理由只有一个,那是皇命。就这样,当时的吏部尚书、太子太师、鲁郡公被李希烈勒死。

现在派富弼进契丹,是不是也想让他死在那儿?弱国无外交,这时宋朝在西北战场动不动就死上万人,东北方面更是千疮百孔的纸灯笼,让富弼拿什么讲价钱?以什么来做护身符?就算契丹杀了他,难道宋朝还真的能为他报仇吗?

这些都是问题,多现实,可奏折报上去,一点回音都没有。很经典,“不报”,被政事堂的宰相们给压下来了。这是吕夷简的招牌动作。富弼的任命生效,他走进皇宫向皇帝辞行。

“主忧臣辱,臣不敢爱其死。”

这是富弼在史书中留下的话,您的忧虑就是我的耻辱。一语成谶,耻辱真的迎面而来了。他正月末、二月初时到了边境雄州,一直等到三月中旬,辽国的使者才姗姗来迟。来的是萧英和刘六符,富弼和一位太监前去迎接,就见萧大使者大刀金马地坐着,没有半点站起来的意思。

这是个严重的侮辱。富弼的身份就算了,身边的太监非同小可,他是宋朝皇帝的代理人,和仁宗皇帝没区别。

富弼冷冷地看着,问萧英你搞什么。

这个契丹人不阴不阳地回答,我脚疼,站不起来。

立场鲜明。要说契丹人就是诚实可爱,从一开始就摆明了态度,就是不再把宋朝当回事。我是来勒索的,跟以前不一样了,懂吗?

懂,富弼懂,在场的每一个宋朝人都懂。这是个常识,国与国之间没有永恒的争斗,更没有永恒的和平。尤其是那些条约、盟书。誓言就是用来背叛的,这个道理每一个成年人都懂!

但是也有契丹人不懂的事。有些人看重的是金钱，尤其是权势，所以他们见着了钱和威胁就会腿软，比如契丹、党项，一个刀兵相见，一个乘人之危。宋朝人不同，也许从古到今的汉人们都不同，他们让其他的民族费解。

你们为什么有那么多的啰唆，什么叫做气节？哪儿来的那么多道理？谁强服谁，这个世界不是“狼性”才最优秀吗？

的确很费解，汉族人自己也搞不大懂这些问题，但几千年以来一直这样做着。这时的富弼冷冷地问：“以前我也做过使者去你们契丹，当时病着，可闻命即拜，绝不失礼。现在我们的中使（太监）在这里，你说有病，就这么坐着，这是什么礼节？”

说实话，这话问得实在很一般，不严厉也不刺激。富弼得守着外交礼节，总不能直接说出来你们契丹人难道没有腿脚好的，非得派你这个瘸子出来？后果妙不可言，连富弼都不敢相信，一下子就试出了契丹人的深浅。

萧英突然间站起来了，他可能真的是腿脚有问题，要两个下属扶着，才能给宋朝的中使跪倒磕头。呸，在场的宋朝人肯定集体暗骂了一声，见鬼的契丹人，这就软了？还以为你们得多凶呢，原来就这点颜色。

富弼的心里也有了底。宋朝的官方史书说，整个过程中，富弼一直认为，辽国在单方面破坏“澶渊之盟”的友好精神。由于很卑劣，所以实际操作中契丹人肯定会心虚、难堪，在宋朝一方，就要加倍地理直气壮，无所顾忌。

要做什么，讲什么，都要放开了来，千万别胆小，根本没必要。

真是这样，富弼的气节、民族自尊就要被放大一万倍才成。他根本不该当什么谈判使者，应该直接站到边境上把契丹人骂回去，卑鄙无耻的东西，滚回去告诉耶律宗真，派什么大使，宋朝只是把你当一坨屎，回去等死吧！

谈判首先是个技术活儿，得先琢磨出来对方的成色才行。现在富弼清楚了，开战基本不可能。之后他才变得既大胆又坦诚，在从边境到京城的十多天时间里，和两个辽国人紧密接触，随时随地地聊天，渐渐地辽国人也把心里话说了出来。

打住，一般史书写到这里，就直接说两位辽国大使开始泄露国家机密，原因就在富弼的高超谈话技巧，好像光是一顿忽悠，就能把辽国人洗脑。实际情况远比这复杂。

路过澶州，这个当年宋、辽两国君主结盟的地方时，富弼突然问刘六符，这里是名城，此时此刻更有位名人驻扎在这里，和你们也蛮熟的，有兴趣去看看吗？

谁？两个辽国人问。

富弼的神色很骄傲，那是宋朝此时硕果仅存的一位先朝名将，真正在战场上叱咤风云威风八面的人。

王德用。

他的名字早就成了传说中的一部分。少年时千里奔袭，把李继迁赶出青、白池老巢；二十八年前澶渊大战，他和父亲王超指挥定州大阵，近十五万精兵，截断了萧太后和辽圣宗的退路。种种威胁，终于让辽国签下了“澶渊之盟”。在宋朝，乃至于在辽国和西夏方面，他和真宗朝末期、仁宗朝刘娥当政的十年间的名将曹玮一个等级。

两个辽国使者一听，立即来了兴趣，一定要去拜见。

走进澶州城，两个辽国人大吃一惊。他们这次来要挟的理由之一就是宋朝不守规矩，在边境线增兵，修堡，挖沟，可双方都心知肚明，增的是民兵，根本不构成威胁。这时澶州城里布满了正规军，大街小巷上警戒森严，完全是战时标准。这是怎么回事？

难道宋朝早有准备，根本就是在准备打仗？

带着满肚子的问号，他们见到了传说中的少年英雄。王德用这时须发皆白，已经整整六十二岁了。花甲老将威风不减当年，辽国的使者一见面就奉送了一顶高帽子。

“您的大名我们真是久仰了，今天相见，实在幸运。今年澶州这一带大丰收，都是您治理得好啊。”

王德用微微一笑，做过枢密使的人，宋朝的顶级高官，什么样的客套话没见过？他很轻松地就把话题引入正轨。

“我们的天子圣明仁德，所以才连年丰收。”

没滋味的套话，精彩的在下面，王德用把他们引进客厅，谈话中给他们介绍了一些在座的名流。这些名字，就让萧英、刘六符聚精会神甚至警惕戒备地静听（竦听）。

原枢密使王德用现真定府定州路都部署，再过些日子就加封为定州兼三路都部署，总领北方军事；以前的三司使程琳，现在知大名府，兼北京留守司，再兼河北安抚使；前宰相陈执中知青州，兼青、淄、潍等州安抚使，这三个顶级人物之外，还有大批量的人员职务调动。方向只有一个，向北。

这些都清晰无误地显示出宋朝正在向东北方向集结力量，面对威胁，宋朝选择了强硬对抗。

这之后，才有的辽国使者对富弼的私下聊天。这两个人先是把辽国皇帝真正的目标说了出来。有两个，要么把土地交出来；要么，把宋朝的公主嫁过去。两者必得其一。

土地和公主，先不要说土地，宋朝立国以来的确丢失过，比如西夏方面的灵州。但是公主，宋朝不是唐朝，更不是汉朝。汉朝从刘邦开始，历代君主就有市井无赖的气息，为人做事的时候只讲手段，难得讲到品味和正规。比如刘邦见着儒家弟子，就把他们高高的帽子抓下来当众撒尿。汉武帝的朝廷标新立异，大男人裸体穿着纱料上殿，居然大为欣赏。

尤其那时更没有后来的所谓道学理教，女子再婚，甚至私生子，都没有什么不光彩。比如汉朝的绝世名将霍去病，一点都不隐瞒自己是私生子，并且是奴仆所生的私生子身份。所以他们为了国家和民族的利益，可以把自己的女儿嫁给北方蛮族。

当然了，他们做这种事时同样不正规，通常都用宫女代替。

唐朝，是一个胡汉难分的时代。李氏王朝的皇室血统里就带有胡人血脉，由此衍生出后来一次次地向异族求援，来平息国内叛乱。直到出现安禄山，胡人终于尾大不掉，挖出了唐朝覆灭的大坑。在这种心态下，他们不介意与异族人通婚。

何况他们的强者身份，也让通婚没有屈辱感。

但是宋朝不行，赵匡胤、赵光义虽然出身平民，但向往文化。礼教大防、汉本位思想，都在这时复苏。后来的程朱礼学能在宋朝发扬光大，绝不是偶然的。在这种思想的主导下，尤其是这时宋朝处于劣势，如果通婚，就是比战败求和、丢失领土更大的奇耻大辱！

说出了条件，两个辽国人很可能看到了富弼愤怒的神色，他们立即又加了一句话："可从，从之。不从，更以一事塞之。王者爱养生民，旧好不可失也。"

能答应就答应，不答应就算了，找个理由搪塞过去，您可千万别发火，咱们两国的友好关系才是最重要的。还得指望您办事哪。

进了开封城，这两人的嘴脸再次变化，和刚到边境线上差不多，高高在上，趾高气扬，当然给仁宗皇帝跪下磕头是免不了的，说出来的话却完全是上国身份。

怎样，笑话这两个契丹人吗？千万别，人家的使者功夫很地道，台面上一套，台下面一套。身上带着使命呢，两面三刀是这个活儿的基本功。

本着契丹的国书精神，他们要求宋朝先得把以往几十年虐待辽国的理由解释清楚，捎带着又来了一段慷慨激昂的临场发挥。

刘六符说，你们宋朝总在边境挖沟干什么？不就是提防着我们的骑兵吗？告诉你们，那半点用都没有，我们扔点芦苇了、稻草了就能跳过去。实在想来狠的，我们索性把沟堤挖开，十万骑兵每人扔一包土就足以填平它！

说完甩手下殿，留下宋朝君臣在那儿喘粗气。好半天，赵祯问，大家说话，问题怎么答，沟的事怎么办？是不是辽国人真的容不下它，有它就能招来十万骑兵外加土包子，还是说我们修这些工事完全是掩耳盗铃，除了让人笑话，根本半点用都没有？

注意，从这时开始，历史就变得非常儿戏，两个当时世界上最富足最强大的国家，讨论最严肃最重大的领土问题时，使用的手段、说法、提问、解答，都像小孩子在做游戏。之所以会这样，不是说宋朝和辽国在退化，这一代的君主都是废物，而是揭露了一个真相。这个真相在当时只有少数几个人能看破，但不包括赵祯和耶律宗真。要在随后进行的各种争端中，他们才会渐渐地明白。可那时早已事过境迁，发生过的，早已无法更改，更绝对没办法后悔。

这些争端，决定了宋、辽、西夏三国的国运走势。

看着最怯懦无能的，最吃亏屈辱的，反而最平安稳定。五千年历史里最被人向往的传说盛世就在之后形成；最强悍进取的，最朝阳奋发的，变得一蹶不振，之后一百多年里剩下的历史再没有半点值得骄傲的业绩留下；至于那个最想占便宜，也真正两边都占了便宜的，它吃的亏最大，之后亡国灭种的大祸就种在这时！

这都是后话，现在看看他们都做了些什么。

首先是智力问答，辽国的提问，由宋朝的顶级文人，前状元、现翰林学士王拱辰答辩。王大人翻阅浩如烟海的历史资料，很快找到了一个辽国的小纰漏。

他说，太宗皇帝当年打下北汉之后的确突然进攻了幽州，但那是在另一个突然发生的情况下，才作出的决定。辽国人先是表示中立，派正规使者到行军大营中送礼物，套交情，可是另一边又悄悄地发兵支援北汉，被我们发觉，才在石岭关发生激战，我们的郭进将军大获全胜。在这个历史阶段里，我们宋朝完全是被迫应战，至于进攻幽州，面对挑衅，我们还不能发泄一下吗？

关于边境上的水沟问题，王拱辰的看法是不理会。理由很简单，契丹人要是真的把防骑沟渠看得一钱不值，他们就会闭嘴不说了，留着开战时突然袭击，那是多大的好处？现在说了，不过是口头威胁而已。理都不要理，当什么都没听到。

这样就进入了第二个阶段，要挟勒索。

面对辽国人的战争威胁，宋朝还价。割让领土是绝不可能的，联姻的事小有商量，正牌的公主就别做梦了，宗室旁支的女孩儿或许可以。宋朝能答应的，只有加钱。在每年的三十万两之上小有浮动。除此以外，再没商量。

四月初七日，富弼跟着辽国使者上路，去辽国和耶律宗真面谈。临行前，发生了一个小插曲。宋朝决定给富弼升官。这是惯例，当年澶渊大战时，宋朝的谈判使者是曹利用，身份只是枢密院的一个小办事员，为了国家的体面，临时升职到合门祗侯、崇仪副使。这时富弼是右正言、知制诰，已经相当的高了，尤其是知制诰，仅次于翰林学士。

照例升官，水涨船高，升他为礼部员外郎、枢密直学士，这就接近了宋朝顶级官爵，可以说一步登天，让人心跳。多少人做梦都在盼着，像前面提到的一些熬资格的无耻老官，居然跑到皇帝面前痛哭流涕，就因为年纪大了，没机会进入两府，实在是不甘心，实在是想要啊——

富弼的回答是，国有急难，臣唯命是从，来往奔波，是臣的职责，为什么要用官爵来贿赂我？（奈何逆以官爵赂之！）

富弼原职上路，一路向北，从始至终，都享受着辽国方面上下串通的红黑脸待遇。由于地位的原因，黑脸自然留给了耶律宗真，红的，就是两位使者中的刘六符。

临近辽国国都，刘六符私下里找到了富弼。富大人，要是我们的皇帝一定要割地，其他的都不答应，这事怎么办？

富弼明白，往好里说，这是先探一下底牌，为马上就要进行的国家元首级谈判定个基调。往坏里说，辽国人已经在杀价，刚开始就把宋朝的后路堵死，根本没有回旋的余地。

对策只有一个，决不让步。哪怕一寸的后退，都会惹来更大的贪婪。富弼说，你们要是一定要割地，就是在破坏盟约，“澶渊之盟”就此失效。真要这样，割地就只是个借口，我们宋朝决不答应，唯有横戈以待。

辽国人显得很忧愁，唉，你们宋朝这样固执，这事就难办了。

富弼差点气乐了，还有比这更无耻的吗？你要杀我，还要我把刀替你磨快了？他调整了好半天，才能用正规的官方语言回答。你们辽国无故要求割地，我们没有立即发兵抗拒，而是派我来好言好语地商量嫁女、增币，这样你们都不同意，还说我们宋朝固执？

刘六符想了好半天，没再言语。很多人说，他是再没法接下去了。但我不这样认为，没有最无耻，只有更无耻，想说永远都有理由，不然后面的辽国皇帝根本没必要出场。他不说话，是目的达到了，私下接触破裂，宋朝人不服软，只能把要挟威胁继续进行下去。

辽国皇帝耶律宗真出场，他在皇宫里接见了富弼。礼仪之后，历史记载是富弼先说的话。辽国和宋朝和好，已经历四十年，父子两代。现在你们突然要求割地，为什么？

耶律宗真的回答是把上一次的国书精减了点，背了一遍，无非就是宋朝先违约的，罪名有“塞雁门、增塘水、治城隍、籍民兵”，这都是搞什么？让我们辽国很不安。大臣们都说直接出兵，让你们明白好歹，可本皇帝很仁慈，觉得还是先要回我们的关南土地再说。要是你们宋朝不答应，再出兵不迟。富使者，你觉得怎样？

富弼看着这个二十六岁的外国青年，觉得真是泄气。看来还是基础教育不好，历史课题不过关，你怎么什么事都不知道啊，甚至连怎么当好这个辽国的皇帝都不懂？

没办法，富弼决定从头说起，给辽国的小皇帝上课。内容分两个，第一，全面回顾当年澶渊之战；第二，点出来历代辽国皇帝的死穴，这事儿要是不懂，宋朝以后还会有大麻烦，因为辽国的皇帝必将换人。这个耶律宗真坐不稳。

关于第一，富弼问他，辽国忘了宋朝真宗皇帝的大德了吗？当年澶渊之战，如果听从将军们的话半路截击你们，辽国能有生还者吗？

第二条，富弼问他，知道和平时和开战后，你们辽国的皇帝和臣子之间会有怎样的身份变化吗？契丹小伙子听得有点蒙，富弼为了让他懂得更彻底些，把问题具体归纳成一句话——与宋朝通好，是你个人得利；与宋朝开战，是你的臣子得利。现在你的大臣鼓动你打仗，是想让谁得利？

耶律宗真立即就慌了，他惊问（惊曰）：“什么意思？”（何谓也？）

富弼再次带着他回顾历史，这可真是一堂历史长课。从五代十国时说起。富老师讲，契丹人之所以能得到燕云十六州，其中就有你们总是放不下的瓦桥关以南的十个县，是因为后晋的两个皇帝石敬瑭、石重贵，一个向你们的辽太宗耶律德光求救，十六州是出兵的报酬；一个看不清局势，蠢到向你们挑战，失败后辽国才能在中原称帝。

看着是彻底胜利了，战争对你们只有好处。但要注意，那时所谓的“中国”，不过是后晋一个不得民心的小朝廷。以那样的疆域、实力、民心，你们的遭遇是连皇帝耶律德光本人都死在汉地，变成尸体还乡。这就是你们一直骄傲的成功？

还有最重要的一点，最终的收获在哪里？的确，抢了大批的财物，真是发了财，但都到了谁的手里？打草谷您总懂吧，谁抢的归谁，没有上缴的义务，都进了大臣们、武将们、士兵们的腰包。可死伤的人马，还有粮草、军需的消耗，就都得由皇帝来承担！

这些您都不知道吗？

耶律宗真听得呆了，他父亲死得早，亲妈纯暴力，大臣们有私心，真的没人告诉过他。

富弼的话还没说完，最有分量的一句留到了最后。请问，后晋一个残破的小国都能让契丹受到重创，现在我们宋朝堤封万里，精兵百万，钱粮无数，法令修明，上下一心，你要开战，有必胜的把握吗？

耶律宗真沉默了很久，慢慢地说出了两个字："不能。"

服软了，很好，但是富弼纠正他。

不是不能，实事求是地说，是"胜负未可知"。咱们退一万步讲，是辽国胜利，那时所损失的兵马、国力，是大臣们负责，还是您负责？相反如果两国通好，坚持盟约，那时每年宋朝的岁币只归陛下一人，臣子们只有往来的使者，才能分到一些赏赐，这就是关键。你们辽国的所有大臣，都分不到半点好处。哪儿多哪儿少，还不清楚吗？

解说到这里，历史记载富弼就闭紧了嘴，再不啰唆。该说的都说了，连表面政治下面的厚黑本质都解说得一清二楚，还需要再说什么？现在两国的国运，天下的生灵，都取决于一个问题，那就是这位辽国的小皇帝，二十六岁的契丹青年耶律宗真到底有几分智商。

没傻到不可救药的程度，都知道该怎么做。

但奇妙的是，耶律宗真想了又想，居然把富弼刚才所说的话都删除了，他绕了一大圈，又重新回到了最初始点："嗯，爱卿你说得很好，要不是你，我还真是不知道这些。不过，我还是要瓦桥关以南的十个县城。因为它是我祖宗留给我的遗产。"

没救了，全体宋朝人听了都得苦笑，辽国人真是有才，跟他们说不清道不明，黑眼珠子只认得白银子，无论怎样都要钱！

可现场的富弼一定在瞬间寒冷，他会重新打量这个契丹年轻人。姓耶律的果然不简单，跟着别人的思路走，突然接触到前所未知的危险，但一点都没慌，而是想到了更深更远更多的东西——基于辽国国情，打仗皇帝吃亏，可不打仗，皇位是怎么来的？

所以打还是要打的，只是要讲策略。我要得利，不一定非得出兵不可。明摆着现在宋朝西北吃紧，我是在白敲竹杠，敲得再响，大臣们能得到什么？我会受到怎样的威胁？

面对赤裸裸的要挟，面对耶律宗真更加坚定的威胁，富弼变得沉静。他收回了之前循循善诱的长者嘴脸。公务员在办公时，没法不多预备几张面具。

他缓缓地说，当年石敬瑭与卢龙一道贿赂契丹，周世宗柴荣讨伐关南，这都是从前的异代之事了。赵宋中兴汉地已经九十年，如果我们各自索要异代故地，不见得是辽国的好事。

耶律宗真立即沉默了，史书记载"国主无言"。富弼在反过来要挟他，你一定要瓦桥关以南十县，我们还要燕云十六州呢。那在契丹兴起之前，数千年间都是我们的土地！

一片沉寂，冷场了，看着是富弼找死，忘了来时的使命。宋朝千叮咛万嘱咐，只许和，不许战的，但内幕微妙。刚才耶律宗真明知道开战对皇位不利，仍然执意索要土地，就是摸准了战争不会爆发。可现在汉人摆明了不屑于他，你要战便战，别想不劳而获。

好一阵子，耶律宗真率先说话，打破了僵持。他换了一个话题。李元昊是我的藩臣，宋朝攻打他，为什么不先请示我？

富弼再没有好话给他。你们契丹人攻打高丽、黑水，通知过我们宋朝吗？扬眉吐气的一句话，可紧跟着使命就提醒了他，他要做的是什么。富弼调整心态，再次和缓下来。他说，我来时，受命宋朝皇帝向您致意，转达他的话。

陛下说，事先不知李元昊与兄弟联姻，他挑起战争，所以我方要讨伐。现在兄弟你有话说，让我为难。讨伐他会伤我们兄弟的情义，不讨伐，我的子民们会无辜惨死。现在我要问，兄弟你觉得怎样处理才好？（不知弟何以处之？）

耶律宗真很认真地听了，之后的举动更认真到了隆重的地步。他不顾形象，在邦交的正式场合把对等国的使者扔到一边不管，去和自己的大臣们扎堆聊天。聊了很久之后，他才转回来，说出了一句超有内涵的话。

“元昊为寇，岂可使宋朝不击乎？”

李元昊当贼了，怎么能让宋朝不打他呢？乍一看真是很有良知，契丹人终于说出了句公平话。但是稍微细想一下，就会知道富弼当时一定气得咬牙切齿。滑头的契丹人，就这么装傻搪塞我们?!

绅士们谈话有个方式叫暗示，那是情趣，是风度，更是教养。赵祯让富弼带来的话没写进国书，直接和耶律宗真说，里面有层再明显不过的意思。

你说李元昊是你的亲戚加家臣，怪我擅自动他。很好，现在我给你面子，认同你们的关系，还争求你的意见。从表面上看，是说你同意的话，我就要打他了。引申一下的话，可以联想成如果你反对，我就不理他。

认吃这个亏。

一般来讲，字面上只能分析到这里为止。但如果契丹一句口头的反对，就能让宋朝俯首帖耳，逆来顺受，随便李元昊打骂都不还手的话，请问耶律宗真还忍得住吗？

这么好的买卖，我自己去做好了，直接拿下宋朝！

所以后一种联想不对。那么看前一种，宋朝不甘侵略，只有应战，那么给契丹人的这句话，还有什么意义？一般史书上解释，是说宋朝惧怕辽国和西夏联合，不论是理论上还是实际上，两个蛮族合伙打劫，宋朝必死无疑。所以要千方百计地和耶律宗真搞好关系，这句口信就是方法之一。

看似没错，但之前富弼已经把开战后对辽国的损伤解释得一清二楚，耶律宗真对自己单练都没兴趣，怎么会去相信李元昊，和姐夫合伙做生意？真要做了，难道说，是李元昊比他的大臣更可信任？

活见鬼，这两人一个是硬抢东西，一个是死占便宜，很快就会动手火并，联合？做梦去吧。

所以前一种说法也不对。

唯一的解释，是宋仁宗托富弼带过来的这句口信里有个潜台词，耶律小弟，你的手下，你能管管不？

让契丹人居中调停，才是宋朝的本意。这一点耶律宗真绝对是明白了，他的朝臣们更是清楚，君臣聚成一堆谈了那么久，终于想出了这句超有内涵的答复。

"元昊为寇，岂可使宋朝不击乎？"

说得多艺术，半点错处都挑不出来，可也跟没说完全一个样。西夏很欠打，你去打好了，你们往死里打，无论打成什么样，都合理合法。

当天富弼走出了辽国皇宫时，脚步变得格外沉重。契丹人比想象的更难对付。不是凶残或者贪婪的问题，一百多年的汉化，他们连厚黑都懂了。

下一步再怎么办呢？明的、暗的、劝说、威胁、暗示，能做的都做了，对方反而变得更狡诈贪婪。平心而论，他的工作正滑向失败，局面非常恶劣，最难的是，他不知道突破口在哪里。

正在闹心，变数自己找上了门来。黑脸唱过，红脸登场，刘六符来了。刚分手又见面，话题却180度大转弯，这个辽国人问的居然是——富大人，想当年宋太宗陛下扫平了北汉，突然进攻幽州，刚才你们又说要讨伐党项，请问党项臣服之后，你们会怎么样？会不会再去打燕云十六州的主意？（无乃复欲谋燕蓟乎？）

一缕阳光突然照进了富弼的心里，契丹人当真了？他迅速回放不久前说过的话。"……我们各自索要异代故地，不见得是辽国的好事。"辽国人也害怕战争！

得出这个结论，富弼变得不动声色。他这样回答，太宗时，辽国先派剌梅里来通好，但又出兵石岭关援助北汉，是你们反复无常，才激怒了我们太宗皇帝发动的战争。这都是你们咎由自取。（盖辽国自取之也。）

回答得非常妙，以彼之道还施彼身，就像耶律宗真刚才耍滑头一样，富弼一点都没回答刘六符的问题，我们会不会打完西夏打幽州？你自己去想，我只是告诉你，你们已经自找麻烦过一次，人得有记性！

话里有话，聪明人都懂。刘六符立即转移了话题，进入下一个话题。

“金钱是小东西，如果接受了，我们皇帝觉得很耻辱。如果一定要收回关南十县土地，富大人，这事怎么办？”

这是相当有诚意的私下交底了，富弼决定也把宋朝的底线说出来：“我们皇帝曾说：‘朕为人子孙，岂敢妄以祖宗故地与人。当年澶渊之战白刃相向，真宗皇帝都没有动摇，今天怎能随便割地？’”

这是宋朝的态度，土地没的商量，随即他说出来解决的办法。

“现在你们一定要得到十县土地，说到底，能带给你们的不过是税收。宋朝提议，以相当数量的金帛代替，与得到十县有什么区别？”

这是具体的办法。接下来的是宋朝的决心。所谓底线是什么，是不可后退，不可商量，绝无转圜的余地！

“宋皇体念两国百姓，不愿开战，涂炭生灵，所以拿出金钱来满足你们。如果这样也不接受，一定要土地的话，就是你们背信弃义，毁掉盟约，宋朝只有一战！”

“当年澶渊之盟，天地神祇共见，辽国先发兵端，朕无愧于心，更无愧于天地神明。”

契丹使者静静地听完，似乎很满意：“宋朝皇帝真是太好了，这些想法很不错。咱俩共同努力，把这件事办成吧。”说完转身离开。

他走后，富弼的神情变得更加凝重。事情似乎有了重大的转机，真的向好的方向转变了？但辽国人到底怎么想，谁又能猜得出呢……

应该就在这时，富弼意外地接到了一封信。离国千里，身在异邦，这竟然是一封家书。家里怎么了？没有特殊的大事，绝不会千里迢迢送信来。

疑虑，恐惧，捧着这样的信，越是关心家庭的男人，就会想得越多，想得越坏。但是周围的人看到，富弼拿着这封信居然长时间地一动不动，没拆，最后竟然慢慢地把它撕碎了。

手下人惊问为什么。富弼苦笑了一下，我身当国任，怎能为区区家事分心？何况……我离家那么远，就算知道了，也无能为力。

他说完直接去睡觉，明日之事多烦忧，那么多的事都还等着呢。想想真是郁闷，大丈夫可以不惧生死，但不能有负使命。想放手也放不下，必须赢！可怎样才能赢呢？契丹人一天七八个变化，谁知道明天又有怎样的花样？

第二天，花样真的来了，辽国人通知他们别去皇宫正殿了，耶律宗真要去打猎，邀请宋朝使团一起参加。就这样文官富弼骑上了马，跟着契丹骑兵赶到了荒郊野外。历代史书写到这里，都直接过渡到耶律宗真和富弼的对话上，那似乎很温和，甚至很尊重。

耶律宗真请富弼向他靠近，两人并骑而行，这是绝大的礼遇，然后问，你还有什么要说的吗？（问所欲言）但请设身处地，换位思考，想象我们就是富弼，当时他听到了什么，看到了什么，才知道辽国皇帝问这句话时的语气和目的。

皇帝出猎，千军万马，茫茫的北方草原上，强盛百年的契丹铁骑无边无沿地排开，这是怎样的阵势，怎样的威慑？这样的场面，齐桓公用过，曹操用过，就是要压倒敌国使者，达到自己的目的！

在这样的环境里，契丹皇帝问，你还有什么要说的吗？！

“宋朝唯欲欢好之久尔。”——我们宋朝只是希望能继续和好，越久越好。富弼如是说。

目的达到！耶律宗真非常满意，宋朝的汉人终于露出本来面目了，昨天在宫殿里怎样夸夸其谈都是假象，只要到了战场，见到军队，就都会屈服！面对刀枪弓箭，才会明白只有和好，唯有和好，才是唯一的活路！于是他得意扬扬地重申自己的目标：“我得地则欢好可久。”

一定要得到土地。

却不料他又听见了富弼清晰的声音：“这件事，我朝皇帝早有训示。‘辽国想得到祖宗故地，宋朝难道就愿意失去祖宗故地吗？辽国以得地为荣，宋朝也以失地为辱。兄弟之邦，难道可以一荣一辱，截然相反吗？’”说到这里，富弼的忍耐终于到了极限，而且那也实在是一个自由生存的民族的底线。

身在异国，周围数以万计的敌兵，他直视辽国皇帝，以宋朝皇帝的身份口吻说出这样的话:“朕并没有忘记燕云十六州,但仍然派出使者交涉这件事,到底怎么做,我们双方心里都清楚。”

这是男人说的话,别再废话了,狡辩无意义,土地一寸也没有!

史料中,猎场对话到此结束,耶律宗真没有再接下去。他的反应可以在下面的记载中得出。刘六符再次出场,他找到富弼说:“您刚才所说的荣辱问题,让我们的皇帝有所感悟(皇帝闻公荣辱之言,意甚感悟),但是金钱绝对不考虑,现在唯一感兴趣的是结亲。”

喜悦突然降临,重大胜利,辽国不要求割地了!危机渡过,相信宋朝的使团人员肯定在瞬间心花怒放,可是富弼反而更加冷静,他一眼就看出了辽国人真正的意图。

“结亲并不理想。”他说,“麻烦反而更多。先是感情,夫妻之间难免会生气,那会影响邦交。再说人的寿命各不相同,一旦有意外,以后的情义就很难说。最稳妥的办法仍然还是金钱。”

刘六符摇头,坚持一定要结婚:“宋朝皇帝一定有公主。”

富弼点头:“是有,可惜才四岁,成亲至少要在十年以后。就算提前迎娶,也要五年之后。现在的局面,你看能等得到吗?”

问题很现实,可辽国人还在坚持。富弼笑了笑,一句话就打消了对方的幻想:“宋朝嫁公主,嫁妆不过是十万贯。”

这句话说完,刘六符立即就走了。

房间里只剩下了宋朝人,异样的气氛开始在空气里浮动。每个人都想庆祝一番,重大胜利,只要土地不被割让,他们的使命就算完成。

但是快乐来得太突然了,是不是还有别的什么潜在说法?不来不知道,传说中憨厚朴实特别真诚的北方人,原来都是变戏法出身的,一天一个样,谁知道下一步又会搞出什么花样。

花样真的又来了,契丹人是否憨厚真诚什么的不好考证,但办事干脆绝对是真的。只隔了一天,富弼就又被召进辽国皇宫,和耶律宗真见面。辽国皇帝只用一句话,就把他震晕在当场。

“你可以回去了。”

啊？富弼摸不着头脑，什么意思？谈判结束了？你们到底要什么，还没谈好呢。这是突然间翻脸，宣布谈判破裂？

“现在我不能回去，结亲，还是增币，我得带回去一个结果。”富弼小心翼翼地反对。

耶律宗真的回答彻底打破了谈判的常规。“你还得再来一次，那时我才会告诉你我的选择。别忘了，带两份誓书。”

富弼的心一点点往下沉，他看着这个年轻的辽国皇帝的目光，一定变得非常复杂。这到底是个什么样的人？现在的辽国都有了怎样的变化？当年澶渊之战，辽国是刀枪说话，可现在的谈判技巧，完全超出了宋朝人预先的想象。

这时不作决定，让你带着疑问往回跑，再带着两个不同版本的誓书回来。这一去一回之间，至少要几个月，单是宋朝方面在猜测中忧心如焚地过日子，就足以让辽国人得到好处。何况这期间，辽国完全可以使出各种花招，比如向燕云地区增兵，可以和西夏方面会面。不必实际打仗，这些姿态就会吓倒绝大多数的人！

聪明人有种悲哀，能读得懂各种陷阱，却一点用都没有，只能往里跳。得有实力，不然就会有罗马毁于蛮族，或者后来宋朝被蒙古覆灭的悲剧。

知识和文明，有时只是一朵娇艳动人的玫瑰，它开得越鲜艳动人，就越会招来贪婪的目光，被剪下枝头，变成别人插在瓶中的玩物。

富弼就体验着这种屈辱，不管愿不愿意，他都得乖乖地听话走人，带着模棱两可的意向回国。回到开封之后，他向政事堂述职，总结这次出使，成绩可以说非常巨大。

——辽国人主动放弃了领土要求，这是原则上的胜利！

但事情分怎么说，也可以说半点功劳都没有。因为这都是口头上谈妥的事，说声反悔，你连骂人的证据都没有。局势要求宋朝必须单方面加快谈判的速度，尽快把事情落实到文字上去。宋朝人一直都记得，契丹人有多奇怪。他们是强盗，他们真抢东西，但是也守信，观东亚几千年来，连汉族都算上，他们对盟约的遵守程度是最好的，只要在文件上签了字，就万事大吉。

宋朝全面总动员，首相吕夷简亲自出面，向富弼传达了皇帝的最高指示。注意，结亲就不给钱，给钱就不结亲。这是第一。

第二，如果要的是钱，钱的数额有说法。辽国如果能约束李元昊再次臣服，每年在原数三十万贯之上，多加二十万。如果做不到，只给十万。

根据这样的条件，国书就要预写两份，誓书，由于李元昊可能加入，所以要写成三份。非常缜密，说完之后，吕夷简又问富弼，你还有什么要补充的吗？

富弼真有，他列出了三条。一、两国交界之处的湖塘不得扩展。二、两国均不得无故增加边境驻兵。三、不得收留逃亡人员。他郑重强调了一下，这是辽国皇帝再三要求的，必须写进誓书里的内容。

没问题。吕夷简一切同意，并且非常反常地放权，他把国书、条款、誓书都交给了富弼亲自草拟。你最了解情况，就由你来独力完成。怎样，这样你能放心了吧？

富弼放心了，他加班加点写出草稿，上交给政事堂。这时宋朝的办公效率达到了一个空前的高度，政事堂下令，富弼你可以先走一步，你的草稿马上就会由专职人员写成正式文件，然后快马加鞭地追上你，这样才能保证一秒钟都不耽误。我们的口号是争分夺秒，必须成功！

富弼，你这就跑吧。

富弼立即就冲了出去，要说那可真是快，可能是在辽国骑马骑出成绩了，他一口气跑到了武强县，开封城里的快马才追上来，把一个超级包裹交给了他。

里面是十份密封文件。包括国书两份，誓书三份，另外每个文件都另备副本。

历史就在这时拐弯，按理说富弼应该严格执行命令，接到文件后继续向北一路狂奔，好去争分夺秒啊。但他慢了下来，史书里交代得很清楚，他脑子里有了个问号。

——我和契丹皇帝约好的三个条约，是不是真的写进正式文本里了呢？

带着这个问号，他越走越慢，到了乐寿这个地方时，终于停了下来。他找了个清静地方，秘密地把文件拿了出来，注意，不是正本，是副件，小心翼翼地拆开。富弼的心立即冰凉了，果然如他所料，国书、誓书上根本就没有那三条！

难以描述他的心情。是悲凉，是愤怒，还是无法遏制的鄙视，简直没法形容，就算不是事关国家民族兴亡的大事，只是男人之间的承诺吧，也没有这样骗人的！

以上就是富弼偷拆国书的犯规行为的官方记叙。按说这本身也是件超级大罪，之所以没有追究，是因为他发现了比他犯的罪大N倍的罪。即吕夷简一伙儿犯罪在先。这都没错，但有一个疑点，就是为什么富弼会突然间有了那个问号呢？

他怎么就能准确地判断到，国书被做了手脚？

不错，之前因为郭皇后被废的事，他和范仲淹一起得罪了吕夷简，但这并不能成为理由。很简单，西夏战争开始之后，吕夷简和范仲淹都并肩携手了，和他这个次要人物有必要死死纠缠吗？那么问题出在哪儿？

更简单，一个地名，武强。

富弼从开封跑到了武强，文件才追上了他。武强，是现在河北省石家庄的辖区，和河南省开封市距离有多远？只是把他写的草稿抄成正文，用得着那么多时间吗？！经过那么久，文件还是没到手，就是一头猪，都会起疑心的！

可疑心加愤怒，也不能让富弼穿越到未来，他得到二十一世纪，才有办法隔着几百里地准确地把炮弹瞄到吕夷简家的卧室房顶上去。身在宋朝，有各种规章制度，就像将军不能擅自离开防区，使者更不能随便掉头。

你有使命，必须往前走。

这就给富弼出了个天大的难题，他得怎么办呢？带着这样的国书去辽国，耶律宗真铁定会翻脸的！思来想去，只有一个办法，把这件事报告给皇上，只有皇帝才能压制吕夷简。但又有问题，怎样报告呢？自己不能回去，身边的使团人员难保没有宰执集团里的人，再派出去个内鬼，来回折腾的时间都能让谈判流产。

富弼在乐寿县绞尽脑汁，突然间想到了一个人。强烈要求注意，这一段历史只在《续资治通鉴长编》里才能找到，其他的近现代史书里根本没记载，都是富弼气得抓狂，直接跳上马冲回开封，找吕夷简单挑算账。

如果真是那样，富弼应该上战场，他绝对当不了后来的帝国宰相。

按章办事，这是起码的准则。他按捺下万丈怒火，非常冷静地写了一个奏折，把事情原委交代清楚，之后才去找那个人。前陵州团练推官蔡挺，这是他以前的下属，非常巧，蔡挺正在乐寿的家里守孝。

守孝期间万事不管，但亲信就是亲信，蔡挺二话没说，带上奏折就往开封赶，富弼原地不动，等着朝廷的回信。很快，信回来了。这时史书再次变得含糊，以蔡挺的口吻说，他在便殿递交的奏折，得到的答复是，国书维持原样，那三个条约可以用“口陈”的方式说给辽国人听。

问题出现，蔡挺在便殿见到了皇帝了吗？是赵祯亲口对他说，条约变口信，富弼可以空手套白狼的？从后面发生的事来看，这个推论不成立。详情下面交代，这时只说一点，史书为什么在暗示国书里缺了内容，是皇帝的意思？

因为即使是便殿，那也是皇宫里面，有臣子敢在那地方假传圣旨吗？但也说不定，除非那个便殿就是政事堂。宰相们也都在皇宫里办公。

不管是哪一种，难题都已经生成。是带着这样的国书进辽国撞铁板，还是不顾一切扳倒大树捉老鸹，把事情弄个清楚明白？哪一样，都不好办。

其实也好办，分人，看谁去办。吕夷简在这件事上露怯了，他暴露了自己的局限性。他在宋朝内部多年唯我独尊之后，习惯了把谁都看成了唯唯诺诺胆小怕事的“官迷”。

文官们绝大多数都谨小慎微，为了资历表上不出错，能持续不断地往上爬，任何一点小错都不敢去犯。像现在富弼所面临的进退两难局面，绝对能让他们崩溃。

但富弼是什么人，抛开以前就敢跟他作对的胆子之外，现在刚刚从敌对国谈判归来，那是虎口拔牙的买卖，每天都顶着雷暴过日子，还在乎这点小儿科手段？富弼把国书装进背包，把其余的礼物都扔给副手保管，跳上马直接赶回开封。

一路之上，不只是怒火中烧了，简直是怒极发笑。浑蛋吕夷简，是恶搞我，还是蔑视我？我以必死决心入辽国说事，你居然用违规丢官的威胁来纠缠我，一个死都不怕的人，还会怕这个？！怒火越烧越旺，在他肚子里起了化学作用，在当天下午三点—五点（晡）时冲进京城之后，富弼就成了一个现象。

他随时口吐烈焰，从皇宫大门烧起，无论谁阻挡他，都被烧得满脸黑灰，抱头鼠窜。

头一个倒霉的是合门吏，皇宫不是随便就能进的，见皇帝更得预约，最快的程序也要今天请见，明天面谈。该合门吏按章办事，把富弼拦住了，结果富弼面目狰狞，张嘴一团烈火过去，合门吏马上被烧焦，乖乖地把他放了进去。

富弼见到了皇上，把事情的来龙去脉说个清楚，最后总结说："执政大老爷们这么做，就是想害死我。我死倒没什么，国家大事怎么办？"

赵祯的反应也很强烈，史书记载他"急召吕夷简等问之"。这就把前面蔡挺见没见到皇帝的事摆清了，赵祯根本不知道，所谓的条约变口信，完全是个骗局！

富弼顿时出了一口恶气，有点爽了。吕夷简，就知道你在假传圣旨，这是欺君大罪，现在三头对六面，看你还有什么办法狡辩，你死定了！

吕夷简一会儿就到了，是老奸巨猾呢，还是心底无私？这人居然一点都没慌乱。他很平静地听完了富弼的控诉和皇帝的责问之后，极其从容地回答了六个字。

——"此误尔，当改正。"

很遗憾，是个误操作，写错了，现在改过来就是了……富弼都快气爆炸了！这么重要的国家大事是写情书吗？国书里除了两国谈好的条件之外，还有别的内容吗？一连三条都误操作，是写字的人白痴，还是你吕夷简不要脸？！

史书很有风度地把富弼喷向帝国首相的烈火修饰成了六个字："弼语益侵夷简。"富弼说出来的话加倍地对吕夷简不客气。但实际上局面一定变得不可收拾，君前吵闹是宋朝臣子绝大的过失，无论是谁犯了，尤其是宰相们，结局百分之百地是丢官罢职。

形势危险，宰执集团里有人坐不住了。副宰相晏殊站了出来，充当老好人劝富弼，说小同志，你要相信组织，相信吕宰相，他不是这样的人，不会做这样的事，恐怕真的是误会了。说得很温和，甚至很体贴，但富弼当天最大的怒火就喷向了他！

早就看你最不顺眼了，这时跳出来说这种话，你比吕夷简更无耻！晏殊是什么人，说出来真是搞笑，他是富弼的老丈人！

也在宰执集团之中，堂堂参知政事副宰相。当初吕夷简要他的女婿出使辽国，身入异域顶雷办差，他不仅不反对，这时富弼都被整得进退两难，眼看着里外不是人了，居然还替政敌讲情。这是个什么人啊，还算个男人吗？！

再联想一下穿越千里，送进辽邦的家书，晏殊的女儿是什么素质也就可想而知。该死的，只以自己的事为重，根本就不为男人着想！

富弼越想越愤怒，根本没答理自己的老丈人，转身对皇帝说："晏殊是个奸邪，与吕夷简结党营私，欺骗陛下！"

火花直冒，转眼就要爆炸的手榴弹突然扔到了皇帝的手里，您看怎么办？一大堆的奸邪就在您面前，"亲君子、远小人"，这是孔子曾经说过的，还不砍了他们？

何况证据确凿，这帮人害人误国，为了一点私仇，连民族利益都敢破坏。

面对这种局面，最能看出当事者的成色了。宋仁宗赵祯，这个人在历史长河中留下的名气超级大，可形象很模糊，要想看清楚，可实在是不简单。所以绝大多数的史书把他评价成了一个凡事温暾水，对谁都忍让，一点阳刚劲力都没有的软骨头。

所以西夏打不过，辽国也欺负他，甚至国内的臣子们也都很不顺服。但真是这样吗？就以眼前这件事的处理为例，稍微分析，就能看出这个人复杂、微妙的另一面。

话说世上的皇帝分等级，从低到高依次是——

一、自己没能力，却认定自己是超人。所以对外用兵，对内欺压，最后内外崩溃，死得超难看。

二、自己没能力，但知道，所以绝不用任何超过自己能力的臣子。这样他安全了，国家也衰败了。

三、自己有能力，但疑心重，臣子们必须装成白痴，而且越白痴就越安全，越安全就越富贵，连带着他的儿子们都不敢出头。所以他活着，国家还可以，他死了，国家也跟着完蛋。

四、自己有能力，也敢用能力大的人，这样君臣同心协力，盛世必将到来。

按理说，第四种就是最好的皇帝了吧。但中国人的思维就是要有个华丽的转身，无转身，即无智慧，像外国佬那样直来直去认死理，就是个大头呆了。所以我们伟大的古人也总结出来了第四种皇帝的致命弱点。

君强臣强，职权不明。

没有任何人能长久保持互相信任，时间长了肯定出事。何况皇位还要传下去，父亲强盛，儿子也一定吗？那时怎么处理这些锋芒毕露成习惯了的大老爷们？一个实例，看看唐太宗李世民，他的臣子们在李治的手下活得很开心吗？

所以最高档的是第五种。

第五种皇帝很微妙，完全符合我们传统理论上的智慧最高境界——大巧不工，大智若庸，举重若轻。他们的能力很玄妙，一直看不透到底有多少，在外表上看，都很软弱，就跟第一、二种皇帝差不多，但胆子超大，貌似都在找死。

他们一直容忍着臣子们的发挥，甚至是毫无遮拦的、放肆型的发挥，尤其是到了这一步还不行，更要让全体臣子们都活跃起来，各有理想，各有主张地发挥。

是的，这样很危险，因为一定会形成党派。不过要的就是这个，臣子们一边放心大胆地做人做事，一边你死我活地互相死磕，这样才会形成风暴，皇帝才会坐在暴风眼里。

那里是最平静的。历代的伟大皇帝都懂这一点，而公认的，宋朝的皇帝做得最好。

在宋朝皇帝中，做得最好的，就是仁宗陛下。以后有很多例子来证明他高在哪里，眼前这一例也在其中。史书中在富弼血贯瞳仁一样的愤怒之后，突然间变成了真空，没有给出仁宗陛下任何处理的痕迹。

既没有按富弼说的办，把一大堆的奸邪如何怎样，也没有对富弼的君前无礼给出罚单。接下来的事，是召见宋朝的顶级文臣，前状元、现翰林学士王拱辰，由这位当时的第一笔杆子重新完成国书。之后群臣散去，各回各家，富弼去的地方特别点儿，不是回家，而是学士院。他住在那儿坐等，但这不是和晏殊父女怄气，这是制度。

他的身份是使者，办完公事之前，他没有权力回家。

注意，这时往回看赵祯的处理办法，好像的确是和了一堆稀泥，两边人都放过了。很多史书都说，真是无能，肱二头肌稍微发达些的皇帝，都会来个各打五十大板，就冲着你们敢在我面前大声说话的分儿上，都别想屁股完好无损地下殿。赵祯这么搞，小心臣子们都不拿他当回事了，历史上有太多的皇帝都倒台在这一点上。

人无钢骨，立身不牢！

但奇妙的是，为什么之后富弼出使办差，仍然玩了命地给他争利益，吕夷简等人也始终对他毕恭毕敬，就算总揽朝纲，可也没有半点背叛的迹象呢？

这是为什么呢？仅仅一句宋朝臣子的个人素质好，就可以解释得通吗？

愿你的生命里充满了云翳，这样才能衬托出美丽的晚霞——多年以后，富弼回味自己起伏跌宕的人生，会非常享受这时的艰险磨难。

但那是事后，此时此刻，他还是希望各方面都消停点，让他把事儿都顺利地办完吧。

国书缩水事件之后，宋朝的谈判使团再次上路，在当年的八月二十六日见到了辽国皇帝耶律宗真。不过不是在辽上京的皇宫里了，而是在一个叫清泉淀的地方。这是辽国皇族的规矩，要四时“捺钵”，即打猎，打到哪里，就在哪里办工，公卿贵族，朝廷大臣都要随行。这时是八月，是夏捺钵。

再次见面，程序再走一遍。两国使者先期沟通，把宋朝带来的条件摸底，汇报给辽国皇帝，以便第二天开门见山，双方心里好有数怎么爬。

第二天，富弼走进了金顶帐篷，发现辽国这次出席会议的人员级别非常高，皇帝、皇太弟、太子，三位一体都在场。这让富弼很高兴，这种力度，看来辽国是要签约了。很好，夜长梦多，越快越好，这正是宋朝的期望。而辽国小皇帝开口的第一句话就更让他高兴。

不用他费口舌，又一个问题解决了——“结亲会让宋朝骨血分离，我的皇兄会伤心的。何况公主与太子如果不和谐，也不是件美事。还是用金钱来办事吧。”耶律宗真如是说，非常通情达理，只是后面还有个转折，“但是，我需要个名分。”

名分，中原汉族几千年来的传承之本，就是名分。名不正，则言不顺，伟大的、无瑕的至圣先师孔夫子教导我人，在名分的问题上，你家大门上嵌几颗钉子，你吃饭时用多少人来唱歌跳舞，都要无比严格地硬性规定。如果错了，就是大逆不道，举世唾骂的罪人！

所以当耶律宗真提出名分的时候，富弼只能静静地听着，提不出任何反驳的意见。毕竟这是一件如此重大的国事。他忐忑地等着，不能不给名分，但要看对方要什么样的名分。身为宋朝子民，他太清楚这是汉人最敏感的一根神经。

“……须于誓书中加一‘献’字乃可。”耶律宗真这样说。

富弼立即就知道了自己的命运。宁教身死，不教名灭，他再也没有了退路！“献”，是下属供奉上司，甚至奴隶侍奉主人的词，要是他答应了，那就是对整个汉人族群的污辱！

富弼极力压抑愤怒，用正规的外交辞令来回答：“‘献’字是以下奉上的用词，宋、辽两国是平等的，决不可使用。况且宋朝皇帝是哥哥，怎么能有兄长奉献弟弟的道理？”

他还在讲道理，辽国人却露出了赤裸裸的要挟者嘴脸。耶律宗真说：“你们给我钱，是害怕我（宋朝以厚币遗我，是惧我也），钱都给了，一个小小的‘献’又算得了什么？”

满帐的辽国人一定都笑得嚣张得意，他们的皇帝是这样的“英武”。契丹人仍然纵横无敌！

这是外交，还是嘲弄？富弼就在这样的环境中冷冷地回答：“宋朝皇帝守祖宗之土地，顾全先皇的盟约，才用金钱交换和平。现在您这样说，是存心想打仗了，如果这样，宋朝还在乎什么呢？”

以眼还眼，以暴制暴，这是千古不易之真理。富弼强硬地回答之后，突然间辽国小皇帝也滑坡了：“‘献’字不行，改成‘纳’字如何？”转变得这叫个快，从宇宙超级大皇帝，一下子变成了讨价还价的小商人。这个不行，我们换那个成不？

“不成。”富弼还是反对，至于怎么不成，懒得再解释，这一类说法统统不接受，花样的不要！

僵局形成，耶律宗真不愧是宫廷里长大的孩子，他突然让气氛缓解了一下。“誓书在哪儿？拿增币二十万的那份来。”他这样说。

富弼交给了他，这似乎是个好事。耶律宗真要二十万的，就是说他准备出头替宋朝管教李元昊了。但高兴得太早，耶律宗真拿着誓书看来看去，再次说话时，侵略性陡然提高：“寡人一定要加这个‘纳’字，你再固执，小心坏了你家主人的大事。我若提兵南下，就是你们宋朝的大灾难。”

还是战争威胁，真是老套路了，富弼的回答也是上次的重复。

“陛下用兵，能保必胜吗？”

“不能。”

“胜未可知，小心失败。”

耶律宗真突然有了新意：“宋朝给我巨款，一个‘纳’字有什么大不了。何况这在你们汉人的历史上早就有先例。”

先例？富弼深深地吸了口气，塞外蛮族，你们知道些什么先例？“从古至今，只有唐高祖李渊曾经向突厥借兵，那时被迫称臣，但无论是‘献’、还是‘纳’，都在可有可无之间。何况之后突厥的颉利可汗就被唐太宗李世民活捉，东突厥也就此灭亡。这样的循环报应，这样的先例，就是你想要的吗？！”

史书记载，富弼说到这里，已经声色俱厉。在自己国内的皇宫里敢于咆哮，在敌人的金帐内也敢怒吼，富弼，不管他取得了怎样的成绩，他都是个真正的男人。

耶律宗真沉默了，很明显，想让眼前的这个汉人屈服，看来不大可能。但一定要折服某个汉人吗？他是个非常聪明的人，马上就转过了这个弯，直抵要害。

“我另外派人去和宋朝皇帝谈这个事，如果你们朝廷同意了，富爱卿，你怎么说？”

一句话之间，就把富弼的功能给屏蔽了。和你谈不了，我直接和你的主人说话。如果那边答应了，你一直在作梗，这个罪过怎么论？

富弼的心变得悲凉。有心杀贼，无力回天，自己没有再次说话的职权了，但他仍然有坚持自己的信念的权力。“如果我们国家答应了您，那么请您写一封信。把我与您的谈话都记录在案，那样，有什么罪责，我决不推辞。”富弼神情黯然，但仍然坚定地回答。

耶律宗真再次沉默，好一会儿，年轻的契丹皇帝这样说，原话如下——“此乃卿忠孝为国之事，岂可罪乎！”至此，双方的话都说到了尽头，不管私下里对对方有什么样的感慨，公事已经结束。富弼告辞出帐。出于礼节，辽国方面的使者刘六符送他出来。

帐外一片青山连绵无尽，富弼突然站住了脚步，对刘六符说。“你看，”他手指高山，“此山可以翻越，但你们要想得到‘献’、‘纳’两字，就好比登天一样，绝无可能！我头可断，此事绝不答应！”

帐门内外，满是契丹人，富弼的声音直达大帐深处。辽国现在的以及未来的君主们都清清楚楚地听到了这句话。宋朝绝不答应，这是他再三、再四所强调的内容。千年以后，他的用心不难猜度，他是紧张，甚至是害怕。他深知越过自己之后，辽国人所面对的谈判人物是谁，那些人会怎样维护本民族的利益。

靠吕夷简、晏殊之流来扶持乾坤吗？所以他才这样看似刚烈，实则悲凉地坚持。

就在这样的忧虑里，辽国留下了每年增币二十万贯的国书、誓书，以此为根基，派使者耶律仁先、刘六符跟着富弼回宋朝。接下来的事，富弼只能隔岸观火，爱莫能助了。

九月十五日，辽国使者进入开封。富弼作为接陪使一起回来，他在国境线上作出了最后一次努力，给中书省写了一封信。

在信里，他把谈判的最新进展作了个交代，把"献"、"纳"两字的争论始末仔细说明，要朝廷先作准备，想好怎样处理。在信尾，他着重强调说，辽国无理要求这两个字，我以死抗争，对方已经很沮丧。我们只要再次拒绝，就会打破他们的妄想。

信，就这样发出去了，在史料中也可以找到原文，但是没有中书省的回复记载。职权所限，宰执们不必回复他，他只能怀着一颗忐忑忧虑的心回到了国都。宰执大人们，宋朝的权益，就在于你们的一念之间了。

问题又到了吕夷简的手里。

在史书中声名显赫的吕大宰相果然能力非凡，这么点小事，他没废任何力气，随手就解决了。超级简单，答应他！辽国要求一个"纳"，给他们就是了。至于理由，就非常的雍容大度，站在宰相的立场上，要考虑全国局面。西北打仗，东北方一定要平静。

为了一两个字纠缠不休，万一辽国人野性发作，真的发兵打过来怎么办？因小失大，实在愚蠢！

就这样，"聪明"的宋朝人基本上答应了辽国的所有要求。要什么，就给什么，最后被确定下来的盟约里，赫然写着："……宋别纳金帛之仪，用代赋税之物，每年增绢十万匹，银十万两。"也就是说，实际每年交出的钱，是五十万两白银！

但得到了什么呢？历代史书中都强调，辽国从此以后，再没给宋朝添什么麻烦，宋朝的北方边境真的一劳永逸，从此平安了。言外之意，这个钱花得值，但有个细节一直都忽略了过去。

给了二十万的数，辽国要尽的义务呢？是要约束李元昊投降的！但是这一条，在实际操作中，只写进了宋、辽两国的国书里，那一式三份的誓书，也就是宋、辽、西夏三方面共同遵守的和平条约里，根本就没有这回事！

这是个什么样的买卖啊……

事情过后，辽国方面大肆庆祝，不仅多得了钱，还涨了面子。他们刻碑记功，把这个胜利传之四方。作为使者的刘六符也加官晋爵，从此进入辽国显贵行列。

回到宋朝，立了大功的富弼名满天下，他的坚持和勇气让国人像勇士一样地尊敬他。国家议功，再次提升他为吏部郎中、枢密直学士，可他再次拒绝了。他落落寡合，形单影只，比出使之前更加忧郁，尤其是在官场上。

一位大人物，宋朝第一学士王拱辰悄悄地找到了皇帝，行使他的最新权力。前状元、现翰林王先生又升官了，已经是权（代理）御史中丞，他来弹劾富弼。

“陛下，富弼丧权辱国。他不能阻止辽国的无理要求，是失职。尤其是陛下只有一位公主，辽国求婚，他居然就答应了下来，真是大逆不道！必须严惩。”

不料好脾气的仁宗勃然大怒：“朕为天下生灵，一女非所惜！”一顿罕见的咆哮，把王大人骂走了。

这句话留在了史书中，算是给富弼，也给这段屈辱的历史定了性，作出了总结。这证明，一切过程皇帝都心中有数，谈判的结果，是宋朝高层作出的决定。富弼，尽人事，听“天”命，于国于己，他可以问心无愧了。

第二章
西线铁幕

在这次谈判的九个月里，富弼是主角，最重的戏份却不在他身上。远在西北边疆上的几个人才真正左右了帝国的命运。他们是范仲淹、狄青、种世衡。他们分别做了些事，效果嘛……很难说。一方面他们让李元昊剧烈头痛，在西夏境内不敢动弹，连带着富弼也能在耶律宗真面前挺直了腰说话。

另一方面，他们惹祸了，把李元昊逼到了墙角，没有退路，就只好狗急跳墙，拼个你死我活。好，现在一个个登场，看看他们都是怎么干的。

从范仲淹开始。提到他人们会很迷惑，宋朝三百年间最了不起的人，在西北工作了四五年的时间，没见他打过什么胜仗啊，甚至也没打过仗啊，他那么大的名声是怎么来的？

一个欺世盗名的骗子？！

这涉及一个宏观和微观相结合的问题。一个个体的人，要为当时的社会作出有益处的贡献，要有怎样的约束？

注意，是约束，而不是努力。可千万别乱努力，就好比喜欢上了某个姑娘了，得看准了人家好哪一口，再去献殷勤不迟。国家与臣子的关系也是这样。范仲淹是宋朝的臣子，不是唐朝的，针对已经成熟定型的宋朝国防方针，不能要求他像唐朝的顶尖将军那样，去千里奔袭，境外作战，把异族敌人绑回长安。

如果一定要强求，那很好，就会变成韩琦，心比天高，命比纸薄，主战本身没有错，可在赵匡胤定下的国防政策里，任何人别想以军功冒升。哪怕是后来的岳飞、韩世忠等人，也只能在北宋与南宋的历史衔接的过渡夹缝里，短暂地闪亮过。

相信韩琦本身也明白了，好水川之战后，他性格仍然强硬好胜，但在军事上，再没有之前的“斗志”了。

范仲淹的高明，就在于他从开始就理解了宋朝军政事务的精髓。所谓“攻中有防，防中带攻。”具体起来就是修砦。这个方式，以前基本是用在国内，是纯防御的，只要推广向前，就变成了移动的长城。

一步步向西夏的境内扩建，每建一处，就形成了攻防一体的战斗体系，一点点地蚕食掉了西夏的国土。在这九个月时间里，他修建了大顺城。这是宋朝庆历年间最大胆的一次修砦行动。其中最重要的一点，就是它的位置。

它的前身是庆州西北方的马铺寨，再向西北方前进一点点，就是个历史名胜地——后桥川。宋、西夏战争最开始的三川口之战前，保安军、承平砦之战的尾声，李元昊之所以紧急退兵，就是因为他的后路，后桥寨被宋军洗劫了。

这就是大顺城之所以险要的原因，它深深地侵入了西夏国境之内。说是建了个寨子，其实是越过国境，抢了一大片领土，并且时刻把刀子顶在了党项人的脖子上，哪天高兴，就直接捅出去。

早春二月时，范仲淹召集庆州府众将，跟着他悄悄出城，一路向东北斜上方前进，一直到了前敌位置，和西夏势力接壤的柔远寨还没停下来。继续往前走，到了敌占区之后，大兵们才惊奇地发现，前面好大一堆的老熟人啊。

是范仲淹的儿子范纯佑和番族将领赵明。两人各带人马守着小山一样高的建筑材料。这些兵立即就知道了自己的使命。干活吧，不仅是和平时期，就算是战争时期，也得当建筑工。

十五天之内，一座新城建起，争分夺秒，盖成之后立即就迎来了敌人。党项人急火攻心，才几天没留神，这么大个非法建筑就盖到家门口来了？！这还了得，立即拔掉它。

西夏方面集结了三万骑兵来攻城，一阵混战之后，骑兵们在新城墙面前撞得满头大包往回跑。这个场面真是激动人心，宋朝的军人们马上就要去追。范仲淹却拦住了他们。

我们就是来筑城的，现在目的完全达到，额外的好处半点都不要。

看着多小心，甚至是懦弱，但稍微分析一下就会发现，宋朝从赵光义的幽燕之役开始，直到在李元昊手下吃大亏，军事上的白痴行为简直一以贯之，从来没有例外。就是开始得利，然后猛追，突然中伏，大败而回。就这么简单，百试百灵！

所以范仲淹才高明，我的骑兵是没有你们多，探子也搞不清敌情，但我一定要去追你们吗？你有千条妙计，我有一定之规。城盖好了，就等着我步步为营，稳步前进吧，终有一天，把你们的生存空间都压扁。到那时，你们想反攻的话，都会超级艰难，得把这一路上无数个城堡都拔掉！

历史在以后的长河中证明了这种战略的正确性，在这时，更证明了范仲淹眼光的锐利。这三万名党项骑兵果然在半路上给宋朝人设下了一个大陷阱，只是在早春的寒风里傻等了很久、很久、很久，仍然半个人影也没有……

范仲淹已经回庆州了。

大顺城建起，打破了西北边疆的格局，西夏方面的白豹城、金汤城等据点变得岌岌可危，尤其重要的是范仲淹的不上当理念，让党项人无处发力，根本就找不出砍人的办法。历史的解读是要在很复杂的层面上进行的，在这种局面下，才有了那句流传千古，但又被耻笑千年的歌谣：

——“军中有一韩，西贼闻之心胆寒；军中有一范，西贼闻之惊破胆。”

这半点都不好笑，而且也没有夸张。我个人觉得这两句歌谣的文字水平很高，因为用词非常准确。

“军中一韩心胆寒”，说的是韩琦，他的好水川之战是失败了，但作战的过程，还有党项人的损失，输赢两方面，都疼到了骨头里。面对这样的对手，谁不胆寒？

“军中一范惊破胆。”不战而屈人之兵，自从范仲淹到任，他的辖区就一直平静，是李元昊跟他有交情，还是说西夏人读懂了范夫子的本来面目，跟这人没法打架？！

多准确，没有惊破胆，怎会没战争？

以上是九个月期间宋朝方面发生的前两个事件，后面两个，分别与狄青和种世衡有关。

狄青的浮光掠影。

狄青有点像岳飞，不是说他们的忠勇风格和悲剧人生很相似，而是说他们的资料。岳飞死后，只二三十年间，他的资料就变成了传说。在赵构和秦桧的通力合作下，他的人生被删除了，再没有充足的官方史料来证明他辉煌璀璨的一生。所以历代谈到岳飞，总有各种各样的争议、怀疑，甚至很多别有用心的人，要把他歪曲成一个莽夫、屠夫，或者蠢人。

那是极端可笑的，是岳飞的悲哀，更是我们民族的悲哀。竟然这样来对待自己的英雄！现在说狄青，他的西北岁月同样很模糊，在民间，他是鬼面战神，无往不胜。在官方，欧阳修等人都承认，西北争战五六年，军中只得到两位常胜将军。

狄青和种世衡。

可狄青是怎样打仗的，却只有含糊其辞的寥寥数语——“前后大小二十五战，中流矢者八，破金汤城，略宥州，屠岁香、毛罗、尚罗、庆七等族，燔积聚数万，收其帐两千三百，生口五千七百，又城桥子谷，筑招安、丰林、新砦、大郎等堡，皆扼贼要害。尝战安远，被创甚，闻敌至，即挺起驰赴，众争为前用。临敌披发，戴铜面具，出入贼中，皆披靡莫敢当。”

这就是他在西北的光辉岁月的全部官方记录。如果要分析，平心静气些，就会发现他比前面所记述的三川口众将、好水川将军们强不到哪儿去，何况还有麟府大捷时的张亢在。那么他的战神名誉是怎么来的呢？还有为什么这样的成绩单，还能在仁宗朝的下一个危机到来时，被任命为南征主帅的呢？

狄青是个很复杂的人，并不完全是以军功冒升的。

在一般史书里，狄青的一生，成在武功，败在文臣。他的悲剧是宋朝猜忌武将，重视文臣的“祖宗之法”造成的。

这话对吗？没错。只是有个很微妙的地方，与文臣的恩怨，都是他自找的。

狄青的官做到指挥使时，主动接触了一个人，当时的经略判官尹洙。尹洙的官不算高，身份很微妙，在西夏战争开打之前，他就是范仲淹、韩琦的好朋友，开战之后，又在范、韩之间做沟通工作。可以说，他是个绝妙的跳板，与他交往，能迅速跳到西北方面的最高层。

果然，狄青的军事才能打动了尹洙，把他推荐给了范仲淹和韩琦。史书中记载，“韩、范一见奇之，待之甚厚。”只是厚的方式，却各有不同。

范仲淹拿出了一套《左氏春秋》，对狄青说，为将者不知古今战例，不通晓兵法，只是一勇之夫。希望你多学多看，成为真正的将才。

这句话是决定性的。不管狄青与高层接触的最初愿望是什么，他的命运从这时扭转。知识是第一生产力，更是第一战斗力。范仲淹的一席话，让宋帝国从此拥有了一位智勇双全，独当一面的国之帅才。冥冥中就像有定数，三百年间第一人在他去世的那一年，宋帝国面临又一次危机时，留下了解救的人物。

狄青从此精研史书兵法，再不是那个只知披发冲阵的勇将了。

这是和范仲淹交往的结果，与韩琦就截然相反了。说来这也是命运，之所以会有反差，最重要的一点，首先在年龄的差异上。

范仲淹这时年近花甲，狄青只是个三十出头的青壮年，两者相差如父子，再加上范仲淹的博大胸怀，自然而然地就把他当后辈学生看待，既教导又爱护，一片温柔的心肠。但韩琦呢？他俩可真是有缘。

居然同岁，都出生在1008年。

关于狄青和韩琦的传说有很多，从他们两人刚刚起步时就开始了。1027年，两人都是翩翩少年，第一次相遇时，是在国都。

那一天御街上张灯结彩，新科开考，状元、榜眼、探花从东华门唱名而出，举国轰动，都来看当时最幸福的人。人群摩肩接踵，其中就包括了最不幸的人。狄青和他的伙伴们。

一群刚刚黥面的贼配军。

那一天都是十八岁的少年，一个锦衣高马，夸耀人间；一个黯然人群，落寞失意。当时有个伙伴喃喃自语，看人家，天上的人，我们一生都别想靠近。

周围一片叹息，大兵们都苦笑了一声，却突然听到有人说："也不见得，还得看各人能力。"大家吃惊地转头，狄青正高昂着他黥过面的头颅，目光难说是不屈，还是嫉妒，反正没有屈服。

时光流转，好多年后，这两个人都到了西北战场。韩琦高开高走，当年的榜眼，已经是方面大员。狄青，也因为战功逐步提升，能让对方知道自己叫什么了。历史在这里变得有趣，它交代了韩琦和范仲淹一样很看重狄青，并且优待，可具体内容是什么呢？

他请狄青喝酒。真是很大的面子，能让一介武夫出席他的酒会。这个酒会在历史上相当有名，狄青受辱了。当时无酒不欢，无妓不乐，韩公请吃，妓女们的身份也相当高。有位名叫白牡丹的挨桌劝酒，到狄青身边时，突然笑了："也敬斑儿一盏。"

笑语盈盈，轻佻妖冶，多亲近，"斑儿"，脸上有黥文的小朋友，你也喝一杯吧。大庭广众，奇耻大辱！狄青当时都已经是副总管的职位了，居然被一个妓女这样嘲弄！

当天狄青不动声色，他就算气疯了也得给韩大人面子，但是忍无可忍，第二天他把白牡丹打了一顿板子。这事儿，在狄青来想，就算了结了。有气出气，私下解决，没碍着你韩公什么事吧？

不，大错特错了。韩公很生气，后果超严重。隔了些日子，狄青有个旧部下叫焦用的来看他，才坐下喝了几杯，突然就被韩琦派人抓走。罪名不太大，处罚是斩首！

狄青急忙赶去求情，他实在不敢就事论事说什么，只能站在阶下说："焦用有军功，是好男儿。"

台阶上韩琦一阵冷笑，说出了他心中，也是宋朝三百年期间所有文臣的宣言："东华门外以状元名唱出者，才是好男儿，这算什么好男儿？"

就在狄青的面前，把焦用杀了。

狄青默默无言，呆立了好一会儿，才慢慢走开。这真是文臣的一大胜利，尤其是后来，宋朝仁宗年间，几乎任何一个文官都敢在狄青面前叫嚣，至于理由，不为什么，"我——是——文——官"。

真是了不起，文臣们在五代十一国的几十年里受尽了委曲，他们终于翻身做主了，而且一直快乐了三百多年。只是善恶到头终有报，宋朝灭亡之后，元朝把天下人按职业分了十等。最后一种是乞丐，第八种是娼妓。第九种就是文人。

比要饭的强点，比娼妓还低，这就是文人猖狂的下场！

回头说狄青的战功。这又是个让人郁闷的事，和岳飞还是很像。八十余年之后，岳飞威名震慑天下，但南宋钦定的"中兴十三战功"中，没有任何一项是他的。

北伐之胜，郾城大捷等，全都选择性失明。

狄青也是这样，"破金汤城，略宥州，屠岁香、毛罗、尚罗、庆七等族，燔积聚数万，收其帐两千三百，生口五千七百"，发生在什么时段，哪次战役，是他单独出战，还是与谁配合，都查不到。历代写史的人，都只能按原样复制上面的文字，然后就直接跳到十年之后的侬智高造反。

但是每一个人都活在历史进程中，只要细心些，还是能稍微推算出，这些事发生在什么时段的。比如"破金汤城，"范仲淹在当年的三月份筑好了大顺城，史书中提到西夏方面的白豹、金汤两城岌岌可危，那就是说，在三月份时，金汤城还没被狄青攻破。

再往后翻史书，到九月时，宋、夏战争就开始了第三次战役。此战之后，宋朝的军事行动就告一段落了。狄青的攻击，只能在这一年的三月至九月之间。想想这些重要据点被一一击破，对西夏方面是怎样的压迫力度？

对向四面八方开战，一直胜利，也一直绷得紧紧的李元昊来说，是怎样的忧虑？

种世衡的小动作。

种家军的创始人很有趣，西北开战之后，青涧城被他练成了一个超级庞大、格外扎人的大刺猬，再加上他还有那么多、那么铁的羌族好朋友，就造成了一个事实，方圆百里之内谁都躲着他走。于是他穷极无聊，就做了些非常小，非常小的小动作。

他把一个和尚像神仙一样地供着，吃喝嫖赌，美女成群，一切随便，但是突然间翻脸，又胖揍了一顿，远远地赶出了国境线，同时还为他向朝廷请功，要求封官。

看着乱七八糟，但是结果，却是把西夏人的兴旺之梦彻底打碎，不仅西夏之后百年历史变得委靡不振，就连李元昊本人也身受其害。

事情从头说起。这个和尚法名叫光信，出身怎样是没法知道了，性格和形象嘛，就是个典型的“平生不修善果，只爱杀人放火”的角儿。

这位和尚大哥在被种世衡发现之前，一直游荡在宋朝、西夏之间的广大西北草原上，活动范围之广，不论是宋朝的各大城池，还是羌、党项、契丹等蛮族帐篷，所有场合，所有道路，他无所不到，一清二楚。至于说他是怎么做到的，就半点都不阿弥陀佛了。

他骑着马，挎着刀，射着箭，来来回回，打家劫舍摸清楚的。

这样的业务，这样的等级，一下子就把种世衡迷住了。我们需要的就是这样的人才！他用青涧城独立经商、多劳多得的额外收入，把该和尚收罗进城，然后好酒好肉地养着。其放纵的程度，达到了“召置门下，恣其所欲，供亿无算”。而和尚呢，也算对得起他，“酗酒，靡所不为”，没有什么是他不干的。

种世衡一点都不介意，反而待他越来越好。这样时间一天天地过去，光信和尚的生活除了糜烂式的享受之外，就是偶尔跟种世衡出城一两趟，为他指个道，怎么才能悄悄地绕到几个不听话的羌族营地，或者靠得太近的党项人地盘，杀个出其不意。

直到这一年的二月间，范仲淹马上就要盖大顺城的日子之前，种世衡突然很认真地召见了光信和尚。

地点非常隐匿，人员只有他们两个，说了什么话，我们现在只能泄露后半段，前面的，要在后面的历史进程之中，才会了解。

“……这样你会被抓住。”种世衡说。

“是，肯定。”光信说。

“你会被揍得很惨。”

“是，肯定。”

“你会熬不住的。”

“不会，肯定。”

“嗯，空口无凭。”

“……”光信无聊、乖僻，但又桀骜的眼神！

下一瞬间种世衡突然暴怒，把光信抓了起来，一顿毒打，接着再打，打完再打，N次之后，光信毫不在乎。据说某天晚上两人又见了一面，然后光信就失踪了。很长的时间，青涧城，乃至整个宋朝西北边疆，都再也见不着他。

他叛逃去了西夏。

考虑到光信的工作是非常要求技术含量的，所以得给他时间。这位久经考验的和尚真的会带给我们惊喜！那么就等着吧，大半年之后，他会再次出现。

宋朝方面的事基本就是这些，现在回头还要再说一下辽国人，就是占了便宜还要再占，占了多少都不满足的耶律宗真。

耶律宗真名利双收之后，短暂的满足，让他的胃口变得更大。南边的哥哥，还有西边的姐夫，你们哪个也别想跑！他开始向李元昊说话。不过千万别以为是他的职业操守很纯洁，拿了宋朝的钱，就给宋朝办事。这个人自私自利，做什么都只为自己。

勒索了宋朝之后，再管教西夏，这才能彰显契丹的无敌风范！

于是他就按着这个思路开始做事，整个辽国都在为他欢呼，基本上也算是光宗耀祖了；但事实上，他在抽他老爹耶律隆绪的耳光。就在二十二年前，宋真宗赵恒刚死，仁宗赵祯才登基即位的时候，他爸爸曾经这样忧虑过。

“宋朝的新皇帝年岁太小,要是不知道当年发生过什么事,再挑起战争怎么办?”

唯恐当年澶渊之战重演,可人算不如天算,恰恰就是他自己的儿子出了毛病。二世祖豪情大发,揣着满兜子的宋朝钞票,开始向姐夫叫嚣,至于理由,那是非常充分。

第一,他的姐姐兴平公主已经证实死亡了。死后才报的丧,得病时为什么不讲?我姐姐过得快活吗?是不是你又找了别的女人,气着她了?

第二,你是我的家臣,宋朝没通过我就打你,是他们不对,我已经替你找回面子了。现在,你打别人,也没问过我,当我是什么?!你是不是忘了,从你爷爷的爷爷开始,就是我们辽国的奴才?

第三章
葛衙内的游戏

据说李元昊接到信的那天，向北边凝视了很长时间，脸部表情很淡漠，手上的动作却不少。他一次又一次地用手去摸自己的鼻子。

不是说他和后来满清的平西王吴三桂先生一个毛病，摸鼻子就要杀人，而是他实在是想给内弟上上传统课。辽国人和党项人作对，小心各个都变成大饼脸回家。

命是不要的，把鼻子留下来！

只是实在发不得火，以前形势比人强，现在危险了。以前是他拉着辽国打宋朝，现在宋朝和辽国站在了一起，真要火并起来，党项人连活下去的信心都没有，一下子就得被打回史前状态。但是，难道就此屈服吗？

真屈服了，他就是西北争霸史上最大的笑话。不用什么刀枪，只是辽国皇帝的一句话，西夏皇帝就崩溃了……让人拿什么眼睛看他？还有，如果他就此停手，那么多年战争所带给他的，除了损耗之外，再没有半点好处。

辽国约束他，宋朝敌视他，并且在边疆上大做文章。没有钱，不能抢劫，他将失去所有。该怎么办？这样的局面要怎样处理，才能把辽国摆平，甚至重新夺回优势？

必须有优势，不然之前辛苦建起来的大夏国就是个泡影！

这就是个难题，想要创造历史的人，谁都得面对。至于解决的办法，请大家把视线选择得模糊些。无论是伟大的唐朝，还是近现代的欧美列强，无论哪个国家，都没法做到纯洁、伟大、博爱，甚至是文明。资本的最初积累阶段，谁的身上都有污点。

比如唐朝最初时向突厥称臣，比如欧美列强的海外殖民地行为，甚至列宁在十月革命刚胜利后，就与德国签署了“布列斯特—立托夫斯克和约”。根据条约，苏俄赔偿德国 60 亿马克，割地 126.7 万平方公里及 26%的铁路、33%的工厂和 75%的煤矿，失去居民 4600 万人。

这就是必要的妥协。

公元 1042 年的李元昊也是这样。他先拿出了大批珍宝，派人给耶律宗真送去。一切尽在不言中，我对不起你姐姐，还有你，原谅我一次成不？

成，耶律宗真要的就是这个。只要你拿出了钱，再服了软，和宋朝那边一样，我就满足了。

然后李元昊悄悄地向东南方集结兵力，形势要求他必须有一次重大的、决定性的胜利。只有这样，他才能继续压制宋朝，甚至向辽国示威，他和西夏，才有生存的权力。

这时有个问题，这个局面宋朝知道吗？李元昊到了临界点了，必须胜利。那么胜利被宋朝得到呢？多么诱人的猜想。我打赌，我个人打赌，宋朝一定是知道的。

因为它在西北泾原路的人员配备。

其他的三路，原来的负责人不变，范仲淹、韩琦、庞籍。唯独最危险的泾原路从上到下全都换人，其主导思想前所未有，来的是中央直属特攻队。

经略安抚招讨使王沿、副都部署葛怀敏。这两人非同凡响，尤其是后者，他是西北战役打响之后，宋朝第一次由中央部门派下来的禁军嫡系将领，和之前的刘平、任福截然不同。刘、任都是老边防，虽然挂着一些禁军的头衔，但没进过开封城，皇帝和他们都没见过面。

葛怀敏不一样，他的父亲是真宗年间的名将葛霸。出身名门，按照军队里的习惯说法，这真是一条理想的裤腰带，其目标就是要系到一条漂亮的裙子上。他做到了，那条裙子是真宗、仁宗两朝里最完美无缺的，是前东北军区司令员王超的女儿，超级名将王德用的妹妹。

这样的关系，让他在军中如鱼得水，什么样的领导他都零距离地接触过，包括皇帝赵祯。而这也正是他的能力所在。注意，从古到今，人们说起各行各业的二世祖时，尤其是军队里的少爷们时，都很不屑，认为他们都是一群渣滓，什么能耐都没有，还傲慢成性，成天地把父亲的军功，还有各种战伤什么的当成自己的闪光点。

一句话，废物！

但要小心，这群废物在另一方面都是超人，就是在父亲和长辈们面前，他们有另一张脸。那时他们可爱、天真，礼貌周到，还追求上进，绝对都是可塑造的新一代接班人。葛怀敏就是这样，宋史记载他“通时事，善候人情，故多以才荐之。”

每个人都推荐他，最后连皇帝都对他另眼相看，不仅把他派上战场，而且在临走前，给了他一件军中圣物。那是从来没有任何人得到过的荣耀，是西北战场上战无不胜，号称党项、吐蕃两族克星的名将曹玮留下的铠甲。

愿你能像曹武穆一样威震西北，震慑西夏，击败李元昊！

这是赵祯对葛怀敏的期望。之后一般的史书就直接写到了他在西北战场上的表现，但是稍等，仔细查一下，就会发现他到西北之后的第一站并不在泾原路，而是去了庆州。这更是个额外的体贴，是想让他在最稳妥的地方，由最博爱、最宽容的老同志范仲淹来辅导一下，尽快适应环境。

很可惜，范仲淹很快就打发他走路，半点都没有对狄青的好脸，临走时还给了五字评语——“猾懦不知兵”。又狡猾，又怯懦，根本就不知道怎么当兵，怎样打仗。

葛衙内就这样来到了泾原路，这里地势平坦，无险可守，是整个西北最危险的地段。

再说说王沿。看一下履历，他是个地道的文官，主要的业绩是治水。这方面很有成果，他把相、卫、邢、赵等水系引进了天平、景祐等水渠，灌溉了数万顷良田，可这与打仗有关吗？为什么会在这个紧要关头，要他来镇守最凶险的防区，打最关键的战役呢？

没理由的。但请参照范仲淹、韩琦、庞籍，他们打过仗吗？别说实践了，西北开战之前，这三位大佬连理论基础都没有。在这一点上，王沿还要高于他们，因为他熟读《春秋》……对，就是跟关二哥一个爱好。综上所述，我们重新回到平和的心态上来，别看着结果说原因。

那样就不公平了。

王沿和葛怀敏，并不能从开头就彻底地否定他们，我们最多只能说，宋朝犯了一个原则上的小错误。即以韩琦为例，他是在实战中成长的人，经过了好水川之败后，他才变得理智沉稳。以此为准绳，除非王沿的天资要远远高出韩琦，不然，他凭什么能做得比韩琦当时更好呢？

这是从概率上分析。

在细节上，王沿是努力过的，到任之后，他和范仲淹一样开始修城，他选在潍州城以外五里处，修了西关城，在那里大量屯兵。这实在是种幸福的烦恼，谁让他的兵多呢？西北四路，泾原路驻军最多，达到了七万。

如果再和李元昊动辄十几万的兵团对抗，就再不会有当初两战时以一敌十的难堪了。时间，在向宋庆历二年，公元1042年的闰九月靠近，决定国运的时刻又要到来了。

战争开始，最先一步被证明是宋朝占优，几乎是惯例一样，他们又一次先期“知道”了西夏方面的行动日期，能够主动选择迎战方式。

王沿命令葛怀敏率兵迎敌，依照惯例，作战方案和行军路线都为他事先规定好了——瓦亭寨。这个地方就是宋军的前进极限。

看着很理智，甚至为后面宋军的失败留下了解释原因，和任福一样，是葛怀敏不听文官的命令，才导致的大败。不过万事怕认真，只要稍微查一下古代地图，就会知道王沿是个疯子，或者史书的书写者把后代的读者当傻子。

瓦亭寨的位置与上一次泾原路激战的好水川一线平行，是宋朝区域的腹地，当年韩琦是为了把李元昊的主力放进来，才要任福主动退守的。这时王沿既要军队主动迎击，可又把迎击的极限固定在腹地位置，这是决策者的英明玄妙，还是在玩前敌指挥官？！

见多识广，后台超硬的葛衙内很配合，你要我到哪儿，我就到哪儿。但是到了之后，咱们就两说了。将在外君命有所不受，何况你个地道的大外行，还想遥控我这样优良品种的世代将门子弟？就在瓦亭寨，葛怀敏召集泾原路各处精兵，命令周边所有将领迅速向他靠拢，马上分派了新任务。

瓦亭寨本寨寨主许思纯、新环庆都监刘贺以五千余人的番兵作为左翼，天圣寨主张贵为殿后，以这个阵容向前推进。到了五谷口之后，泾原路最强的军事据点镇戎军的主将曹英和都监赵珣、西方都都巡检李良臣、孟渊，都相继会合，加入大队人马之中。

葛怀敏的兵力超出了王沿给他的限度，在瓦亭寨这个腹地区域待敌，只能算是防守，而防守，却把周边的力量都大密度地集结起来，这是什么意图呢？

集中兵力，迎击，不管地点在哪儿，他要的是集团军决战。

在这个思路的决策下，宋军以沿边都巡检使向进、刘湛为先锋，赵瑜掌控后备队为援兵，向边境推进。这时他们的位置是安全的，还没有越过最重要的据点镇戎军城。但是主将葛怀敏变得急不可耐，他不满意行军的速度。军队在安边寨进行战前补充给养，还没有装载完毕，他就迫不及待地率军开拔。等到越过镇戎军进入接战区域之后，他的急迫达到了一个极限。

他抛下了大队人马，只带了一百多个骑兵向前冲去。实在是不知道，他到底要干什么。难道是冥冥中有什么神灵暗示了他？李元昊正在前方不远处跳舞唱歌，就等着他冲过去把他一刀剁掉？真是开玩笑，下面的场景更是恶搞。跑着跑着，他手下的一个小官，叫赵政的突然对他说，将军，再往前跑就要和西夏人见面了，我们得停下。

啊？停下？哦……好，停下吧。这样他就停下了！你一顿狂跑为的是什么啊？！

葛怀敏停下来之后，宋军各部也都相继静止。他本人进入养马城，曹英、李知和、王保、王文、镇戎都监李岳、西路都巡检赵麟等人都集结在镇戎军城以西六里的地方。这之后，宋军动态变得非常理智，但也超级愚蠢。

他们白天出城巡视，晚上回城自守，这看上去没什么毛病吧？所以说很理智，但要看是什么时候，这样做了多久！

是整整三天……三天的时间，他们就像和平时期的郊外出操一样悠闲自在。老天在上，这是战场上最可怕的事，你不知道你的敌人在做什么，只能等着人家做出来结果！

三天之后，这些将军终于都忍不住了，他们一起赶到养马城去见葛怀敏，主将大人，我们到底是干什么来的，就这么闲待着？面对质问，葛怀敏像位战神一样的镇定。

先生们，安静一下，我刚刚得到了最新情报，李元昊终于出现了，他将在明天越过界壕，我们立即迎战！

葛大将军的迎战方案堪称最正确、最经典，也应用得最广泛。他兵分四路，以刘湛、向进出西水口，赵珣出莲花堡，曹英出刘璠堡，他自将中军出定西堡，向西夏挑战。

真不愧是名门之后，深通宋朝所有战例。宋太宗、宋真宗每次进剿党项人和契丹人，不都是分兵几路的吗？于是他也这样搞。但是小小的泾原路里，再浓缩到与敌相接的小片区域，你这么折腾有必要吗？

当时就有人反对，是赵珣。历史证明这是个明白人，不是说有高招儿，只是至少脑筋很清醒。他问葛怀敏，将军，谁是地主，谁是外来户，您分清楚没？

嗯？什么意思？

很简单。赵珣说，李元昊走远道进咱们地盘，他的人马多，锐气盛，很不好对付。但这也是他的致命弱点，人多了就要吃喝，就要给养，我们拖着他，在马栏城布防固守，在镇戎军保持粮道通畅，时间一长，他们必然挺不住，那时候我们赢定了。但如果这时候迎上去接战……他看了看周围的同僚们，神色变得很阴暗。

——我们会被杀得干干净净（必为贼所屠）。

历史证明，这是定川砦之战的第一个转机，宋军如果听从了，这决定西夏命运的一战就会有截然不同的结果。

但现实永远比猜想好玩。这句话之后的场景很有趣，在场的军官们是什么样的反应？惊恐、重视还是厌恶？估计是最后一种，厌恶。打仗是刀头舔血的事，最讲究个吉利，赵将军变成乌鸦嘴了，还不赶紧吐两口唾沫消灾？

前面好水川之战，泾原路帅司里的名将们伤亡殆尽，现在这批人都是后调进来补充的，没经历过那种场面，根本不知道全军覆灭是什么滋味。

主将葛怀敏尤其这样，他是什么人？名门之后，宋朝此时军队中门第最显赫的人！手里握有重兵近七万，怎么可能躲在城里当缩头动物，随便敌人嚣张？

七万，这是个怎样恐怖的数字，从真宗朝的超级战役"澶渊之战"之后，宋朝就再没有任何人拥有过这样庞大的军力，包括名将曹玮，他的"三都谷"之战也只不过才三万人而已，但已经打败李立遵，使河湟部吐蕃的权力层剧烈动荡，之后才出现了一代赞普唃厮啰。

那么此时的葛怀敏呢？空前兵力，加上巨大的家族荣誉，没理由不去迎战，没道理不会胜利！

于是宋军出战，并且是夜袭。曹英、李知和所部是宋军四路中兵力最雄厚的一支，他们先期出发。一夜平静，等到天亮后，葛怀敏刚要起程，突然间接到战报，西水口方向的刘湛、向进部队首先与西夏人接战，战败了，正向向家峡一带退守。

葛怀敏立即集结兵力，向刘湛、向进方向靠拢，要在向家峡先吃掉这股敌兵。这时战报又来了，注意，宋军此前两战中最吃亏最无能的情报工作，像是突然间上了档次，无论是侦察力量，还是通报速度，都超级快。

一次又一次，四面八方地向葛怀敏这个战场初哥涌来，让他忙得很爽。

这次的战报是，西夏人的主力被发现了，根本就不是击败刘湛他们的那支，而是刚刚从定川砦方位越过界壕，正向我腹地挺进。

那还等什么？葛怀敏一声令下，全体开拔，并且立即通知战区内所有部队，都向定川砦迅速集结，那里就是主战场，必须限时赶到！

超级通畅的通信能力再次奏效，葛怀敏的命令在战区内四通八达，准点准时地传到了各支宋军的主将手里。效果很好，除了刘湛、向进的部队在败退中没法到位之外，连同葛怀敏的中军在内，全体宋军都以极快的速度赶到了定川砦。

他们进去了。

直到这时，西夏的主力军团才露面，他们的第一个动作，并不是来挑战，而是远远地出现在定川砦的西方，把上游的水源给掐断了……宋朝的军队可真多，那么多的人那么听话地集结到了一起，然后再切断水源，毁掉桥梁，这一系列的招数用出来之后，才会知道宋军的侦察工作是多么的到位。

完全成了李元昊的内鬼！

葛怀敏的愿望达到了，他要决战，那么决战已经到来。除非他想渴死、饿死在定川砦里，就必须冲出去，那时就可以展示他所有的英勇，以及超级优秀战士的DNA了。

面临绝境，葛怀敏的战法却很微妙，他没有一开始就摆出决死之战的气势，而是先……怎么来归纳这个词呢？试探，还是找死？

真是不好说！

宋朝的西北军团里一直都有番落骑兵，他们是由本地的羌、党项、吐蕃等内附民族组成，战斗力强悍，是宋军中头等战士。一般来说，这样的精锐力量，只会使用在最关键的时刻，那绝不是开战之初，而是互相消耗之后的相持阶段。

用来决战决胜，一锤定音。

葛大将军比较另类，定川砦之战，最开始的时候，他就把五千番族骑兵派了出去。五千人，就算再强悍，能发挥怎样的作用呢？这里有一个精心查到的数字，可以对比出葛大将军的另类到了什么程度，就是此次李元昊出征的兵力总数。

很遗憾，这无法在《西夏史》中得到，《西夏史》和党项全族都被愤怒的蒙古人给毁灭了，因为百年之后，他们的牛皮糖精神居然把人类军功最盛的成吉思汗都给熬死，实在让蒙古人咬牙切齿。所以只能在《宋史》中去找。

总兵力十万人。

五千对十万，你当每个人都是赵匡胤？其结果只能是大败。开战之初，宋军不仅损失了自己部队里的精英战力，还严重打击了自己的士气。这时，葛怀敏才传令全军出寨，列阵迎敌！

寨门东方，葛怀敏率领中军列阵，他的身边，东北方向，是镇戎军的主将曹英。战阵严密，兵源众多，至少在六万人左右。注意，这时的兵力对比，并不是六万对十万，很可能是六万对七万左右，因为从后面战况的发展，可以看到李元昊根本就没把全部主力都押在这个地方。

而是另有打算。

局面对宋军是多么的有利，从刘平到任福，谁都没有这样的待遇，居然是一比一的较量，不再是一比十了！可搞笑的是，有这样的实力，而且是拼死突围的部队，居然处于守势，主攻的，竟然是西夏一方。

西夏人第一时间找上了葛怀敏。他们直接冲击宋军的中军，就是要干掉你们的主将。史书记载，他们派出精锐部队。前面说过，西夏人的精兵，就是铁鹞子，类似后来金国的铁浮图，以这种全身披甲的重骑兵冲击步兵集团，优势可想而知。

但连冲好几次，宋军阵容不乱，这似乎很不容易，居然顶住了？废话，六万人出战，分两阵，主将身边至少是四万人，几次冲击就垮了，真是豆腐渣！李元昊的本来面目显现，这人从不使蛮力，当然，他的蛮力也不够。

他换了个方向，开始攻击曹英。这时怪异的事情发生了，请问，这个世界上真的有鬼神吗？或者说，真的有人是鬼神托世转生的吗？要不然怎么会一而再，再而三地用这么怪异的办法取胜？

突然间，“黑风自东北起”，剧烈的大风居然是黑色的，直向宋军阵地刮去。西夏军队顺风出击，转眼之间宋军就崩溃了！读史读到这里，真让人无语，提前预知一下，在以后，另一次关系到党项人生死存亡的关头时，还是妖异的大风帮了李元昊的大忙，那时亚洲东部的军事实力对比都会因为那一战而发生变化。

都是怎么搞的？真像《水浒传》里所说的，有如云龙公孙胜那样的高人存在？而且一直都隐藏在李元昊的军中？

这都是无聊的猜想了，宋军的崩溃毫无预兆，从上到下，所有的将军、士兵都无所适从。军队争先恐后地向定川砦里撤退，党项人乘机乱箭齐发，宋军的主将曹英都被射中面门，倒在壕沟里。

东北方的宋军彻底乱了，同时波及了葛怀敏的中军。这些刚刚补充到泾原路的士兵和曹英部队抢着往寨门里跑，溃乱的场面惨不忍睹，但宋军此战的第二个平安转机也同时出现。

——葛怀敏倒在了人丛中，被部下们人马踩踏，"蹂躏几死"。该死的，他如果死了，宋军也仅仅是失败而已，绝不会有后来的全军覆没。

但妖异的是，此人的生命力竟然如此的顽强。不死，我就是不死，我的历史使命还没完成呢！

葛怀敏醒了之后，突然间状态大勇，可能是被踩得很疼，终于让他愤怒了。他一通大吼，把周围的乱军震醒，接着派出亲兵卫队，几千把大刀拥向了寨门。一定要把西夏人砍回去！

生死关头，宋朝的新兵们怒了，正巧赵珣也带兵赶到，一通乱砍，西夏人终于被打退了。

这时稍微总结一下，战场是暂时平静了，宋军的大败已经形成。最重要的是全体疯狂撤退，争先恐后往寨子里跑，连主帅都快被踩死了，这样的军队，还有突围的勇气吗？

有，至少葛怀敏有。战场初哥终于打过仗了，场面有点乱，但是很刺激，他的状态才刚刚被唤醒！此人一直留在军队的最前方，说什么都不回营，但也没什么具体的指令或者行动做出来。反正就是不走。

直到赵珣几次三番地来请他，他才回到办公室里去。

回去之后，就再没人看见他出现过。这时是庆历二年闰九月的十七日。从这一天的晚上起，共有十天，宋军完全缩在定川砦里进行……那个非常"专业"的防守。至于西夏方面，他们很无聊，一直没有进攻，白天怎样过的没记载，到了晚上，就到定川砦边上唱歌。

直接唱给宋军的大首领，英明的葛主将听——你不是部署厅里研究地图的大专家吗？你真是太会屯兵了，直接安在了我们的包围圈里，现在还想怎么办？

每个宋军其实都知道怎么办，活路只有一条，那就是冲出去。在这里死守，没有半点意义。绝对不会有什么救兵来的。严肃的史学家司马光先生曾经记载过这一段历史，“十月一日，沿使部署怀敏、铃辖知和以甲七万出屯瓦亭。”

整个泾原路的人马都在这儿！这么多人每天吃的、喝的就是个超级庞大的数字，别说只是个边防哨所定川砦，就是渭州城也禁不住这种消耗。何况葛怀敏出战时玩命狂跑，连补充给养的时间都嫌多，粮草本来就没带足。

时间要求他必须速战速决，赶紧逃跑。这本来是最浅显的道理了，每个人都懂，为什么葛怀敏就不懂呢？他为什么要等十天，才能决定要不要突围呢？

事实证明，那不是笨，而是太聪明了。

第十天的黄昏时分，葛怀敏升帐，他把所有的将军都叫了过来，于是曹英、李知和、王保、赵珣、王文、许思纯、刘贺、李良臣、赵瑜等一大堆人就都来了。

来了，大家一起想想（合议），咱们下步怎么办？

无语，他终于民主了，当初独断专行，把大家扔进陷阱，这时需要决断了，总算能听听别人的话，也算是好事吧。

大家很兴奋，纷纷说出了自己心目中的那条活路。基本上 80%的人，都是同一个主意，去镇戎军。那里是宋军泾原路的最强据点，不仅能守，还有足够的粮草，只要到了那儿，不仅能活下去，而且还能继续战斗。

葛怀敏很高兴，这也是他所想到的。但是别忙，有一个人反对。

赵珣，他提出了另一个想法，当时看是很偏门的，但事后历史会证明，他又一次说中了。同时，这也是宋军定川砦之战的第三个，也是最后一个生机。

——我们向笼竿城突围，千万别去镇戎军，那里虽强，却有两个致命危险。第一，西夏人早就知道它的意义，肯定早就瞄着它呢；第二，那是我们的来路，这么多天过去了，水源都已经被掐断，再走来路，肯定要遇险！

笼竿城就不同，“彼无险，且出贼不意”。李元昊想不到我们会走那条路，这是最重要的。

翻看地图，笼竿城、镇戎军，连同羊牧隆城，几乎都在一条平行线上，这条线，就是宋、夏战争的第二战好水川之战的好水川。相比之下，从定川砦出发，去镇戎军近些，是走直线，去笼竿城要绕点远，这就是差距。从表面上看，要是听赵珣的，葛衙内的尊足就要多走几步道儿了。

但这是打仗不是旅游，十天的时间里李元昊要是还不把宋军可能的退路掐断的话，他是党项之鹰，还是西夏之猪？！

问题多浅显，赵珣怀着极大的热情等着主帅下令赞同，然后大家乘夜一起冲出去。别说六七万的精兵，就是六七万头肥猪午夜狂奔，也没谁挡得住。但是等啊等啊，葛大将军就是不说话，他犹豫，再犹豫，要大家再发言，再讨论，我还得再想想……居然从前一天的黄昏，想到了第二天的黎明时分还没有作出决定！

赵珣怒了，他突然拔出了刀子，在场的将军们都吓了一跳，以为他要砍了葛衙内。但赵珣是个合格的职业军人，他拔刀砍向了自己的手指，要是再不突围，我们都得死，还要这手干什么？！

大家一拥而上拉住了他，这时葛怀敏终于拍板了。来，我们这就突围，目标——镇戎军！任何人不得反对，不得议论，马上出发！

于是宋朝的泾原路全体将士，就要在光天化日之下，在九月份盛夏天气的清爽黎明时分，出寨突围逃命。历史没能给出答案，为什么葛将军选在了这时？

不在深夜，不在当午，一定要在西夏人睡了一夜好觉，天气不凉不热，非常适合运动的时间段里搞事呢？谁能解释一下，这是为什么呢？

接下来发生的事情更妖异，其匪思度让人不禁要问葛怀敏，你妈贵姓？他是这么做的，在鸡鸣时分，他下令突围，但是别忙，他又亲自外出，对士兵们说，注意，是他的全部兵马。

——我们要突围了，大家不要乱，听到中军的鼓响，才可以行动！

号令严明，毕竟七万人马嘛，还是可以理解的。但他是怎么操作的呢？他回去分兵派将，将军们都得到了任务，比如曹英、赵珣做先锋，刘贺、许思纯为左右两翼，李知和、王保、王文殿后，前后都顾虑周全，这些都没错。

然后在卯时，也就是早晨五点一七点左右时间，他突然间出帐上马，命令大将们跟他突围，而这时中军部位一片寂静，鼓，根本就没响！

马上就有兵惊醒了过来，冲上去，把他的马拉住，他正在做一个军人最不要脸的举动，弃兵私逃！史书里记载，葛怀敏当时被拉住了，不得已，只好停下，但是他没有回帐，而是非常的聪明，他继续下命令。

他命令军中参谋郭京和几个指挥使去筹集粮草，把定川砦里所有的给养都准备好，要全部带出去。这个举动深得人心，让大兵们立即看到了希望。主将大人这是要带着我们一起走了，这么做，是怕我们没有吃的。

但是高兴得太早，没得郭京等人回来，葛怀敏突然间第二次上马，他还是要走。这时兵又拥了上来，再次拉住了他的马。葛怀敏的丑恶嘴脸彻底出现，他先是厉声呵斥，但没人听，军队就是这样，你是个有种的，小兵我们也服你，你是个渣滓，小心背后给你一刀。

可是事发突然，葛怀敏突然间拔出了刀，向拉马的士兵砍去。用到了这样的招数，多么的勇敢啊，他这才摆脱了自己的士兵，"冲"出了定川砦。

出寨门的一瞬间，想必葛怀敏是极度愉悦的。他成功了，不管历史和当时有多少人笑话他，作出一个突围的决定，居然要用上整整一夜，都没法掩盖他对自己的认同。

他实在是个聪明人。

这一夜的思考，他想出了怎样保全自己生命的办法。历史留下了事发过程和数字，通过这些，我们能清晰地分析出他是怎么想的。事发过程，前面已经交代；数字，是他一共带出了多少兵。

统军大将，连他在内十四员，士兵九千四百名，马四百余匹。

七万人，之前战死不超过五千，这时再带出近一万，定川砦里还剩下了近六万人。这是个庞大的数字，对围困敌军达十天的李元昊来说，应该是个无法拒绝的大成果，怎样都要吃掉它！

而逃出来的这一万嘛，自古以来放头击尾，把前面冲得最快的放出去，拦腰截断后面的大部队，是战争中最常用的制胜招数。一万对六万，并且还是追击、拦截和继续围困，水到渠成的选择，哪个更好得利呢？

毫无疑问，西夏人肯定放过他葛怀敏，而吃掉定川砦。

这样他就能带着全部大将，和近万士兵安全地回国了。这样就造成了一个结果，同样是失败，他比刘平、任福强了太多，至少将军们很完整，士兵也没死绝，哪一点他都可以免掉死罪。

想得多完美，真是小人之智，匪夷所思。但人算不如天算，那个天，就是当时的国际形势，还有周边形势，以及这些所造成的李元昊的心理欲望。

他是想干什么来的？难道真的是打穿泾原路，杀进宋朝腹地，再来个五胡乱中原吗？不，他只是需要一个胜利，一场大胜，来摆脱他恶劣的国际形势，并且一定要保留住自己的军事实力，有太多的敌人，都在对他虎视眈眈哪。

于是，葛怀敏正好撞中铁板，李元昊没力气吃六万，对吃掉一万倒是蛮有兴趣！很高兴你们能分批地逃出来……葛怀敏率军冲出寨门，西夏人没怎么拦他，他轻松愉快地继续往前跑，路不算太远，只是两里，大约今天的一千米吧。长期训练的士兵们，就算徒步跑路，也只是刚刚活动开筋骨，但全都突然停了下来。

前面没路了，到了长城壕边，桥板道路都已被毁掉，背后党项人的骑兵铺天盖地地压了过来！

这一战，所谓的定川砦之战，实际上就发生在长城壕边。宋军自葛怀敏以下十四员大将阵亡，士兵们全军覆没，官方记载，没有任何人能逃生。

司马光有不同说法，据他的笔记说，赵珣被西夏抓去了，近万人的突围部队，前方极少数人也越过了长城壕，逃回宋朝州县，他们活了。后面的，定川砦一直在等着鼓响的六万人都没事。他们先是发觉被骗，接着就惊奇地发现，敌人和主帅一起不见了。

西夏人竟然再也没理他们，一直向南方冲了下去。

稍有军事常识的人都知道,事闹大了,宋朝的边境已经被打穿,李元昊长驱直入去打渭州城了。没有比这更糟的了,泾原路七万人马都在这儿,周边州县,还有州府渭州都成了不设防的纯民区。敌人可以为所欲为,宋朝没有半点的还手之力。

准备最充分的一次战役,打出了前所未有的危局!

但定川砦之战是宋、夏战争史里一个非常特殊、非常灵异的非典型战斗,空前的战力打得超级窝囊;另一方面,没有战斗能力却又能让李元昊主动跑路。关键点就在王沿的身上。

李元昊大队人马一路畅通,毫无阻碍地冲到了渭州城下。这是他梦寐以求的地方,首府,有钱,有粮,有美女、壮丁,一句话,为了它,李元昊根本对沿途的州县不屑一顾,抢的就是这里。

到了门口,他反而不敢进去了。

只见城头上旌旗招展,人员调动频繁,他绕了一大圈,左看右看,这都是一座杀气腾腾的大宅门,根本不是挺直了等砍的居民区。怎么回事?宋朝泾原路的兵这么多,渭州城里还留了一大批?

李元昊犹豫了很久,最后决定离开。还是那个总原则,要记得这次出兵的目的是什么。

李元昊离开了渭州城,泾原路里其他的地方就都遭了殃。他先是回头拿下了栏马、平泉两座城池,又向南纵掠七百余里,把能见着的东西都洗白了,并且沿途发表演说。

——朕欲亲临渭水,直据长安。

打到长安城,以前唐朝的首都,这是真要另立天下,瓜分宋朝疆土了。一时间人心惶惶,不仅是当地的老百姓,宋朝的上层建筑怕得更厉害。中书省、枢密院,所有的宰执大佬们都束手无策。尤其是国境线以内战无不胜,所向无敌近二十年的首相吕夷简,这位老兄吓得惊呼起来,历史记载了他九个字的惊呼原文,可以永垂不朽。

——一战不如一战,可骇也!

李元昊的目的达到,他真的把宋朝能拍板的人吓着了,但这时一来他不知道，二来一头野猪闯进了菜园子，它会只咬两棵大白菜就主动撤出来吗？不会，他现在超穷，得抓紧一切机会抢劫。

于是他东闯西闯，抢来抢去，终于撞中一枚硬钉子。宋将景泰。

景泰是个名不见经传的人，宋史浩如烟海，他的名字只出现过这么一次。作用却是超级巨大的。他在李元昊最志得意满的时候，迎头一棒把对方砸醒。他只带了五千兵马过来，而且李元昊很重视他，用上了经典的老招数。

伏击。

但是景泰却不上当，先是不追，然后悄悄派人搜索，摸清了对方虚实之后，景泰突然出击，杀了西夏一千多个人。这对李元昊真是算不了什么，可这位党项人有史以来最伟大的领袖，竟然就此退兵了。因为他是个谨慎的人，经历过超级胜利，也有过超级大败，养成了时刻向四面八方警戒的好习惯。

有确切消息，宋朝边境上最让人胆寒的那个人，从来都不出战的范仲淹，已经率军向他逼近。范仲淹出战了！

还是那句老话，永远记住自己的目标是什么。李元昊退了，不是说他觉得没法战胜范仲淹，或者说他天生就不是完颜阿骨打、孛尔只斤铁木真那样的霸王级人物，而是他计算精确。生平沉稳、老谋深算的人要来拼命了，绝对是场恶仗，就算打赢了，也会得不偿失。

见好就收。李元昊就此收兵，直接撤出了界壕，回到党项境内。宋、夏战争的第三战，定川砦之战至此全面结束。

战后是要盘点的，尤其是这一战。总结经验教训是第一步，更重要的是重新布置防务。而这件事，就涉及非常大的人员调动，还有官职升迁。

有官就有职，就有权，这都为以后宋朝的施政方针打下了烙印。有些事，让很多人追悔莫及。

先说总结教训，宋朝的官方说法由权威人士提出，是泾原路的安抚使王尧臣。这是天圣年间的状元，以后的宰执大臣。这时他仔细调查之后，提出了四点败因。

第一，不住瓦亭，奔五谷口；

第二，离开远堡北，不入镇戎军，向西南方前进，驻扎养马城；

第三，从养马城越长城壕到定川砦；

第四，在定川砦分兵出逃，不能都死在那儿（定川见贼不能尽死，四失也）。

综上所述，非常无语，王大状元真是有才！其实何必再分个一二三四，他已经把葛怀敏的每一个步骤，每一个行军路线都给定性了——全错。

相应的，是文官王沿，那是个无辜的人，事先就命令过葛怀敏的，千万、千万不要越过瓦亭寨！但是到底怎样，前面已经说过了，地图说明一切，这条命令根本不值一驳。王沿和王尧臣，都是些无聊的业外人士，他们的话，当时的文官集团爱听，也信，可作为千年以后的自由人类，还那么信的话，就集体撞墙而死吧！

其实败因只有一个，不必讳言，错出在皇帝和宰执大臣身上。他们不知兵，派了位"英俊勇武"的衙内领兵，一心以为葛衙内能是曹衙内，却不知曹玮那样的人是不世出的，那是灵芝草，不是成片的大白菜，您想要多少就有多少。

七万兵力，如果打出了前两战刘平、任福的战绩，就算李元昊能赢，他也得当场哭出来！能把他们党项人的老底子拼光！

相信这样的判断，当时有很多人都清楚。之所以没人说，没有记载，都是儒家的潜规则在作怪——子不言父之过，臣不言君之错。

都"隐"去了。

再说职务调动，王沿走人，范仲淹上任，这是当时最英明的决定，可惜没产生最好的效果。问题出在了范仲淹本人的身上。

谁说谦虚不会害死人的？

宋朝决定把西北大权交给他一个人，他想了想，决定分出去一半，和韩琦共治泾州，另外把张亢、庞籍、滕宗谅、文彦博等人也都调到西北来，人尽其用，齐心合力，把边疆治理好。除此之外，还新立了一个超级头衔，是陕西四路都部署、经略安抚兼缘边招讨使。这个官，等于这一地区的最高总长官，统一指挥所有事物，用来彻底改变以前四路各自为政的局面。

这个职位范仲淹也没要，由他和韩琦、庞籍来共同担任。这就把这个官职的弊病隐藏了下来，没有谁能一手遮天，独断专行。可隐忧依然在，他们都有走的时候，那时这个职位就搞出了影响庆历新政，阻碍宋朝改革的大事情。

综上所述，范仲淹再一次展示了自己博大的胸襟，万事以国家利益为重。只是这一次，历史证明他做错了。在人生中，你千万不能随便对别人好。赠人玫瑰，手有余香，授人权柄，小心自己遭殃！

于公于私，当仁不让都是必要的。

第四章
最后一根稻草

李元昊得胜回国，庆祝没多久，就摆了个大乌龙。事情从青涧城、种世衡还有和尚光信说起，具体时间是在庆历二年的冬十二月。前面说过，光信被种世衡毒打了N次之后就失踪了，叛逃去了西夏。他一直在小心翼翼地潜伏着，等待一个时机。

这个时机，从概率上就能知道，是绝对不会轻易出现的。就算光信之前在宋朝和西夏两国再吃得开，也没用。但概率还有个说法。历史是由人组成的，是人，就会出错，尤其是一些心性狡诈，总想凭些小聪明骗人的人。

比如李元昊，还有他手下的头号军事人物，野利旺荣。

野利旺荣，又叫野利刚浪凌，他的职务有些像辽国的耶律休哥。据说他打仗、政治都相当有一套，尤其是和休哥一样，直接面对宋朝。不同之处嘛，就是他的地位更高，更稳固，他是李元昊现任皇后的叔叔。还有就是他具备让休哥所最厌恶的特性。

奸诈卑鄙。

前面说过，西夏人打仗从来都不会勇往直前，对他们来说，是欺诈“值钱”。作为大领导，野利旺荣的欺诈行为更是居高不下，但是千不该万不该，他骗到了种世衡的头上。定川砦之战打响之前，他派了三个人去青涧城，分别是浪埋、赏乞、媚娘，有男有女，都是野利族的显贵，说得很诱人，我们来投降。

注意，是代表野利旺荣向宋朝投降，理由很充分，说连年打仗，日子没法过了，一匹绢在西夏都卖到了两千五百钱，通货膨胀，都快饿死了。

说实话，这个理由很没有营养，简直太老套了。青涧城里的男女老少都手心发痒，立即砍了他们！可种世衡不干，他想了一会儿，居然下了这么个命令。

给他们个官儿做，肥点，就干税收工作吧。待遇从优，以后每个人出入，都配给仆人马匹，一切以野利族以前的标准看齐，只准高，不准低。

于是这三个党项人就在青涧城里出出进进，作威作福，很幸福地生活下去了。终于有人实在看不下去，跑去问老种相公，到底是怎么回事？种世衡想了想，为什么要杀呢？杀一个敌人很简单，让这个敌人帮你杀千百万个敌人才好玩。

光信终于等到了那个机会，他在边境接到了种世衡亲笔写的信，以密使的身份走进了野利旺荣的办公室。由他来传达宋朝的回复，非常欣赏你弃暗投明，只要肯投降，官封夏州节度使，月薪一万贯。现在官印都给你刻好了，只等你的行动。

野利旺荣全身发抖，不是激动，是吓的。这下子引火烧身，宋朝居然当真了。这么大个活人，顶着个超亮的大光头进了他的衙门，还有这些头衔，一万贯的月薪，李元昊转眼就能知道！要想活命，办法只有一个，马上带着人和信去坦白，希望领袖能从宽处理。

李元昊很平静地听完了整个过程，没发怒，让野利旺荣下去休息，告诉他别有心理负担，但你别离开我的视线。然后单独和光信聊天，青涧城里的一幕重演，光信被百般盘问，N顿毒打。临别特训的成绩出来了，和尚哥咬紧牙关，打死也不说。

李元昊没打死他，关了起来，另派一个叫李文贵的人，由他冒充野利旺荣的亲信去见种世衡。我挺想投降的，只是你信里的意思很模糊，咱们仔细谈谈……种世衡暴怒，大骂李元昊……（此处省略五千字），之后热情洋溢，盛赞野利旺荣弃暗投明，转眼就是中兴党项的真正圣人，紧接着又把好感转向了送信人李文贵。

你带来了珍贵的消息，是个美丽的和平鸽，我要重赏你，然后再多留你玩几天，你好好看看，记住宋朝的快乐生活，好回去讲给旺荣兄弟听。

李文贵被扣在了青涧城里，消息却飞回了西夏境内。怎样做到的？别忘了浪埋、赏乞、媚娘，还有李元昊的多年经营，而青涧城又是个可以随意通商，百无禁忌的新城。

野利旺荣死了，以彼之道，还施彼身，宋朝边境上的军民终于出了口恶气，可好处，才刚刚开始。

幸福就像花开一样，从内外两部涌了过来。先是李元昊杀了野利旺荣，紧接着他又被种世衡严重地忽悠了一次，杀了另一位野利，这样就把西夏国内的皇后一党的实力彻底砍掉，为以后的动乱埋下了伏笔。

这次的忽悠行动，是宋朝对西夏最成功的一次无间道，其复杂程度和操作难度，让人叹为观止，尤其是在上一次骗局之后，还能再成功，实在让人兴奋到迷惑。是李元昊突然痴呆了，还是种世衡神奇得让人不敢相信？

到时细说。

回到内部，庆历二年年底，一件更让范仲淹等人兴奋的大事突然降临。吕夷简突然倒台，其突然性和干脆性没有半点回旋的余地，一倒到底。先说经过。他是病倒的，最先发病时是在宋朝最正规的场合里。

年底有大朝会，十二月的某一天，所有朝臣向皇帝报到，吕夷简以首相身份押班进朝，引领百官向赵祯行礼。按说这是他做了十多年的事了，老宰相就算凭着记忆惯性，都能搞出个三跪九叩来，但这次他居然只跪了两次，就突然站了起来。

满殿朝臣仍然伏身低首，他独立在人群中央。真是露大脸了。

这时他六十四岁了，政务繁忙，再加上平时还喜欢加班加点地修理些同僚、后辈，日子真的很累啊，可是没人体谅他这一点。宋朝的礼仪是中国封建社会里最全面最精细的时段，比草创期的汉朝、宽宏也带有胡风的唐朝、酷厉琐碎的明朝，以及一片奴才、主子、请安的清朝都要讲究。金殿上咳嗽一声都是罪，宰相们吵句嘴就同时罢免，何况是在大礼仪上失态？

御史台、知谏院立即行动了起来，就算吕夷简在这两个部门里安插再多的亲信都没有用。尤其是民间的力量都被发动了起来。对于这次失态，一个进京赶考的考生这样说："吕公做宰相很长时间了，大朝会上失态，是天夺其魄，他快死了。"

一语成谶，没过几天，吕夷简中风。中风，就是现代的脑出血、脑血栓的古代统称。吕夷简的症状不是很重，只是右臂抬不起来，接下来的事，就是皇帝的怜惜和群臣的愤怒。

仁宗是个恋旧的人，他连休掉的老婆都怀念，何况对这位保护过自己生母名位的恩人呢？他亲笔写了诏书，拜吕夷简为司空，平章军国大事，让他安心养病，三五天入朝一次就可以。上殿之后，还有座位。这些都除外，仁宗还剪下了自己的胡须，派人送到吕夷简的府上。

——爱卿，古人说须发可以治病，我剪下来赐给你，希望你能好起来。

朝臣们却不管这些，吕夷简你一生中耍尽手腕，让太多的人灰头土脸，记得吗，连堂堂的皇后都被你害死。想不到你也有今天！

从第二年的元月开始，就展开了对吕夷简的围剿，京城内外的官员一起动手，太多了，没法细说，只挑出两个最有力度、最典型的来介绍。一个是京官，新任知谏院的长官蔡襄；一个是陕西路转运使，相当于省长的孙沔。

孙沔先出面，他把范仲淹当年弹劾吕夷简的奏章升级了。吕夷简不仅是汉代的张禹，更是唐朝的奸相李林甫，自从他当政之后，宋朝就像唐玄宗时的唐朝一样，奸邪成群，外侮逼近，辽国和西夏都欺负到了家门口，国势从来没有这样狼狈过，吕夷简要为这些负责！

蔡襄是大才子，他的奏章要比孙沔的全面细致得多。当吕夷简在病中看到孙沔的奏章时，他说出了这样一句话："孙元规药石之言，但恨迟闻十年尔。"他没介意，至少在表面上显出了宰相长者的宽宏气量，但面对蔡襄的指责时，他彻底沉默。

因为太狠辣致命了。

蔡襄说，宋朝西北边疆的失败、国家的积弱、政府的涣散无能，都要由吕夷简负责，都是他"谋身忘公"、"但为私计"的结果。二十多年以来，凡是仗义执言的，像孔道铺、范仲淹、杨偕、孙沔、余靖、尹洙、欧阳修等人，不是贬官外放，就是压制不用，搞得满朝文武都是一些阿谀奉承、溜须拍马的废物，所以一旦与辽国、西夏较劲，国家只能失败。

这是把吕夷简定性为祸国殃民的大奸臣了。换谁能受得了呢？面对这样的局面，尤其是不争气的身体，吕夷简只好请求辞职，不论皇帝怎样挽留，他都不再上班。直到宋庆历四年，1044 年的九月十日，他死在了郑州。

那时，距他生病下野，已经过去了将近两年，刚好是宋朝和西夏正式约和的日子，名传后世的庆历改革也即将开始。

他的死，似乎是为了一个时代让开了道路，让范仲淹、欧阳修、韩琦等人能大展宏图，做出那些似是而非的"功业"。那么，他的死，就是个好事了？相对于宋朝的国政和民生来说。

好像是，毕竟人类的进步，就取决于革新。但仔细想，他死的仍然不是时候，至少范仲淹还没有做好准备，三百年间第一人的人生缺陷，就在于接班接得太突然，太快了。

那是后话，在吕夷简这位一代名相谢幕的时候，还是应该先点评一下他的人生。

分析一个人，要看他做过哪些事。吕夷简作为帝国首相，这么多年除了维持帝国的政务正常运行之外，比较知名的，就是保住了赵祯亲妈的名位，以及支持赵祯痛打干扰他休掉老婆的君子们。

一保一贬，层次分明，重心都集中在一个点上，就是对皇帝，且只对皇帝一个人忠心。

从宏观角度来看，这都是私事，与国家政务无关，有关的，就只剩下了西北战争时期起用并支持了宿敌范仲淹等人。这就很有些放弃私斗，一心为公的心胸了。公平地讲，这是他的人生亮点，不管内里原因是什么，比如从他难为富弼出使，以国家利益为代价报复政敌方式上，很难相信他完全出于一片好心。也得承认，这对国家有好处。

三件好事，对于执政二十年的元老首相来说，够吗？足以涵盖评价他的一生吗？我们还得看一看，他日常的工作作风是怎样的。就从他离职之前的一件事说起。

那是在庆历二年，1042年定川砦之战的前夕，枢密副使任布丢官了，被外放到河阳。任布这个人没什么大名气，进入两府纯粹是资格熬到了，并且性格非常好，从来不多说话找麻烦。只是有一点，少言寡语的人往往脾气更大，性子更倔，任布就是这样，他谁都不惹，唯独讨厌吕夷简。

好几次和吕夷简唱对台戏之后，吕首相生气了，决定搞掉他。用什么办法，就很挠头，因为任布不犯错误，你找不着人家毛病。但别急，吕夷简能。他打听到任布的儿子是个妙人，胆子特大性子还戆（狂愚）。至于大到什么程度，戆到了哪步田地，那可真是古今罕见。

办法来了，先升任布儿子的官，非常显赫，进入了知谏院。这下子任儿子如鱼得水，终于可以想扁谁就扁谁了！他第一个目标就是……他老子，说他爸爸没才华。

估计这娃是真有病，平时狂妄成灾，觉得自己是外星人下凡，可他老爸却从没拿他当事。于是，他确定自己老爸没才华。

这样的奏章上交两府，结局只能有一个——被他老爸发现。任布这个气啊，怎么会生出这种儿子呢？家丑不可外扬，他把信私下里藏起来了。这就中了第一步圈套。吕夷简再接再厉，继续向任儿子撮火，有人藏了你的奏章，成心让皇帝看不见。

任儿子大怒，再次上书，一定要查出是谁敢坏他的好事！于是，就查出来了……任布下野。至于精彩绝伦，疑似非人类的任儿子嘛，还在京城里等着升官呢。结果死得更惨，吕夷简所控制的台、谏官员以泯灭人伦的不孝罪，把他彻底打压。

连子不言父之过都不懂，还出来做什么官！

不孝有罪，唆使人家儿子不孝的人又是什么品德呢？明知道对方是傻子，还教唆去砍自己的老爸，这样的人品算不算卑鄙无耻呢？

吕夷简就这样的德性。

他招数阴险，心胸狭窄，拉帮结派，打压政敌。之所以会这样，宋史里有段对话，可以剖析出他内部的心理成因。他和范仲淹私下里纵论天下人物，很自然地聊到了操守名节。吕夷简摇头冷笑："我见过的人物太多了，现实世界里，根本就没有操守二字。"

范仲淹长叹一声，非常无奈："天下确有这样的人，只是你不知道而已。你以这种想法待天下士人，难怪操守之士不来。"

一句道破天机，吕夷简眼中，根本就没有好人君子。所谓"小人眼中，天下无一人不是小人；君子眼中，天下滔滔，无一不是君子"。他根本没那个德量，更不敢去相信除自己以外的人。安身立命，只能用手段去制约，用诡计去迎合，不敢像范仲淹那样，以风骨服人，以道理取胜。

这是吕夷简的短处，相应的，史学界也认为这是范仲淹的长处。但小心，做人和为政是两码事。吕夷简因为小心和使诈，能屹立官场四十余年不倒。而范仲淹的庆历改革失败，也要从他的信人，胸襟过于广大上去找原因。

总体来说，吕夷简虽然打压异己，却谈不上祸国殃民。他在国家大事上，比如西北战场上推荐人才，宋、辽谈判时选中了富弼，都说明他和后来的蔡京、秦桧大有区别，尽管算是个奸邪，却有限度。

可以把他定义为，是一个没有完全忘公的坏人，一个不太善良的好人。

最后要探讨的，是吕夷简之死对宋朝国政走向的影响。他死早了，他是一个完美的大管家，是皇帝与群臣之间的沟通桥梁。他死在了西夏战争的尾声阶段，宋朝之前的国政问题都暴露了出来，问题太多了，真的是他所引领的政府无能，才导致的这样。

如果他不死，以他老辣沉稳的作风和熟悉政务的水平，就算不能把问题都解决，至少在解决问题时不会慌乱，不会闹出庆历改革时的党争！

可是他死了，一下子就把赵祯和范仲淹推上了前台，逼着这两个人来解决积压了二十多年的，遍及朝野每个角落的大问题。这对皇帝和范仲淹来说，都是破天荒的头一次，他们都有危机感，都有改革热情，也都没有准备好。

有太多的事，都是匆忙发生的。

匆忙之间，开始做事。从这一年的三月到九月，半年之内，两府高官就换了三茬。乍看人员的流动量太大，我们列个表，就能看出其中的玄机。

第一次：宰相，晏殊；参知政事，贾昌朝；枢密使，夏竦；副枢密使，富弼；

第二次：宰相，晏殊；参知政事，贾昌朝；枢密使，杜衍；副枢密使，韩琦、范仲淹；

第三次：宰相，晏殊、章得象；参知政事，贾昌朝、范仲淹；枢密使，杜衍；副枢密使，韩琦、富弼；权三司使，王尧臣。

从表格可以看出，人还是这些人，只是官位在变动。玄妙就在这里，官大一级压死人，不光是在“小人”当政时互相倾轧，“君子”们也一样。

比如史书里就经常说，“君子”们下朝是无话不谈的知心好友，上朝之后就翻脸无情，为了公事，可以疾言厉色，你争我吵，决不让步。接着下朝之后，继续无话不谈，同志一家亲……结论，这是多么的公而忘私啊，又是多么的高量雅致。

其中的奥妙，就在于官位。仍然是官本位说话。就拿上面的人事变动来说，就隐伏着巨大的危机。其凶险性，一次让君子们内部分裂；另一次，让改革无疾而终。前一个，发生在第二次任免，把范仲淹和韩琦调进了中央，陕西方面的四路马步军都部署兼安抚招讨使的最大头衔就专派了一个人。

郑戬。

这个人主持西北军政之后，立即就让潜伏的矛盾尖锐化，使君子们开始内讧。

第二个，就是第一次任免时的夏竦老先生，其实他没去上班。不是他不愿意，他一万个愿意，谁敢挡他，他记仇一辈子。但他就是被君子们齐心合力地弹劾，赶出的中央，不仅枢密使当不上，就连开封城都待不了，直接贬到亳州反省。

事闹大了，这人最大的特性是记仇，最大的能耐是造谣。以后范仲淹、富弼、欧阳修等人都在他的手里狼狈不堪。

宋朝在失去吕夷简之后，上层经过三次的人事任免，才勉强地应付过去了接二连三、没完没了的麻烦。可以说，每一次的人员变动，都跟这些麻烦有关。

首先还是李元昊，胡儿不死，永远是最大的麻烦。这小子在战场内外，哪个方面都让宋朝七上八下，不亦乐乎，包括议和。这次议和很奇妙，不是宋仁宗的意思，也不是李元昊的想法，而是庞籍的愿望。

庞籍在延州当长官，这位坊间盛传、流芳千古的大奸臣庞太师真是为人所不敢为。别人是等待和平，向往和平，他敢凭空制造出和平。为了这个目的，不仅可以忽悠李元昊，更敢对自己的皇帝耍些小花招。

他写了个奏章，说李元昊里忧外患，西夏人贫病交加，全民族都成了难民，很有投降的意向，只是不知怎样操作。

仁宗很高兴。有很多迹象表明，他知道这些话里有多少水分，但他变了。四年的战争让他看清了很多东西，变得成熟，战争与和平哪个更重要，应该怎样选择，再怎样获得，这与四年前突然听到李元昊宣布称帝造反时的心态完全不同。

他有了个打算，并且在说出之前，先征求了西北边疆上最可靠最稳妥的那个人的意见。范仲淹，依你之见，可以和西夏约和吗？

范仲淹的回答是一个数字，三十万贯，这是每年给辽国的数字。以此为基础，足够应付西夏了，而这只是宋朝一个州府的赋税。

以一州之赋，系天下平安。何乐而不为？

赵祯的决心就此下定，他给庞籍的回复是，李元昊如果臣服，最高的限度是维持原状，称帝号也无所谓。如果能降格，称单于、可汗就更好。别的物资要求可以全面恢复战前状态，小有升级也可以商量。

和平的橄榄枝，由宋朝开始摇动。

怎样摇却大有讲究，庞籍从青涧城里把李文贵提了出来，先运足了气一顿大骂。注意，骂得非常艺术。“你们这些党项人，知道自己有多混账吗？都是你们带坏了善良的李元昊，让他没法继承他父亲的优良作风。现在两国人民都在受罪，都是你们的错！别看你们现在赢了几仗，那是因为我们宋朝和平得太久了，忘了训练。现在我们开始适应了，你们能总赢下去吗？小心，我国富有天下，地域广阔，输一两次无所谓，你们败一次，就有亡国的危险！现在你回国对李元昊说，如果归顺，朝廷会待他比从前更好。”

最后这句话让李元昊一直悬着的心放了下来，目标终于达到了。前面详细分析过，定川砦之战的用意就是一个台阶。难得宋朝给他主动递了过来，必须接住。但是接，也有个方式方法。他把光信和尚从大牢里放了出来，以贵宾之礼接待，将养一阵后陪着李文贵回到宋朝，带来了第一封信。信的内容却继续着桀骜不驯。

——我如日方中，只可顺天西行，怎能逆天东下?！决不投降。

简直是威风八面，宁死不屈嘛，宋朝决定成全他，就让他继续挺着吧。结果刚过去两个月，李元昊的信又来了，这封信的力度足以媲美一百多年前石敬瑭写信给耶律德光。信是这样开头的：“男邦泥定国兀卒曩霄上书父大宋皇帝……”他主动给宋仁宗当儿子！

李元昊比赵祯大六岁，在战场上屡战屡胜，为了议和能混到儿子份上，这应该是无与伦比的诚意了吧。且慢，后面还有话。

“本国自有国号，无奉表体式，其称兀卒，盖如古单于、可汗之类。”说得很明白，我可以给你当儿子，但我一定要是国王，西夏必须独立。

庞籍沉默了，想了很久，他说了一句话：“天子至尊，至高无上。你们这份国书里名体不正，我不会上传给皇上的。”

他在强调皇帝的唯一性，李元昊还不够资格。

来的使者也不含糊，回答说我们的名体很正，儿子侍奉父亲，就像臣子侍奉皇帝。这有什么不对？我要求到开封面见皇帝，如果皇帝亲自不许，我再返回去更改。

正中庞籍的要害。范仲淹的例子在前面，人臣无外交，对方要面见皇帝，他没权拒绝。这样时隔五年之后，西夏使者再一次进入开封城。很快就被赶了出来，焦点仍然在名分上。李元昊杀人放火，居然还要和宋朝皇帝平起平坐，无论如何不能答应！

不答应就算了，李元昊的国书在半年之后再次降临，这回一切都很正规。要求宋朝增加岁赐，割让边地，解除盐禁，重开榷场，一共是十一项条款。

尤其是开头的称呼变了，再没有儿子父亲的说法，他直接称自己为“吾祖”。注意，不是“兀卒”，怕你们宋朝人看不懂，来了个直接的汉译音。

“吾祖”……

我是你爸爸！

这两个字还有别的解释吗？这份国书一露面，宋朝立即炸了锅，各位御史先跳了出来，蔡襄怒不可遏。这是在玩我们宋朝，如果答应了，以后他们上书时自称“吾祖”，我们答诏书时也称其“吾祖”，我们堂堂大宋成了什么？

是可忍，孰不可忍？绝不答应！

由此上纲上线，文官们的想象力和尊严感无限度攀升，每个人都变得血贯瞳仁。朝廷里的和、战两派又开始分裂。和，以宰相晏殊以及范仲淹等人为首，他们认为李元昊那些党项人的传统就是没有道义廉耻，一时半会儿改不了的，毛病总会犯，就算现在乖了，以后肯定还会变化。

这点看得很准，以后的确不停地变，一直变了一百多年！

所以嘛，我们许和是必需的，只是要震慑一下对方的气焰就是了。

战的一派以韩琦为首。比较可怜，精确一点的说法是，中书省里只有他一个人为“首”。韩相公怒了，他坚决不同意和谈，无论谁劝都不行。最后首相晏殊没了办法，做了件特没面子的事，他把刺猬扔给了皇帝。陛下，我们都同意了，只有韩琦反对，您看着办吧。

皇帝把韩琦叫来，问为什么。韩琦说现在之所以认为李元昊肯定会降，而且以后不会再造反，是因为契丹方面稳定了，辽国和我们再次成为盟友，他们会约束李元昊的。可是有一点，辽国能让李元昊罢兵，自然也能让他举兵，那时两线作战，我们怎么办？

回想一下，辽国是因为什么和我们再次结盟的？是历代的友情，还是富弼以及军方的压力？很明显是后者。如果我们现在以屈辱条件同意李元昊的和谈，辽国方面会重新掂量我们的分量的！

虎狼之邦，不能以仁义礼智来衡量，我们得时刻清醒。所以和谈是肯定的，但不是现在。

这样的理由谁也没法反驳，于是事情就拖了下来。一拖两个多月，西夏的使者等得实在不耐烦了，你们先聊着吧，啥时有信儿通知我。

西夏人回国了。西线就此进入扯皮状态。

宋朝的麻烦却刚刚开始。这时是七月，在这个月和五月时，宋朝内部连续出现了两次兵变。五月那次发生在沂州（今山东临沂），京东路“捉贼虎翼军”的士兵王伦，按照宋朝的官方说法是恶性不改，此人聚集了四五十个士兵，就造反了。

五十个人，就砍倒了沂州巡检使，之后一路南下，经密州（山东诸城）、海州（江苏连云港）、楚州（江苏淮安）、泗州（江苏盱眙）、真州（江苏仪征），到高邮（江苏高邮）。这么一大路的折腾，他的军队终于扩大了，达到了……两百多人。

就这么点人，居然所向披靡，没人能挡。沿途路过的州县衙门不是投降就是逃跑，尤其是高邮知军晁仲先生最搞笑，他没跑，而是贴出了个告示，号召居民们拿出牛羊金帛，出城迎接好汉们进城！

在这样的局面下，王伦觉得时机成熟了。他在高邮穿上黄袍，宣布称帝，连年号都定下来了。所以嘛，高邮的同志们请注意了，以后别再像近代文学大师汪曾祺那样说，高邮除了出产双黄的咸鸭蛋之后就只有吴三桂了，而是还出产过皇帝。

王伦在七月时被捉住，押解京城砍头。他死的时候，陕西南部暴发了第二次兵变，领导人叫张海、郭邈山，这两个人的活计就比王伦玩得地道多了。首先是人多，开始时也只有几十个人，可是迅速壮大，一个月左右就扩大到了几千人，而且不断地有饥民、叛兵、囚徒，以及职业土匪加入。

这样的队伍，其战斗力是惊人的，西北方面的正规军居然都抵挡不住。宋朝高层们先是惊骇，紧接着就是庆幸。真是幸运啊，这帮人没在宋军和李元昊死掐的时候冒出来。由于地区敏感，宋朝派出了最高规格的战力。由韩琦火速出京，到陕南去，以西北最精锐的部队平叛，要求越快越好，绝对不许拖延！

韩琦不孚众望，半个月一举全歼叛兵。这样，宋朝的局势终于稳定了一些。不过别急，这一年是宋朝著名的灾年，天灾人祸品种繁多，老天爷也出面打劫了。

这一年从开春时起，直到五月份，宋朝中原大地滴雨未落，一片干旱。众所周知，我们中国是农业大国，这一点，就算到了现代，或者未来，都必然一贯如此。

因为我们人多，民以食为天，必须先吃饱饭。那么雨水就是最重要的民生甚至战略物资了。可是很难，雨水一直是我们民族几千年来的死穴，就算到了现代，缺水都是制约我们发展进步的瓶颈，至于原因，那就太多了。

在现代，有各种解释。都比较科学高端化，比如说从全球的气候形成上看，中国的腹地如果想下雨的话，就得由西北的冷空气云团和东南亚沿海方面的海洋暖气流在当地的上空汇集，才能达到。两者缺一不可，只要在需要的季节里稍微互相错过，那么干旱随时发生。

这只是一个解释而已，其他的还有 N 多种。可在古代，解释只有一个，皇帝老子近期不学好了，他肯定吃穿浪费，贪恋女色，或者办错了什么案子等，都是领导人不好。

于是宋仁宗陛下就只好专程去京城第一大寺相国寺，以及道教的第一大观会灵观祈雨。仪式隆重，万般虔诚，可是很显然，当天玉皇大帝也在忙别的事，或者和王母私聊去了？反正祈雨没效果，该旱还是旱。直到近六月时的一个夜晚，天空中终于传来了隐隐的雷声。

仁宗当时已经睡了，空阔的皇宫里他突然间爬了起来，来不及穿鞋，赤脚跑到了宫殿外面，他向茫茫的夜色跪倒，对苍天叩拜一百次。雨，终于下了，瓢泼大雨，倾盆而下，仁宗就在雨中站立。这时皇宫里所有的人都走了出来，陪着他一直站到大雨停了，才慢慢走回宫里。

旱情终于得到了点缓解，这一年的收成似乎还可以盼望，但这只是冰山一角，根本没法高兴。宋朝的钱、粮，这里专指皇帝可以动用的政府钱粮，在赵光义耗尽赵匡胤毕生所积，赵恒自力更生又自生自灭，经刘娥稍微恢复，又被李元昊、耶律宗真轮番消耗打劫之后，又所剩无几，能维持基本运转，都只能依靠皇家的最后一根救命稻草——内库了！

第五章

爬满虱子的锦袍

河干海落，竭泽而渔，眼看着全国都在吃亏空，最后都吃到皇帝的老本了。这日子还能再过吗？赵祯想来想去，刀已经砍在了脖颈上，必须想出改变的办法来。

在这样的局面下，历史迎来了一个经典时刻。

宋庆历三年，1043 年的九月三日，宋仁宗把朝廷里的两府大臣，以及知杂御史以上的官员都召集进皇宫，一直把他们带到了天章阁里。天章阁，这座以前用来安放皇家御制文集，以及追忆前列皇帝的宫殿，从此在历史上声名显赫，意义非凡。

那一天，登阁的人除了四人年龄稍大之外，都非常的年轻。四位老人，是晏殊、范仲淹，各五十二岁；章得象、杜衍，各六十五岁。他们是两府的首脑。其余的三司史王尧臣四十岁，富弼三十九岁，欧阳修、王素三十六岁，韩琦三十五岁，王拱辰、蔡襄三十一岁。都是年富力强，心雄天下的年纪。尤其是韩琦和富弼，他们与异族在不同的战场上肉搏厮杀，堪称年轻才俊，国之精英。

登阁之后，先由皇帝率领，参拜了太祖、太宗、真宗三位皇帝的御像，然后来到书桌前，上面已经准备好了笔墨纸砚，大家对国家的现状都有所了解，现在就把你们看到的问题和解决问题的办法都写出来。

以振兴国家！

那一天，范仲淹、韩琦、富弼、王尧臣等人心情澎湃，或在当天，或在回家深思之后，都写出了自己的见解。历史中，根据各自的名声，以及后来在改革中起到的作用，把范仲淹的意见列在首位。他写出了《答手诏条陈十事》，把问题的所在及改革的办法，具体细化在十个方面。

明黜陟，抑侥幸，精贡举，择长官，均公田，厚农桑，修武备，减徭役，毕恩信，重命令。

这十个方面，三十个字，看着很枯燥，但稍微想一下，就会不寒而栗。这样想——一个国家，难道可以赏罚不明、胡乱恩典，拿官职当赏钱，科考乱七八糟，随便谁都可以当上司，不种田，不织布，乱派徭役，外加没有信用、毫无纪律吗？

这还是一个国家吗？

这时的宋朝就是这个样子。我们逐条细分一下，真正明白范仲淹讲的是些什么事。

第一，"明黜陟"。这条讲的是改变宋朝当时做官最重要的升迁制度，即"磨勘"。

这是指宋朝的官员，只要不犯错，文官每三年一次，武官每五年一次，可以把政绩呈交京城考课院审查。可以官升一级。

毛病显而易见，考的不是谁有多优秀，而是谁犯了什么错误。于是想升官，就别犯错。可做事难免会出错，于是就别去做好了……宋朝的官场就变成了佛教《金刚经》里的神妙境地——"使人坐荆棘丛中，动即被刺，不动即不刺，所以动不如静也。"

都这么静，国家的事谁去办？

所以范仲淹第一条就要改这个。从官员的办事精神上去革新，从奖惩条例上调动积极性。具体的做法是：把太祖、太宗时期的保荐制度和真宗的磨勘结合起来。看一官员的优劣，不仅要看他是否出错，更要看他的成绩，这个成绩就由上级部门，宰相、枢密们来确定。

同时规定，做官要分出京、外两种的区别。京官里，经保荐的三年一次磨勘，自己申请的，要达到五年才准磨勘。这针对的是富家子弟，这些人有门路，就是要压制他们。

还有就是完善惩罚条例，无能即是错，考课院以后会专门评定官员们的才能等级，凡是无能的……别怕，不是罢官，是另外安排。

第二，"抑侥幸"。

说侥幸，只这两个字，范仲淹就得罪人了，不仅是官员，还有皇帝。因为那本是皇帝的恩典，从伟大慷慨的真宗皇帝赵恒开始。

从他开始，宋朝官员们每年都热切地盼望着年关前的南郊大礼，还有皇帝的生日。那两天，宋朝从两府大臣到各路的提点刑狱官以上，都可以向朝廷申请，请恩荫我的儿子侄子们吧——从此，这些官仔就正式当官了。

并且恩荫制度还有丰厚的等级观念在里边。比如翰林学士以上的官员们，每做一年，就可以恩荫一人。请想象年少中举，三十岁以前就进入两制的高才生们，只升不降的官场生涯，做个二十多年有什么难处？那就是二十多个不经科考就进官场的二世祖！

再凭着老关系往上爬，长此以往，宋朝的官场是个什么样呢？

所以要改。范仲淹提议，以后转运使和边防上的文官，到任满两年才可以提请恩荫；两府以及两制高官，每次大礼时只许申请恩荫一人，并且必须是亲生儿子，连侄子都不行，从此下考场去；阁馆要职，也不许两府、两制高官的子弟们轻易进入，不仅要考，更要经过保荐才可以。

第三，"精贡举"。

范仲淹作为过来人，发现在文、武两途，宋朝现在都人才断档了。人才，来自科考；科考，取决于考题。而考题，就决定了人才平时都学什么。

全国各路，无数的学子，都还在背诵四书五经，学作诗词歌赋，这样的“人才”对治理国家，都能说得头头是道，无非都是以仁治国，与民休息，勤政爱民之类的老生常谈，说白了，就是在背孔夫子孟夫子当年的语录。对于抵御新生的契丹，还有奸诈狡猾的党项，半点实用价值都没有。更别提怎样为国家生产财富，让民有钱，国有钱，大家都过好日子这样的终极大问题了。

要改，要从底层教育模式上改。

不过具体详细起来，就采取了模糊观念。“教以经济之业，取以经济之才”，“先取策论次考诗赋，少一些虚夸词饰之臣。”这让人看着迷糊，这是方针，而不是细节，怎样实施，根本找不到依据。

如果非要说细节，倒真是有一个，堪称魄力非凡。

把弥封卷制度删除，以后的考卷都要露出考生的实名。理由嘛，是看不见名字，就失去了乡里举荐选才的本意了，以后谁还会为朝廷选才？怎样鼓励民生士气呢？

至于作弊，你们考官是干什么的？监察院、开封府是干什么的？只要仔细查，狠处理，就一定能刹住歪风邪气！

为了节省篇幅，更为了清晰内涵，下面的七项新政，可以分为两大类。即“择长官、均公田、厚农桑、减徭役、毕恩信、重命令”等六项为一类，余下的一项自成一体。

“修武备”。它放到最后再说。

那六项之所以能归纳到一类里，它们有个共同点，择人，选什么人来当官。这件事在中国古代，不仅是宋朝的梦魇，一直到封建社会的晚期，清朝时，都是无解的毒咒。它的官方说法，就叫做“吏治”。

怎样来治理官吏。

这一条基本无解，因为人这种动物天生的本能，就是追求生活的完美。而完美的生活，怎能抛开物质的享受呢？不必讳言，就算社会发展到了今天，这都是每时每刻都要注意的地方。在宋朝仁宗年间，它就具体表现在了这六项里。

“择长官”——选出合格的官员。范仲淹的办法是以人治人，从上至下，由两府宰执来选荐转运使、提点刑狱使等路级干部十人，大州的知州十人；两制官，即翰林学士、知制诰来选一般州郡的知州十人，以此类推，层层推荐，环环相扣，直到最小的知县。

这样利害相关，选出来的人应该能靠点谱了吧。

“均公田”——为了让官员清廉，给他们田产，但是问题也产生了，田地有好有坏，你给谁好的？官员的田紧挨着老百姓的田，侵占了几亩、几顷、几十顷的，也很正常吧？于是纠纷出现，官员跟百姓打，官员跟官员打，天圣年间刘娥愤怒了一下，公田就取消了。

范仲淹建议恢复，怎样消除不公呢，参考上一条，吏治好了，大家才会好。

“厚农桑、减徭役”两条顾名思义，是农民的事，可官府的责任更大，怎样让农民专心种田，国家要有奖励，更要少折腾，给农民干活的时间。

最后的两条“毕恩信、重命令”很让人无语。人无信，不知其可也，这是做人最起码的准则。一个国家呢？居然早上说一套，晚上做一套，根本就是朝令夕改，而且毫无处罚，这不是国家的法令世界，是孩子们在玩过家家！

怎么办？一个字，罚！见了血的猴子才知道恐惧，才能认真干活。除此以外，别无他法。

综上所述，问题很严重，解决的办法很简单。范仲淹的方案说白了就是“责任制和处罚制”。用举荐制度把官员层层捆绑，再设立些以前没有的处罚制度，让官员们稍微懂点事。

如此而已，管不管用，甚至有没有比原来的制度更不妥的地方，要从以后的实践中，才能看出。这时能肯定的，就是处罚的力度不是够不够重的问题，而是有没有力度的问题。

连处罚的具体条款都没有，你让犯事的人怎么害怕啊？！

现在来说“修武备”。这一条，按说范仲淹是最有发言权，而且肯定言之有物的问题，因为他刚刚从战场归来。宋朝的边防问题严重到不能再严重的地步了，辽国不去说，党项人已经变成了西夏人，开始和宋朝分庭抗礼了。这在太祖朝、太宗朝，甚至真宗朝都是难以想象、绝不可能发生的灾难！

要怎样解决？

先要分析问题出在哪儿。范仲淹从实战出发，归纳出两点。一、禁军都挤在京城里，有事才派往边疆。这在应急的速度上就丧失了宝贵的时间；二、从京城养兵、派兵，那么在边疆上就始终没有足够的粮饷。不论是抵抗，还是杀进敌方腹地，就都得千里运粮。这一点，其实就是幽燕之战、雍熙北伐、五路征党项等外战失利的根本原因。所以要改。

怎样改？

范仲淹建议在京师附近招募五万名民兵，派往边疆常驻。每年三季种田，一季练兵，自给自足。这样一举数得，把前面的问题都解决了。

这个办法好不好？看着仍旧简单，似乎还是范仲淹的拍脑袋想法。但这一条自公布时起，就让宋朝朝野大哗，一片震惊。所有人一致认定，如果真的这么办了，宋朝就会国将不国，很快就会天下大乱。

因为他改变的是宋朝安全设施方面的最基本国策——“募兵制”。这个制度，简单地说，就是在水旱年，农民们没生活时，政府出面，把灾民们都收编成军人，给他们粮吃，让他们为国家出力，同时也就没法造反了。当年赵匡胤得意地说，这样做，“在造反时，有乱兵而无乱民；在灾年时，有乱民而无乱兵”。他的天下，怎样折腾都出不了大事。

范仲淹的办法，却是唐朝的“府兵制”。它让唐朝的军队拥有极强的战斗力，可危害性也是致命的。军人们有自己的收入，根本不用政府养，于是藩镇林立，大家都是土皇帝！

新政就要铺开，问题还要先讲。还有些别的事没有交代清楚，因为每当看到这里时，我的脑子里总会冒出一个问号。

如果范仲淹等人说的都是真话，那么宋仁宗时代，还能不被称为中国五千年封建社会里“最美好、最富足、最文明、最自由”的时代吗？难道都是乱讲的？

这是个问题，涉及阶级。其本质就像这本书开篇时所写的那句话一样，“快乐就像金钱，世上只有那么多，你多得了，必有别人少得”。

对某些人来说，这时是“最美好、最富足、最文明、最自由”的。相应的，对另一些人来说，就是“最不美好、最不富足、最不文明、最不自由”的！

后一种人，是武官，是农民，小手工业者，奴隶，像奴隶一样的佃农等。前一种人，是文官，是大商人。

我们必须先知道富的有多富，牛的有多牛，才会清楚穷的有多穷，怒的有多怒。范仲淹等人的所谓新政，又能起到什么样的作用——我们暂且认为所有条款都完美无缺地被执行。

说富裕，先说文官。这要找出一个合适的个案来，他不仅要说明宋朝的文官有多幸福，更要能衬托出大商人们有多嚣张。这样一些极品例子，就都被排除在外了。比如寇准、吕蒙正、宋祁、晏殊等大佬，他们的圈子还是太窄，并且事迹也太人所周知了，总拿他们说事，让人烦得慌。

我举出的这个人叫石延年，字曼卿，官并不太大，光禄大理寺丞、太子中允，做的实事很多，包括在河北、河东、陕西练了几十万民兵，防备西夏和辽国。他出名的地方，在于他的诗词非常美，画也很高雅，但这些都不是他最大的特点。

他最为世人所传颂的，是酒量。

宋朝官员喝酒享乐，花样真是太多了。寇准包起大幕，喝到烛泪流满地，跸人跟头，一场酒局下来，赏给舞女们的钱，是普通人家几年的积蓄；吕蒙正寒酸了些，他喜欢独饮，只是下酒菜特殊了些，他喜欢鸡舌。吕府后巷里天天遍地鸡毛，鸡尸成片……宋祁、晏殊两人很风雅，富得不露痕迹，没几个人看过他们喝酒的样子。石曼卿则不同，他的喝法在人类史上也不多见。

披头散发，赤脚戴枷喝，叫囚饮；爬大树上蹲在树杈上喝，叫巢饮；全身脱光光，跳进一大捆稻草里，在里面躲好了，伸出头来喝，喝完了再把头缩回去，叫鳖饮。各种动物喝法都玩腻了之后，他也能像神仙那样飘逸潇洒。

某次，他和另一位酒坛大将刘潜去酒店，脱落痕迹，举杯即干，喝了一整天。天晚后，两人站起，一揖相别，终局没交谈一句话。第二天，开封全城轰动，该酒店昨日有二仙对饮。

这样他喝酒的名声就传出去了，常在河边走，终究要湿鞋，一个非常特殊的酒局在等着他。

事情最先从住宅说起。这就要先说说宋朝的城市规划特点，它和以前所有的朝代都不一样。从前，先秦时代开始，中国的城市特点，就两个字。

封闭。

以伟大的唐朝为例，长安、洛阳这两大最著名的大都会，其实就是两座超大型的集中营。它们由最外围的高大坚实的城墙围起，最里面又是更加坚固且豪华的围墙——皇宫。在外城与皇宫之间的，就是一百多个居民区，叫“坊”。外加两三个商业区，叫“市”。

坊与坊之间，有若干条横直交织的大街，看着可以通行，但是有严格的限制。首先，坊和市都要由围墙隔断，各自成为独立的分离体。在唯一可以走动的大街上，道旁没有任何商店，也没有普通的民居，只有三品以上的高级官僚府第，才有资格临街开门。

很苛刻吗？不，这已经非常进步了。在汉朝，想临街开门，您至少得是万户侯。至于买东西，您可得趁早，尤其是腿脚得快些。市，每个商业区都只营业小半天，黄昏就是命令，全城居民必须立即回家，好孩子早早上床睡觉。

这样的生活，可以用两个字来概括了。冷漠。人与人之间等级森严，几乎没有交流的机会，而商业，更谈不到发展。精神和物质都被一道道高墙所禁锢，这才能体现出那些“五陵少年”的倜傥，只有这么一伙人，是疯疯癫癫，玩得尽兴的。

宋朝不是这样，它是中国所有朝代里最开放、最自由的时代。它是之前的汉、唐、五代等没法比拟的，更是之后的元、明、清所没能达到的。我们随便举出个例子，就以开封城里御街北段，自州桥向北，直到皇城宣德门这段路为例，就会知道宋朝的风气是怎样的。

这段路上衙门林立，有超级大衙门，比如枢密院、秘书省、门下省，也有次一等的，如太常寺、都进奏院、都亭驿，再向前还有神圣无比的景灵东宫、景灵西宫。这是皇家的家庙，里面供奉着列祖列宗的神位。就在这样的地方，百姓们就见缝插针地开着各种店铺，每天从早到晚，从晚到半夜，不停地迎来送往，吆喝叫卖，就是这么的闹。

但是官府不赶跑店铺，店铺不避让高官，双方和平共处，就是个和谐。更不用说离他们不远的附近街区，就有宋朝的最高学府，太学，那里随时都保持着至少两千名学生，琅琅的读书声简直就是大合唱。更绝的是，太学的附近，就是个红灯区，他们的大合唱里总是会掺进去些莺歌燕语、打情骂俏，生动……活泼。

石延年的事就是这么发生的，他身为朝廷大官，可是邻居没法挑选，甚至不知道对方是何许人也。话说他那时住在蔡河下曲，旁边是座大宅院，高墙大门，看着那叫个森严。里边天天传出来钟鸣鼎食之声，轻歌曼舞之乐。

石大人听得心里很痒，但是不敢随便登门，就算经常喝醉了，也没敢借着酒胆放肆。因为对方的架子真是超大，每天几十个锦衣奴仆出出进进，那派头在当时就是阶层的象征。直到有一天，好奇心终于要害死猫了，他拦住一个锦衣奴仆问："你家主人何许人呢？"

回答："敝主人姓李，方二十岁，无兄弟，家里侍妾曳罗绮者数十人。"

竟然如此奢华！敢情外边几十个男仆，里面还有更多的佳丽……石延年把N多的问号都扔开，不顾身份，向一个下人提出了要求："我想见见你们主人。"

那个仆人微笑了："敝家郎君素来不结交士大夫。不过，他喜欢饮酒。早就听说石大人海量，郎君似乎也有意见您，请大人稍候听信。"

不多一会儿，仆人回来："有请您过府饮宴。"

石延年很高兴，为了郑重，第一次登门嘛，他全套冠带打扮，虽然不是官服，已经靴帽俱全。终于进了这座大宅，里边厅堂高大，设施豪华，石延年更是不敢大意。他坐等了好一会儿，主人才出来。却见这位姓李的二十岁青年没戴帽子，只系了块头巾，腰间是一条勒帛，脚下是一双拖鞋，见面之后，更没有行礼作揖那一套，拱了拱手，就把他带到了另一间馆舍里。

这间馆舍丝帷锦帐重重叠叠，不见其深处怎样，陈设珠光宝气，极尽纷华富丽。两人坐了好一会儿，像是要石延年熟悉环境，放松心情。之后，才有两位俏丽佳人走了进来，看装扮，她们是侍女，手上也托着些什么，可不是酒菜。不是要喝酒吗？石延年开始奇怪，喝遍开封全城，还没见过这样待客的场面。

走近之后，石延年才看清她们手上托着两个小木盘，上面码放着许多块红色象牙牌，牌上有字，那些字他都非常熟。

宋朝当时知名的美酒，以及汴梁城里的经典美味。侍女提示，他可以各选五种。

片刻之后，香气袭来，十多位歌伎侍妾托着果品酒菜、丝竹乐器进来了，可是没有桌子，她们就站在主客之间。歌声响起，笙管鸣奏，罗绮丛中，香艳袭人。这些美女向石延年缓缓走近，他不知道是要做什么，难道宴席就是这样开始了？

的确开始了，这在当时叫“软盘酒”。不用桌椅摆设，侍女们轻移款步，游行于主客之间，纤手奉送，难道还不如无知的木头？当天石延年就在这样的温香软玉丛中饮酒，侍女们忽聚忽散，共有五次，他饮酒举杯五次。之后侍女们鱼贯而出，主人也翩然而去。

酒宴竟然结束了。

石延年好长时间没缓过劲来，与这位翩翩少年相比，自己算是什么呢？所谓海量，所谓囚饮、巢饮、鳖饮，都不过是怪癖之饮、牛饮！只供解渴，哪来的雅致？尤其是想起，以前和众酒友所自豪的，不是喝多少酒，而是喝多少天酒，真是惭愧，惭愧！

由此萌发出爱慕亲近的感觉，他事后郑重写帖，派人送去，要与李郎君结交，却不料人家闭门不纳，根本就不再来往。石延年很受伤，对这人百思不解，多方查问，才知道对方的身份。

不是权贵子弟，而是富商大贾，一心一意做生意的人，根本就没把读书、当官，光宗耀祖，挣国家工资那套事放在眼里。宋朝的有钱人就是这么的牛。至于要说，他们为什么这么牛，难道在古代经商，就不用与权贵阶级搞好关系吗？

要知道在清朝时，经商的不可一世天才胡雪岩也要挣到个红顶商人的身份，才能让自己的银行商行风行全国。那么在宋朝为什么就这么的反常呢？这个事以后再说，因为在范仲淹新政的时代，并没有把对商业、商人的限制包括在里面。

现在提到这些，只是要说明一件事，即范仲淹的新政，还是彻底地为统治阶级服务的，全是用于改善宋朝当时的政府职能，就算触犯了官场上的一些利益，也非常的轻微。他没法像三十年之后的那场真正改革性质的变法中，那位连天地神明祖宗皇命都不在乎的人，所达到的激烈对抗程度。

顺便说一下，那个人就在此时的一年前，考中了进士，名次蛮高的，是一甲第四名。现在正在南方的一个小地方当个芝麻小官，教携诸弟，奉养母亲，日子过得很清苦。

他叫王安石。

综上所述，范仲淹的出发点很好，方法很柔和，皇帝的决心也很大，一个月之后，新政就开始在全国实行。这个形势是多么的喜人啊，那么请问，为什么就出了岔子呢？

问题就出在新政推行的头一条，“择官长”上。

首先，这是个历史原因。宋朝地方上的最大行政级别是“路”，官职叫转运使，名义是可以管钱，管粮，管军队。这就很要命，因为跟唐朝的节度使差不多了，所以赵匡胤和赵普玩了个小花样，就是让后代子孙一片哀号的“冗官”。

他们给官职来了个叠床架屋，官上加官，把转运使的权力暗地里分散了，最起码没有了监督管理权。这份权力派给了一个叫“按察使”的官，于是就造成了转运使名义上最大，可没人怕的现象。

范仲淹提议，让转运使和按察使合而为一，把下属各部门、各官吏的工作情况全面向中央汇报，这样看谁敢不服，敢不用心工作？

命令一下，人心振奋。不过最振奋的人不是各路的转运使大哥，而是开封城里的当时最有名的大才子欧阳修。这时他升官了，是知谏院的院长，掌握了宋朝二分之一的弹劾权。而掌握这份权力的过程，就是他毕生引以为傲的业绩。

给宋朝官场洗澡。

吕夷简死后，他和蔡襄、余靖等君子们同心协力，把吕夷简例年来安插进两府、两制、御史台、知谏院的同党们都赶下了台。二十多年的污垢一下子都洗白，怎一个爽字了得！

结果他爱干净就成了习性。庆历三年的九月份仁宗皇帝开天章问策，十月"择官长"开始实行，十一月时他就接连上书。两封信，一个是弹劾两制官，也就是翰林学士和知制诰，说"今两制之中，奸邪者未能尽去"，还得继续清洗。

一个是瞄准了由两制官推荐的御史台，掌管着宋朝另外二分之一弹劾权的同级部门，"近年台官，无一人可称者"。没有一个人是合格的，不是当时，而是好多年！

第六章

君子在此，诸神退位

很多年之后，这两封奏章被认为是庆历年间最伟大的疯子欧阳修的开山之作，是他成为顶级君子，又同时把新政玩死的证据之一。

要真正理解到他为什么要这样，尤其重要的是，他怎么就敢这样做？需要重新回顾一下宋朝当时的政要名单。

宰相：章得象、晏殊；

枢密使：杜衍；

参知政事：贾昌朝、范仲淹；

枢密副使：韩琦、富弼；

权三司使：王尧臣。

这份名单里范仲淹、韩琦、富弼、王尧臣都是自己人；晏殊是富弼的老丈人；章得象认为新党很可爱，时刻都笑得跟朵花似的；杜衍，更不用说，此人以后倒霉都是因为与新党结盟。

外人只有贾昌朝一个。

这是多么好的，好得空前的形势啊。在清洗了吕夷简的余党之后，加上在清洗时表现积极的余靖、蔡襄等知谏院同僚，还有什么事是做不到的呢？

对此，欧阳修强烈要求抓住形势，把新政里的第一条要旨“择人”上纲上线，达到一个完美的理想程度。

即“进贤退不肖”。

把君子们都提上来，把小人们都赶下去，只有这样，宋朝才能焕然一新，重新做人！

奏章送上去了，欧阳修坐等好消息。他坚信八人内阁必将全票通过他的提议，就算唯一的那一票贾昌朝会反对，也没什么大不了。只平级的范仲淹就足以压死他，更何况很可能贾昌朝只会沉默，毕竟官场大忌就是枪打出头鸟，在这样的形势下，实力对比下，除非贾昌朝疯头了，不然铁定装死人。

哪怕这两封信骂的就是贾昌朝本人。

很不幸，这成了现实。稍微知道些内情的人，都明白欧阳修弹劾的这两个部门具体到个人头上，会砸到谁。一个是现任御史台长官王拱辰，一个就是前任御史台长官、现参知政事贾昌朝，尤其是贾大人还负责着两制官员的日常工作。

于是对号入座，贾大人第一时间看到了这两封奏章。不用深思，欧阳大才子写得清楚明白，“近年台官”，你是前任首脑，说的就是你。

这时要介绍一下贾昌朝这个人。按他的出身和资历来说，欧阳修还真的没法把他放在眼里。此人出生在公元998年，真定获鹿(今河北获鹿)人，现年四十五岁，是一个中青年干部。出身比较矬，只是一个同进士。所谓同，真是让普天下读书人生不如死的一件羞耻事。

同，其实就是不同。科考中一甲为状元、榜眼、探花，这是最荣耀的；二甲大家一样，都是进士了，身份很正规；三甲就是赐“同”进士出身。您和进士很像，但……自己琢磨去吧。但凡有点自尊心的文人，都绝不肯忍受这种污辱一样的恩惠。

大不了我重考就是了！

但贾昌朝忍了，他的官场生涯起步超级低，是一个小县城的主簿，第二步才做到了知县。他后来之所以飞黄腾达，是因为机缘巧合做了崇政殿说书。这是给皇帝讲课的职务，他零距离地接触了仁宗赵祯。领导的印象分大于一切，他开始统领御史台，再进入中书省，成为顶级文官。这样的资历，你让欧阳修拿哪只眼睛看得上呢？

典型的小人，出身卑贱，学识低微，不走正路，混得越高，危害越大。“退不肖”，这就是当时天下最大的不肖，一定要把他搞倒！

就这样，欧阳修犯错了。一个没有出身的人，能混到这一步，对官场的理解，对手段的使用，都不是正常思维、普通人等所能了解的。贾昌朝的确人单势孤，在政府里没什么发言权。可是很幸运，他的老部下们都被欧阳修踢到了他这一边。

整个御史台，以及从御史台出来高升或者退休的人，都是他的盟友。这些人在搞事，在弹劾别人的时候，欧阳修还在风花雪月，吟诗作对呢。这就决定了此次斗争的主调。

欧阳修的武器只有道义和文字，可这些人能无孔不入直达要害，从“君子”们立身扬名的最根本处挖出毛病来，他们很容易就让人身——败——名——裂。

搞人也是一种艺术，所谓指南打北、指桑骂槐、指鹿为马……反正就是让人摸不透。贾昌朝们出手，先没理会京城里气势汹汹的欧阳修，而是悄悄地派人潜入了陕西四路。

那里是战场，是新政各位君子的发祥之地。砍掉这里的荣耀，才能击碎君子们高大形象的泡沫。具体的出手人选是御史台里的监察御史梁坚，这真是位行家里手，他选中的目标和动手的部位，都是最准确最尖锐的。

目标：滕宗谅；部位：钱。

滕宗谅是范仲淹的同年，两人一起考中的进士，最初的工作地点也在一起，范仲淹的第一份业绩，修建捍海长堤时两人就在一起合作，可以说是真正的老朋友。到了西北战场上，两人也一起为国出力。问题也就出在这里。

和最近的这次定川砦之战有关。葛怀敏战败之后，泾原路彻底被打穿了，范仲淹不顾一切地只带了六千人马出战。平心而论，没人敢说他有必胜的把握，弄不好他再败了，宋朝就真的一败涂地，再没底牌。幸运的是李元昊主动撤退，他要的不是决战。

滕宗谅当时是泾州城的知州，战火烧到他的城下时，他比泾原路上的大老板王沿还要惨，没有兵，只好征集了几千个农民穿上军装在城墙上站岗。这跟等死差不多，连他在内，泾州城里一片惊慌，全体发抖。

幸好来的是范仲淹。滕宗谅的"罪行"就在这里犯下。他大摆酒宴欢迎老朋友，款待增援的部队，还到寺院里为定川砦之战阵亡的将士们做法事，一系列举动做完之后，宋史官方也承认，当地居民的恐慌情绪大大地缓解了。

我军威武，增援迅速，还怕什么？但是问题也出现了，做事是要花钱的，滕宗谅没法点石成金，他动用了官银。

梁坚查得很仔细，前后一共是十六万贯，他当场就要滕宗谅交出使用明细，把所有的账目都交出来。结果滕宗谅只能列出十万贯的去向，其他的就实在没法说清了。

梁坚很满意，要的就是这种结果，交不出来最好。他没给滕宗谅再解释的机会，立即就消失了，不过没回开封，而是跑到了河北路麟州方向。

他又去找张亢的毛病。

张亢是临危受命，解救宋朝河北整路百姓的人。没有他，宋朝已经丢掉了丰州城一带的广大国土。更不用说他击败了不可一世的李元昊，为宋朝争得了巨大的荣耀。

可是在御史台来看，不管你有多大的功，也要查一下你是不是很"贪"，是不是手脚和滕宗谅一样的不干净呢？

为了节省篇幅，我们就不绕弯子了，直接切入这件事的重点。当时几乎所有人都知道，这种"贪污"一查一个准儿，宋朝边关的守将们，都有大笔的超巨额款项去向不明，如果再查，还能查到他们有超多的灰色收入。

最早的例子就是青涧城里的种世衡，他在战争期间就被调查过，如果没有庞籍保他，他早就被撤职查办了。当时他非常感动，对庞籍说："世衡心如铁石，今为相公落泪。"都被逼到了这个份上。

他的钱是哪儿来的？青涧城自主经商，不向开封上税，这不是挖宋朝的墙脚是什么？那么钱又哪儿去了？要人上战场卖命，你得给钱！宋朝官方给的那点银子，七折八扣的到士兵手里，都不够买碗酒喝的，凭什么让人把命交给你?!

所以滕宗谅、张亢都手脚不干净，他们得用各种手段弄到钱，再把钱给部下们发下去。这样才能调动起只认钱，没太多觉悟的宋朝禁军。实例请参考张亢是怎样成功的，以及刘平是怎样失败的。

战场上的宋军都能挤到主将身边要赏钱！

话说到了这里，应该知道御史台的人，贾昌朝们是怎样的卑劣了，这完全是瞒心昧己，揣着明白说糊涂，还没卸磨就想杀驴。战争警报还没有完全解除呢，就想着怎样祸害自己人！

梁坚在河北路转了一圈，把张亢的“罪证”也收集好了，这才回开封。任务圆满完成，欧阳修你这个后生小子，就等着哭吧。先放过你，小帮兵没工夫理会，要第一步就搞臭你们的党魁，让皇帝陛下看清楚，所谓的君子都做了些什么。

官方记录里仁宗皇帝大怒，关键是他心疼。西北打仗，根据他的性格我们可以知道，死的人越多，他就越难过。其实这都是他的大机遇啊，多可惜，他愣是给错过了。

不是冗兵吗？把禁军源源不断地派上去，多死几批，什么麻烦都没有了！老天原谅我，这并不是我人品恶劣，顺口胡说。现代战争学家早就总结过了，战争之所以爆发，就是战备物资太多，必须得消耗。第一次世界大战、第二次世界大战就是这样打起来的。

在宋朝也是这样，李元昊不就是消耗够了，才回心转意的嘛。

现在抛开死人谈金钱。前面说过，宋朝的国库都空了，皇帝的私房钱，内库也被掏出来当军费，勒紧裤腰带供养你们这些大兵，可是竟然拿俺的钱中饱私囊！愤怒中仁宗的脑子急速运转，好多年前的事突然间变得清晰。

滕宗谅，很熟嘛，当年俺只是和宫里的妹妹们多亲近几次，这人就曾经上书说：“陛下日居深宫，流连荒宴，临朝多羸形倦色，决事如不挂圣怀。”整个一个纵欲过度，头脑发晕的小色鬼！

越想越怒，来人，派人继续去西北清查，把滕宗谅的问题仔细研究，当做典型来推广。不过真是悲哀，他的命令刚下，御史台里也意气勃发，正想大干一场，结果梁坚先生突然间挂了。

这位把贪污分子滕宗谅、张亢挖出来的大检查官不知怎么搞的，是兴奋过度，劳累过度，还是自知有愧，办了缺德事，就不知道了，反正迅速病倒，迅速病死，彻底重新做人去了。

御史台里的人不管这个，各个都是意志坚强的好同志，死个把人算什么？马上就有人站了出来，代替梁坚办公。他们扑向了泾州城，向滕宗谅要自上任以来所有花销的账本，老实交出来！

滕宗谅的反应很绝，账本……嗯，这个东西应该有，好像有，最近放哪儿来着？好，找到了，各位御史请看，这堆灰里都是。

他一把火都给烧了。

当场毁灭证据，还有比这更嚣张的挑衅吗？您至少给个面子，说丢了甚至某天写日记没纸借用了也成，可就是明白地告诉你，我烧了。

要说御史台的人素质真的高，没生气，很安静地收拾纸灰，返回京城，向皇帝报案才是最重要的。这回的成绩真是更大啊！

现在稍停，来分析一下滕宗谅为什么要这样做。他真的是疯了？不，从这件事上就更能看出来御史台的人是不是“人”。滕宗谅悲愤到了极点，老子玩命打仗，你们在后方享清福，现在平安了，居然为几个小钱来给我穿小鞋。

你们的工资和恩荫，哪点不比我这几万贯多！

一怒之下，烧了账本，我是没法说清，那就不说了，随你们怎么办。双方都心知肚明，御史台无动于衷，就是要黑你，你的痛苦就是我的快乐，这种快乐在宋朝一直都存在着，百年之后杀岳飞时达到过顶点，历史证明，从来就没停过。

案子回到开封，摆在皇帝的办公桌上。范仲淹坐不住了，他站了出来，给自己的同年加战友说话。他以身家性命担保，滕宗谅和张亢从来没有贪污过公款，他们花钱时，边关的每一个士兵都看着，都花在阳光底下，没揣进自己的腰包。

仁宗静静地听着，他想着什么，没人看得出来。

另一边御史台中丞大人王拱辰冷笑，滕、张二犯证据确凿，国家的钱不知去向，不是贪是什么？尤其是态度恶劣，账本都敢烧。长此以往，国家法律何在？人人效仿，我们御史台还怎么工作？陛下，您要不依法办事，我从今天起就不上班了！

仁宗还在考虑，钱，在宋朝君主眼睛里的地位，一般跟粪土差不多。从赵匡胤开始就随便往外扔，主动往外扔，唯恐臣子们不要。这区区几万贯算根毛？但他一直在沉思，这个过程在史书中查阅，他坚持了近两个月，直到庆历三年的年底。

这期间范仲淹和王拱辰掐得你死我活，带动着君子党和御史台两大系统也水深火热。但是很奇妙，掐得正热闹，只持续了一个月左右，突然间王拱辰率领御史台迅速后退。大家撤，马上闪，小心溅上一身血。

君子党内部突然火并，其凶狠程度，让御史台这边的人自愧不如。看人家，就是在边疆混出来的，直接操家伙上，是军队出动耶！

这次君子党的内讧很复杂，就像君子们的精神内核让人捉摸不透一样，这事儿在历史上也说法不一。事情，起源于修一座城，名叫水洛城。

以最简单的条理说明，就是有人要修，是陕西四路都部署郑戬，具体的修城人是刘沪和董士廉。反对的人是泾州知府尹洙。

前面说过，宋朝对西夏人的一大武器，就是寨堡政策。不断地修城，不断地建堡，把防线逐渐前移，直到把西夏人的国土缩水，一点点地吃掉。这在后来被证明是非常管用的，西夏人的横山山脉等屏障就都被宋朝给吞掉了。

那么修城，有什么不好呢？为什么会让在西北精诚合作，回到开封也结成一党的君子们内讧呢？里面大有文章。先从历史上的一些很煽情的桥段说起。

主角是刘沪。

他是河北保定人，生于军人世家。祖父死在了赵匡胤平定李重进的战斗中，父亲一直驻军西北，是代州、秦州的钤辖。他最初隶属于开封禁军，和李元昊开战之后，像狄青一样被调到西北。某些资料指出，他第一次出头露脸，是在任福兵败好水川时，那时他率兵出击，深入敌区两百里，击破党项诸族，开拓了水洛地区，稳定了局面。

这功劳可真是太大了，尤其是他打通了渭州和秦州之间的通道，对整个战局都有了重大影响。于是，他就请示了后来的四路都部署郑戬，请求修建水洛城。

看这份资料，修建完全是好上加好，在最重要的地点建出一个固定的堡垒，无论对哪方面来说，都是有百利而无一害，那么尹洙为什么要反对呢？

这就要从内、外两方面来剖析。其中的内，指的是郑戬和范仲淹的关系，尹洙和韩琦的关系，韩琦和范仲淹的关系。一大串的关系里就隐藏着水洛城事件的真正底蕴。

那个外部方面，就非常简单，从上面的介绍可以看出，水洛城是那么的那么的那么的险要，几乎不容不重视。谁要是忽略了它，简直就是投敌卖国！但真的是这样吗？无图无真相，只要翻开地理图册，它的“重要性”就呼之欲出，再没有半点神秘。

水洛城在泾原路，与西夏的三战，后两战都在这里发生，这些地名，相信我们都很熟了。比如说笼竿城、瓦亭寨、镇戎军、三川寨、定川砦。请注意，我是按照地图的标准方位，即上北、下南、左西、右东的方向来依次排列这些地名的。

即笼竿城与瓦亭寨平行，在好水川一线。向上是镇戎军、三川寨、定川砦。那么水洛城在哪儿呢？按上面的资料解读，它应该在向西夏方向延伸两百公里，那真的是深入敌后，孤胆作战了。

可让人无语的是，水洛城是今天的庄浪县城，那是在笼竿城的大后方快两百里了！这就再清楚不过了，哪有什么危险和困难，或者什么必要性，纯粹是吃饱了撑的！尤其是和西夏议和议得两情相悦的时候。

为了这么个可修可不修的东西，君子党内部就掐得要死要活，甚至都出动了军队，到底为的是什么呢？这就要从“内”部的原因说起了。即君子大佬们的关系。

郑戬要修，因为他是范仲淹的真正嫡系。他们是连襟，都娶了宋朝老进士、大名士李昌龄的女儿为妻；在脾气上也很像，都是与小人不共戴天的信仰。说起修城，这是范仲淹的终极战略，他就是要用这招把李元昊拖死。格言是宁可把汗水滴到建筑工地上，也绝不流在和西夏人野外打群架上。

尹洙反对，因为他是韩琦的嫡系。在好水川之战发生前，他还曾为韩琦去游说范仲淹，那段历史前面都说过，现在不赘述了。他和韩琦的共同理想，就是消灭西夏人的有生力量，多杀几个，自然没了威胁，何必修那么多的小寨子？

何况修一处，就要守一处，兵力越来越分散，党项人再来各个击破，注定了我们会死得更难看。

综上所述，各有各的理。真的要分出对错，似乎也能。因为好水川，主战的韩琦是失败了的。但是他也有话说，直到这时议和，范仲淹都没有和李元昊正对碰过，怎么就能肯定他那一套是对的？三战之中，李元昊时刻都保持着优势兵力，完全可以印证我的说法才是对的！

永不服输的韩琦，真正要解读这个人，就要从这个时刻开始，把他的人生画一条线。战时、和平时各有不同，仔细分析，就会找出那个关键点。

比如说，修城分兵的疑问，在战争中都可以理智交谈，为何在和平到来时，却要剑拔弩张，绝不相让？为什么呢？

简单，就一个字：“权”。君子党内部，就像后来的太平天国一样，一直都没能分出来谁到底是老大，谁是老二。

杨秀清始终功高盖主，强过洪秀全，自然没法臣服。韩琦无论在官位还是自信上，都不在范仲淹之下，他为什么要伏低做小？

只因为您道德高深，一把胡子？开玩笑！

按说这也是范仲淹自作孽，不可活。你好好的领袖不当，前不久定川砦大败之后，皇帝都让你总领西北了，你非要拉着韩琦一起升官，凭空生出一个平级干部来，你不知道有时谦虚能害死人啊？

现在懂也晚了，韩琦这位君子，嗯，他也是新政人物，也算个君子吧，在内部斗争刚开始时就用上了小人手段。

他不用上书讲理这样的老套子，而是给皇帝提了个醒。陛下，眼下西北不再打仗了，战时的一些措施还有必要留着吗？比如四路都部署，要撤赶快撤，不然时间长了就成了惯例，那可真成了超级节度使了。仁宗立即明白过来，爱卿说得好，这是根本国策，撤。

于是四路都部署撤销，郑戬被派往永兴军。水洛城的事他再管不上了。决策权到了尹洙的手里。

这些小动作瞒不了范仲淹，他也在积极想办法，但是办法注定了不多。谁让他是光明正大的呢，所谓“居天下之广居，立天下之正位，行天下之正道”，最后达到终极目标——“得志与民由之，不得志独行其道。富贵不能淫，贫贱不能移，威武不能屈，此之谓大丈夫”。反正孟子怎么说，他就怎么做。

所以就只剩下了上书说事一条路。经过他几次努力，皇帝终于同意，派人到西北实地考察，看这座城到底该不该筑。

调查人员马不停蹄往西北跑，还在半路上，水洛城工地现场就出事了。尹洙接到自己握有否决权的命令之后，第一时间派人通知刘沪、董士廉，停止修城，立即收拾东西走人。可是无效，刘沪理都没理，反而加紧了进度。

尹洙大怒，下了第二条命令，你们俩马上到泾州城来，向我述职。结果再次无效，工地上热火朝天，干得更欢了。

尹洙暴怒，点名叫来了一个在整个西北通杀的大人物。狄青，你带人马上到水洛城去，把那两个目无法纪，蔑视上级的混账东西抓来！

这就是狄青的悲哀，一个人的出身决定了他的标牌。尽管韩琦不给他好脸，尽管范仲淹对他是那样的器重，可是最初赏识他的人是尹洙。为人要厚道，不能忘了恩情。

于是他只好带人杀向大后方，把刘沪和董士廉抓了回来。要说尹洙真是狠，可能是战场上一直输，一肚子的邪火没处发，他把两位同党派的同僚扔进了监狱，罪名是违抗军令，选个日子就要斩首示众！

事真的闹大了，中央调查团到了之后，很幸运，刘、董两人的脑袋还没掉，但是已经快认不出来了。他们在监狱里上演了宋朝版的《监狱风云》，被黑得一塌糊涂。勉强还可以写字，由董士廉主笔，给皇帝写了一份奏章。里边不仅把水洛城的修筑过程详细说明一遍，还把尹洙、韩琦的老底揭了出来。

好水川大败，陛下您不知道吧，韩琦一直在强调自己给出的命令是多么的正确，全是任福自作主张不执行，才败得那么惨，其实里边另有文章，我有证据，在开战之前，韩琦和尹洙就派人勘察过好水川，那本就是他们选中的主战场！

尤其是惨败之后，尹洙还作了两篇文章，《闵忠》、《辨诬》，都刻成了石碑，立在当地，以一个臣子的身份，为这次失败定性。其实多明显，字面上就显得他心虚。为国而死，本就是尽忠，用得着你来“闵”？自古以来，只有皇帝可以用这个词，如唐太宗李世民征高句丽回国之后，建“闵忠寺”纪念征东将士，你一个边境小臣哪儿来的资格？

“辨诬”……哼，没有心病你辨个什么劲？朝廷都没有申斥你们，分明是自己心里有鬼。最后董士廉让特派员们验伤。他自己身上就不说了，终究他是文官，受虐程度有限。刘沪就惨了，自逮捕时起，就戴上了四十多斤的重枷，进牢之后惨遭暗算，浑身是伤！

这些尹洙都不承认，他只是强调一切都是依法办事的。他作为行政长官，有权决定防区内所有政令。至于逮捕的事，他两次发出命令，连个人影都没看见，难道还能听之任之吗？犯罪就是要抓的。但是他保证，绝对没给这两人上刑，浑身是伤，纯属谎言。

千年之后，谁对谁错，我们是看不清了，因为当时宋朝的主事人就不想让人看清。只是有一点可以肯定，尹洙在伤情上是说谎的，刘沪在不久之后就死于头部溃疡，那绝对是受伤之后不得医治的症状。

事情在这一年的新年时有了结果。两件事，滕宗谅、张亢贪污案，水洛城修建打闹流血案，都有了个说法。滕宗谅被降职，调进内地，到虢州做知府；张亢从并代两州的副都部署降为钤辖，原地留任。

另一边，水洛城停工。

两件事，都以范仲淹失败结束。新年伊始，迎头一棒，这就是万象更新的好兆头？这事儿没完，必须争得清楚明白。可是没等范仲淹有行动，御史台方面就有了新招。王拱辰更加愤怒了。大好时机，趁火打劫，他从新年开始就给自己放了大假，不来上班了。

“滕宗谅贪污证据确凿，性质恶劣，只降一级，不能服众。必须再降，不然我就辞职！”

在他的带动下，整个御史台重新沸腾，人人跟着长官走，那形势比当年郭皇后被废时的都热烈，吕夷简都没享受到整个御史台的弹劾。于是经典的一幕出现，滕宗谅被再次降职，贬到了岳州。

那是个好地方，濒临洞庭湖，有一座历史名楼在等着他重修。

对此范仲淹无能为力，他非常想帮他的老朋友，也知道他是冤枉的。但是有两点，一是他得罪的人很不妙，皇帝对他早年的印象就太糟；二来他本人的工作重心必须转移了。水洛城事件是他必须赢下来的砝码。

和御史台是正面对抗，水洛城是他后院起火，自己的团队内部关系一定先捋顺。为了达到这个目的，他软硬兼施，恩威并用，可以说想尽了办法。但是结果……算是有那么一点用吧。

硬的，他坚定地站在刘沪的一面。他对仁宗说，当初修的时候，是原四路都部署的指令，刘沪没有违规。尹洙要他停的时候，朝廷里正在争辩，他不奉令也算不是有错。何况刘沪是沿边名将，国家应该爱惜，这样就处死，小心冷了边关将士的心！

软的，范仲淹选择了安抚和妥协。他给了尹洙一个大面子，甚至是一个改变命运的机会。他建议皇帝把尹洙调进京城，直接从馆阁人员进入两制，成为仅次于两府宰执的高官。

这样，边关方面就应该平静了吧。

他想得很美。可惜同一片阳光，在不同人的心里会映出不同的阴影。尹洙拒绝他的“好”意。范夫子，真想不到你也会耍手段。

把我调进京城，成了两府的下属，你可以名正言顺地管我了。尤其是把我提升，只比韩琦差半级，让我们内部分化，像韩琦和你那样分大小。是不是这种用心？

范仲淹摇头叹息，要取信于人，竟然是这样的难。同一时间，仁宗也在叹息。这个结果就意味着皮球又踢回给了他，怎么办，只好再派人去实地调查，希望这回能有些转机吧。

转机却出在内部。关键时刻，新政君子们内部有人看不下去了，是知谏院方面的孙甫、余靖、欧阳修三位大佬，他们给皇帝上书，出了个主意。首先强调，他们一致拥护范仲淹，他所有的决定都是对的。城一定得修，但是事已至此，边将失和也是要不得的。各打五十大板吧，两边都疼，或许就都不疼了。

他们连具体的办法都替皇帝想了出来。可以派人先对狄青说，刘沪修城是有命令的，你抓人太莽撞了。可是现在放了他，就会降低你的威信，这也是朝廷所不希望看到的。就由你出面，去放他吧，以后他再犯军令，可以军法从事。

另一方面对刘沪讲，你不听大将军令，这就是罪。念你修城有功，边防劳苦，所以让狄青放了你，你去把水洛城修完吧，算是将功赎罪。

至于尹洙，半点都没有再提他。这是变相的照顾，您就置身事外吧，谁让您上面有人，脾气又大呢？虽然是说给狄青的话，但句句都是给他听的。

水洛城事件就这样结束了，这座建在边境内部的“要塞”在庆历四年的六月份建成，然后就消失在历史长河里。它本来就没什么实际用处！而范仲淹在这段时间里，还要继续为新政工作。那两句历史中关于庆历新政的极其有名的对话就是在这时产生的。

他挥起大笔，刷刷点点，在各路转运使的名单上挥来挥去，抹掉一个个名字。旁边的富弼看不下去了，说：“您可知道，您大笔一挥，抹去一个名字，就有一家人在哭啊。”

那是断送一个人、一个家族的前程。能爬到省长一级的高官，是容易的吗？

范仲淹头都没抬：“一家人哭好，还是一路人哭好？”这就是范仲淹和富弼的不同之处。两人一样的胆大忠贞，但是出身决定了他们各自的心胸志向。

范仲淹从人生的最低谷处爬起来，只要有口饭吃，就觉得很美好。所以他不怕丢官，也以这个标准去要求别人。富弼不同，他是标准的士大夫，做人要有尊严和身份，任何时候不能伤了别人的体面。

这两句对话在历史中流传很广，用来美化范仲淹的高大形象，可惜是见小不见大了。经过上面的叙述，我们都知道，他是在一边对抗御史台，一边对抗韩琦，一边与普天下的官员们掐架。三方面硬磕，来给宋朝动手术。

这才是他的难处和成就。但是很可惜，他还是没抓住重点。这期间，他不是三方面对抗，而是有四个敌人，最重要的那个，不是他摆不平，而是他根本没想到。

这个人，才是决定他一生成败、新政成败的关键点。

皇帝。

请问您把皇帝放在了什么位置？这句话实在是应该把新政君子们集合起来，排好队，挨个问过去。因为从历史进程上来看，他们都没想过这事。

截止到这里，往前看，有件事可以稍微地证明这个观点，可惜只是个苗头，各位大君子当时根本没留神，就是贬谪滕宗谅事件。历代史书，包括现代宋史研究者，都说是因为滕宗谅早年得罪过仁宗，还有为了节约边关开支，所以才动了他。

不对，我认为这事不那么简单。

得罪仁宗的人多的是，滕宗谅那个奏章算什么，比他更尖锐的多的是，赵祯都原谅了，为何单单只难为他？至于边关问题，钱永远都是小问题，只是要千万注意，要看是谁把钱掏给大兵们的！

还记得宋初第一军人曹彬当年被降职的原因吗？他拿自己的钱，给边关将士打赏。这就是彻头彻尾的死罪。你想让边关将士只记得你的好吗？！滕宗谅、张亢、种世衡等人犯的都是这个毛病。区区几万贯钱，开封城里随便指个人家，都能拿得出来，根本就不可能对堂堂大宋国库的损耗产生影响。

处置他，完全是对君子们的一次警告，可惜范仲淹等人半点都没察觉，这样才有了当年四月初七的那次著名的谈话。

那一天，仁宗把两府、两制、御史台、知谏院的各路高官都召集在一起，说了一句话："各位爱卿，从来都是小人才结党，难道君子也结党吗？"

请注意，正规场合，全体大臣，这句话是什么味道？对谁说的？说时是发自怎样的心情？它的作用是什么？这一连串的问题，绝不仅仅是普通的问策咨询，它至少说明了两点：

第一，皇帝给结党的人定了性——小人才结党；第二，君子们，在场的"君子们"，你们也结党了。那么你们算是什么？

这是当众抽了范仲淹、欧阳修、韩琦等人一个耳光，给过你们脸，你们不要，非得等我把话挑明了。

这才是当年这次金殿谈话的真实气氛，这不是含蓄的暗示，更不是和蔼的规劝，这是当众的警告和斥责。按理说，这时范仲淹等人无论是多么的道德高深，声誉隆重，或者一万个正确理由在心里，都必须低头认罪，老实承认错误了。

因为这是皇帝说的话，并且还引用了孔夫子的至高名言——君子不结党！

这两个高度，是封建社会里谁也没法逾越的。可是范仲淹等人就不，他们当场就把皇帝给掀翻了。由范仲淹亲自出面，回答说：臣在边关时，看到勇敢的人结为一党，懦弱的人也结为一党，在朝廷里也是这样的。一心为善的人结为一党，怎么会对国家有害处呢？

注意他的开头，"臣在边关时"。文学大家范仲淹完全可以引经据典来说事，可他一切从实际出发。小朋友，我在边关打仗时才认识到的这些，你在深宫里，还真是什么也不知道啊……所以没有发言权。君子和小人，先分出来谁是干实事的吧。

甚至这句话里还有些怨愤和威胁。我在前线打仗，你们这帮在后方享清福的，帮不上忙，至少先闭嘴。

当天就这样散了，贾昌朝和御史台的人一定很满意，皇帝和新政君子们生气了，这是天大的利好消息。紧接着就有更大的惊喜，能想象吗？皇帝和臣子有了分歧，被教训的居然是皇帝！

知谏院长官欧阳修大人回到家越想问题越严重，皇帝的脑筋秀逗了，我得教教他，于是就发挥特长，写了一篇名垂千古的好文章，把自己和各位君子兄弟扔上悬崖，变得万古流芳，永垂不朽，呜呼矣哉。

文章是这样写的——“臣闻朋党之说，自古有之，惟幸人君辨其君子小人而已。大凡君子与君子，以同道为朋；小人与小人，以同利为朋……”余下的不赘述，就是那篇大名鼎鼎的《朋党论》。

这篇文章在中国古代文学史是有一定江湖地位的，尤其是出自君子之手，被历代君子们奉为生活宝典，更是意义非凡。这些我们都不管，要看的是当时起了什么作用。

从本质上看，这是篇翻案的文章，陛下您的中心点是“君子不党”，但我就是要和你掰掰手腕，议论风发，旁征博引，证明君子有朋，而且朋党有用。您所需要做的，就是“当退小人之伪朋，用君子之真朋”，除了我们之外都赶走。

那样，天下就太平了。

联系到滕宗谅事件，就会清晰地知道赵祯的感觉。你们拉帮结派都是对的，而治理国家，我只要把其他人都赶走，只使用你们，就万事 OK 了。是吧？

那还要我这个皇帝干什么？天下到底是谁的?！是不是君子有德，有德者居天下，你们想的就是这个吧。

史书为证他想对了，《朋党论》没交上去几天，欧阳修又接连写了几个奏章，他是当时全宋朝最亢奋的人，一天好几遍地催皇上，真是忧国忧民。

——范仲淹、富弼给您出的主意，您都照办了吗？得赶快啊，普天下的老百姓都伸着脖子等，非得让他们把脖子伸到您屋里，才能实行吗？还有您要注意，肯定会有各种各样的小人跳出来刁难挑刺的，您要坚定立场，团结在范、富两位君子身边，千万别动摇，时间长了，自然就会看到成果的。

事无巨细，都为皇帝想到了，您只要照办就可以了。至于您不照办，您想干什么，想和小人为伍，当个昏君庸人吗？

赵祯的心进一步低落，“进贤退不肖”，贤人，原来是这样的……同一时间里，宋朝全国臣子都在手捧语录照镜子。按照欧阳大才子的新作《朋党论》来对照，我们都是什么呢？君子？脸皮别太厚，人家不带你玩，别靠得太近！小人？凭什么说我们是小人，我们每个人，都是凭着十年寒窗，考中的进士，再一步步熬资格，从小到大做到的官，你一个后生晚辈，只是笔杆子硬点儿，就这么糟蹋我们?!

别说是他们，就算同在两府的其他宰执高官，如章得象、杜衍、晏殊、贾昌朝甚至韩琦也都在咬牙，君子里面再细分，他们也没份儿。这样局面就形成了，经过欧阳修充满了激情的不懈努力，范仲淹和富弼终于被孤立起来。

而他们两人正是新政的实际推行者。

每一天过去，新政的敌人都在增加。后来连皇宫里的太监们都加入了，他们在史书中留下了一句很实惠的话，相信谁听了都会发愁。

陛下，一个人结党，最多不过十几人，五六个人结党，就是七八十人。范仲淹、富弼、韩琦、欧阳修、余靖、蔡襄、尹洙这是多少人了？何况他们的新政里，关于选官的办法，就是"推荐责任制"，他们可以明目张胆地去选人结党了。不出二三年，朝廷内外就全是他们的人了。

局势恶劣，人心险恶。赵祯不禁在心里暗叹，人人都说新政好，唯有王权忘不了；人人都说君子好，唯有朋党戒不了！怎么办？这伙人快危及到江山社稷，还能由着他们折腾吗？立即法办他们。这是再正常不过的反应了。

可赵祯不这样。他仍然沉住了气，记得自己当初是为什么才选这些人当官的。时间进入了六月份，夏天开始了，他给两府大臣，更给这些君子提出了五个问题。

一、合用何人，镇守西北？

二、民力困敝，财赋未强。

三、军马尚多，何得精当？

四、将臣不和，如何制置？

五、躁进之徒，宜塞奔竞。

看着这五个提问，我们当自己是赵祯，想想是什么心情。新政已经实施半年多了，几乎半点作用都没起！请问你们这些君子都是干什么吃的？

两府大臣不敢怠慢，立即着手回答，至于回答了什么嘛……篇幅太长了，我们只节选一条，来看看君子们的能力到底怎样。为了真切感受，我们看原文。

第二条，民力困敝，财赋未强。回答："臣等议之，国家革五代诸侯之暴，夺其威权，以度支财用，自赡天下之兵。岁月既深，赋敛日重，边事一耸，调率百端，民力愈穷。农功愈削，水旱无备，税赋不登，减放之数，动逾百万。"

这一共是八十三个字了，说了什么呢？总结，把问题的来龙去脉说清楚。也就是说，皇帝向他们提问题，他们再细化一下，让皇帝再看一遍。

接下来终于找到解决办法了，大家屏住呼吸，压住兴奋，小心瞧着——"今访选举良吏，务本安民，修水旱之防，收天地之利。而更严著勉农之令，使天下官吏专于劝课，百姓勤于稼穑，数年之间，大利可见。又山海之货，本无穷竭，但国家轻变其法，深取于人，商贾不通，财用自困，今须朝廷集议，从长改革，使天下之财，通济无滞。又减省兵，量入以出，则富强之期，庶有望矣。"

一百三十八个字，看到什么具体办法了吗？看到"青苗法"、"均输法"、"农田水利法"、"免役法" 这样的言——之——有——物的具体法令了吗？"使天下官吏专于劝课，百姓勤于稼穑，数年之间，大利可见"、"今须朝廷集议，从长改革"都是空话、套话，没有半点用处的废话！

其他四条，基本和这个一样，让仁宗皇帝进一步地看清楚了新政"君子"们的成色。

宋庆历四年的六月份，是这一年里最精彩的时段。上旬，皇帝看清了君子们的实力本相，中旬时老天也来凑热闹，六月十五日，开封城里天雷击顶，灵宝塔被打中了，整体坍塌。

这事儿比春天时的干旱还吓人，全体国民一致把目光射向了皇宫。皇帝，你一定又犯事了，老实交代！注意，这只是国民们在心底的呐喊，新政的君子们却说出了口。君子达则兼济天下嘛，我不出口谁出口？

知谏院的主力余靖上殿，大热儿的天挥汗如雨，他穿戴齐全，正颜厉色地跟皇帝说事。中心思想只有八个字："勤俭修德，感动人心。"可他整整聊了两个多时辰！

仁宗静静地听着，一言未发。直到余靖走了，他才说出一句话："被一身臭汗熏杀！唾沫都喷到我脸上了。"没办法，谁让儒术唯我独尊，君子无所不能呢？

接下来是下旬，最精彩的桥段到了，以前种种与之相比都太平和，太中庸，根本就算不上斗争。这一切都与一个人的愤怒有关，夏竦，他回京城了。

夏竦，前面提过，他是宋朝与西夏开战时第一位西北总负责人，三川口败后他被弹劾丢官，到内地生活去了。至于身世，他是个被捡来的弃婴，以养父的恩荫才当上的官。其实这里小有出入，现在就细说一下。

夏竦是个多才多艺的人，史书记载他经史百家、阴阳律历、佛老释道，无所不晓。当年科考时，开封城的省试，即礼部试，共取一百名，他名列第四。而且考官特意注明，他的诗赋水平要高于后来的状元陈尧佐，是因为他年纪太小了，所以才压制他一下。

那年他十七岁。

刚好就在那时，他养父死了，得回家守丧。科考部门觉得有些过意不去，在他的履历表里添了一句话。该生下次科考免省试。也就是说，他可以直接入围最后一轮，殿试。

夏竦当官之后，幸运迅速临头，那时赵祯年纪很小，由名相王旦推荐，他被选入资善堂讲书，给未来的皇帝上课。从这时起，就注定了一辈子的荣华富贵。

赵祯是太念旧了。仁宗一朝，他的老师们颠簸不倒，荣宠始终。

夏竦很自强，没等到赵祯亲政，他就火箭一般地升了上去。在刘娥主政年间，他当了两次枢密副使和一届参知政事，年纪轻轻，就把两府高官都当了个遍。至于怎么当的，他一边与宫里的太监张怀德结交，一边和宰相王钦若联系，内外结合，面面俱到。

赵祯亲政之后，他却一下栽倒了。原因是后院起火，夫人实在过于强悍。话说才子配佳人，该佳人却美而有才，夏夫人写得一笔好字，史书里记载比男士们还要遒劲有力。字由心生，她的性格也霸道了些，具体表现就是嫉妒。

她要独占夏竦，彻底实行一夫一妻制。这就有点早熟了，女权运动过早地出现，其结果只能是被拒绝。拒绝女士是件风险很高的事，夏夫人尤其出格，她一怒之下，决定把事搞大。

她叫来了自己的弟弟，把夏竦做过的一些见不得人的勾当报告给了开封府，一时间闹得满风雨。夏竦惨了，他万没想到自己的老婆居然玩起了大家一起死的游戏。这还了得，但更刺激的在后边。他的老娘怒了，大骂儿媳混账愚蠢，不是人养的。

却不料虎女焉能有犬娘？夏竦的丈母娘瞬间抓狂，跳出来替女儿出头，两位老亲家打得不可开交，热火朝天……夏竦只好既丢人又丢官，带着这一大家子你死我活的“亲”人，出京到外地混。直到宝元元年，1038年，他才返回京城，以户部尚书的职位当上了三司使，负责全国的钱粮。

好日子开始了，夏竦的精品生活进入了人们的视线。要说有知识的人就是有品位，夏竦无论在哪方面，都比晏殊、欧阳修享受，至于其他的蠢物们，更是不值一提。

请看衣、食、住、行。

衣是官服，这没的选择；住是官宅，大同小异。说说他的行与食。吃的方面，夏竦天赋异禀，每天清晨醒来时全身冷如寒冰，得由美丽的姑娘偎抱良久，才会渐渐地复苏。后来证实，这与他吃的有关。他每天都要喝两碗石钟乳粥，这东西是有毒的。其毒性就像魏晋南北朝时的士大夫所吃的“五石散”差不多，身上忽冷忽热，得用各种措施，才能恢复正常生活能力。

至于好处嘛，据说是快乐似神仙，跟吸鸦片、扎海洛因差不多。

行。这是夏竦最有特色的方面。他出门，要把两辆豪华马车连起来，中间用价值数千两白银的锦帐遮蔽，组成一辆超奢侈加长型房车。夏竦就躺在里边招摇过市，就算在行路期间，也跟在家里的温香软玉、罗绮丛中一样。

现代的劳斯莱斯汽车能有这个气派吗？

可惜好日子不太长，只两年之后，宋、夏战争就爆发了。他被派往前线。

怎一个痛苦了得，我那可爱的、美丽的京都生活啊——我什么时候才能再回到你的怀抱呢？

这个愿望从此贯穿了夏竦的心灵，成了他最大的追求目标。可惜非常遗憾，总是有这样那样的原因阻碍他实现。

其中就有御史台和知谏院罕见的一次联手。

这里要顺便提一下，本来新政开始时，范仲淹是完全可以把御史台划归到自己的势力名下的，因为御史台长官王拱辰和欧阳修的关系实在是非同一般。首先两人都是天圣八年时科考中的举，是亲爱的同年，并且渊源不比旁人。

那时欧阳修顺利地拿下了省元，放眼一看，当届的考生水平、声望都没人能与他相比。很高兴，他给自己做了身新衣服，就等着殿试成功，穿新衣当状元，人生焕然一新。不过高兴得太早了，王拱辰就是他这辈子的克星。这位同学不知从哪里突然间蹿了出来，二话没说穿上他的新衣服就走了。

欧阳修有点蒙，但那时就有了君子的苗头，区区一件衣服嘛，拿走就拿走吧。随着这件新衣被抢走的，还有他的状元。最后一关殿试，他只得到了十四名的成绩。

除了同年，两人还是连襟。他们都被当时的一位大佬选中，参知政事薛奎，就是那位薛出油。出油参政家里有五朵金花，欧阳修娶的是四小姐，王拱辰是姐夫，娶了三小姐。这只是开始，就算在娶妻这方面，拱辰兄都压了他一头。薛家三小姐去世很早，他又把五小姐迎过了门。当时京城盛传“旧女婿为新女婿，大姨夫做小姨夫”。

拱辰兄艳福无边耶！

这是多么理想的工作生活关系，眼看着御史台和知谏院这两大谏官系统就合并成了一家，弹劾力量达到了空前的程度，宋朝文武百官最恐惧的噩梦就要开始了。完全正确，夏竦就首当其冲，成了唯一的受害者。

那是庆历三年，赵祯开始调整内阁成员时。我们记得，一共是调整三次，最后才定下了新政内阁，而第一次时，夏竦就被提名为枢密使，掌管西府兵权。

顶级高官，开封京城，多年的美梦终于成真了！夏竦快马加鞭往回赶，但进了京城，就冷水浇头气得目瞪口呆。他不知道，在他赶路途中，御史台和知谏院都快把皇帝给闹死了。

两大谏官系统倾巢出动，一共上了十一道弹劾奏章，把夏竦从出身到现在，从军营到皇宫，所有的污点都统统放大。皇帝陛下，全天下的人都知道了这是个什么样的人，您还要他当两府宰执吗？

仁宗不听邪，他是真正的尊师重道，不只是夏竦，后面还有贾昌朝、陈执中，好多好多，一直都在尊、重啊。

于是夏竦离京城越来越近，谏官们的危机感和愤怒也越来越深，终于集体爆发了。某天，先是知谏院的余靖出马。这时注意，这种场合你永远都别期望着欧阳修怎样，他当普通官员时抽知谏院和御史台的耳光，在知谏院时狠抽御史台的耳光，在任何时候都不抽皇帝的耳光。

余靖上殿，发挥他的聊天特长。一座石塔被雷击了他都能聊两个多时辰，这种弹劾大事你猜他能聊多久？于是聊天在继续，仍然继续，持续继续，直到赵祯体力不支，决定退朝。这时御史台长官亲自出马，来了个决定性打击。

王拱辰疾步扑了上去，这时他不是一个人在战斗，寇准在这一刻灵魂附体，伟大的宋朝暴戾型官员，王拱辰继承了光荣的传统！他把皇帝的袍子给拉住了，死不撒手。老大，您还是改主意吧！

没办法了，赵祯非常抱歉，老师，您别进城了，直接去亳州报到，再做几年地方官。这就是夏竦被贬掉枢密使高官的经过。他创造了纪录，最快的贬官速度产生，还没报到，就被赶走。

最后他还是进了京城，理由很私人化，年纪大了，赶那么远的道，我歇会儿不成吗？在休息中，他把所有的弹劾材料都拿到手，一一细读，心潮在翻滚，愤怒在升腾，夏竦是珍惜名誉，尤其是心里敏感的人。他的身世，一个弃婴，就注定了他心细如发，受不得刺激。

何况是这种污辱！

他连夜写了一万多字的奏章，来反驳这些弹劾。但是交上去之后，得到的是污辱的加倍。新政君子们的回复是——"图功效莫若罄忠勤,弭谤言莫若修实行。"

您少说废话,办点实事才能洗掉骂名!

夏竦被气晕了,他不懂,这就是君子?君子讲的是忠恕之道,这样的凶狠刻薄,拿同朝官员当敌人砍,这是哪门子的君子啊……他有心忍了,但就在这时,另一位宋史里超级著名的学者爆发了,非常非常的有才,此人写了一首流传千古的诗,把夏竦彻底钉在了历史的耻辱柱上。

石介和他的《庆历圣德诗》。

石介,字守道,生于1005年,宋京东西路奉符县西旺村(今岱区徂徕镇西旺村)人。这是位非同小可的大人物,无论是他的学问,还是他的脾气。

说起学问和文人,在宋朝选代表,相信大家都会第一时间选苏轼苏东坡。没办法,坡仙的名气实在是太大了,但是实际怎样,另有说法,等到他走上官场时,自有公论。要强调的是,学问二字,绝不是指诗词歌赋,《大江东去·念奴娇》再好,它只是抒情小调,不是士大夫的本职工作和精神内涵。

学问者,博古通今,定国安邦,包罗万象,神化难明。在这方面,石介只在东坡之上,绝不在其下。

看履历,他是天圣年间中的进士,之后当过一些不大不小的官,之所以在历史上留名,尤其是文化史上有地位,是因为他在山东徂徕山下创办的"徂徕书院",世称徂徕先生。

在孔圣人故乡讲学,你得有怎样的水平!这水平就让他在庆历四年,新政刚开始实施的三月时,由韩琦推荐,进入开封国子监任直讲。《庆历圣德诗》就是在这时写下的。

这首诗很有古风,四字一句,共九百五十四个字,以"于维庆历,三年三月。皇帝龙兴,徐出闱闼"开始,到"皇帝一举,群臣慑焉,诸侯畏焉,四夷服焉"结束,石介以皇帝的口吻对新政时所任命的宰执、谏官,一一称颂表彰。说这真是个开天辟地以来最好的时候啊,不仅是人类,就连天地鬼神、昆虫草木都非常兴奋。

因为您把两位大贤人升职，就是范仲淹和富弼，他们俩是“一夔一契”，都是古代的大圣人；同时又把卑劣的小人赶走，就是夏竦。这个局面太好了，诗中说道，是“众贤之进，如茅斯拔；大奸之去，如距斯脱”。

这首诗一问世，达到的效果让石介很郁闷。在他想来，这样热情讴歌新世界，是件多么及时又多么合适的事啊。这会大幅度地提高新政普及的势头；让更多的人加入到新政君子的行列里来。

可是除了夏竦和众多的“小人”对他咬牙切齿之外，就连新政君子系统内部，也对他一片茫然。石哥，你在搞什么？

第一个对他摇头的是与他齐名的人物，“泰山书院”的先生孙复。孙复和石介的关系是同学，两人都是范仲淹早年守母丧时，管理应天府书院时的学生。他叹了口气，说：“石介，你的噩运就从这首诗开始。”

第二个痛苦的是范仲淹，范公所担心的不只是石介个人的安危，更是新政的全盘大局。他根本就不愿意让石介在这种时刻到京城里来。

难道还嫌不够乱的吗？

他早就给石介下过定义，此人不可大用，死就会死在这张嘴上。他说，石介刚正，天下知闻，但是性格有些缺陷，他走极端。要是让他当上谏官，肯定会拿超高的标准去要求皇帝，要是皇帝没做到，他就会“引裾拆槛，叩头流血，无所不为矣”。

这样的言官，谁敢用？用了有什么好处？但是他亲爱的同事，年少有为的韩琦就把石介推荐上来了。事情迅速恶化，《朋党论》、《庆历圣德诗》，外加言官系统共十一封的弹劾奏章，这一波接着一波的攻势，表面上在加强着君子们高大伟岸的形象，真是春风得意，激扬岁月。

但同时，也在积累着可怕的戾气。从后面发生的事来看，庆历君子们并不真的知道小人是种什么样的动物。就比如说夏竦。真的要形象地比喻他的话，在历史中就有一个显赫的名字，跟他有点像——苏秦。那位战国时纵横捭阖、翻覆乾坤的人。不说苏秦的一生，只说他的死亡。苏秦死于暗杀，凶手逃掉了，没法去找。可他临死时对当地的国王说：“请车裂我，悬我之头于国门，说杀我的人有赏，就会抓到凶手。”

果然如愿。这真的是个死后都可以杀人的人。

夏竦比他还要强些，得罪了这个人，你死后都别想安宁！

夏竦的手段，以文字对文字，简简单单的一封信，就让新政彻底瓦解，并且让君子们变成了叛贼。这是个大命题，请大家也想想，要怎样做，才能圆满地完成呢？

夏竦沉思了很久，转身进了内宅。先要说明，他一定是和自己的书法夫人重归于好了，因为这件事做得真是大显家风。他找到了一个使女，拿出了一封信。来，看这上面的笔迹，模仿它，给我改一个字。

只是一个字，就把通篇内容都改变了。

这封信，是石介写给富弼的，虽然是私人信件，可涉及政治。为什么会落在夏竦的手里呢？因为名人效应。比如后来的《曾国藩家书》之类。名人怎样生活，怎样处理生活，都是凡夫俗子的楷模嘛。在这封信里，石介明显是《庆历圣德诗》没写过瘾，除了痛骂小人之外，还要再激励一下新政的首脑。他勉励富弼等人，要“行伊、周之事”。

这是个典故，涉及两位历史上的大人物。伊，指伊尹；周，乃周公旦。这两个人都是定国安邦的贤臣。其中伊尹，是辅佐商汤开创商王朝的人，可以说是我们中华历史上出现的第一位宰相加军师的超级人物。周公旦，是周武王的弟弟，武王灭商之后死得太早，周公全力辅佐幼小的皇帝，一面饱受谗言，一面东征西讨，把商朝余孽和内部反叛平息。

可以说，周公才是实际上建立周王朝的人。

综上所述，石介的意思很明显，就是要富弼和范仲淹像古代贤人那样为宋朝扭转乾坤，再造天地，大家都过上好日子。愿望很美好，但夏竦经过沉思后，决定给这封信改一个字。就是周公的周字，改为“霍”字。

“行伊、霍之事。”

一字之差，就变成了可以诛灭九族的大逆不道的言论。霍，指的是西汉时的权臣霍光。他的身份很复杂，一方面在西汉麒麟阁十一功臣中排名第一，是汉武帝托孤时的四大重臣之首，辅佐国家安定度过达二十年之久；另一方面，他在汉昭帝死后，把新立的皇帝刘贺废掉，独自把持朝政近半个月。

这样的人物，是宋朝历代君主最大的噩梦，最惧怕的妖孽。

尤其可怕的是，夏竦的历史知识非常到位，他改的这个“霍”字大有学问。伊尹这个人，几乎就是霍光的翻版，一方面像周公那样有功，一方面同样在商汤死后，把不懂事的太子太甲放逐到桐宫，三年之后才接回来重当皇帝。

知道问题的严重性了吧，改后的信里，石介是要富弼等人效法伊尹、霍光，把现在的宋仁宗赵祯废掉，换一个积极进取，锐意革新的人当皇帝！再加上这封信广为流传，就造成了一个非常恶劣的局面。

不只是大逆不道，而且是公然谋反。不管成不成功，都把现任皇帝蔑视到了极点。

这封信很快就传遍了天下，在这之前更迅速地传进了皇宫，交到了赵祯的手里。赵祯的反应是一如既往地沉默。他把玩着这封信，像是看出了很多东西，又像是心不在焉，想着别的什么事。这种态度，把范仲淹、富弼两人推向了一个极端。

要么您下旨查问，哪怕大发雷霆，咱们好回答；要么您直接说不信，我们也好去追查。您这样沉默，要我们怎么办？

您分明就是在怀疑我们。

君子讲的是见利不争，谦退之道。官位本来就是粪土，既然让您这样怀疑，我们辞职好了，这样谣言不攻自破，清者自清。

范仲淹和富弼同时上书请求外放。

第七章 庆历守望者

范仲淹走时，仍然深深地放不下当时的局势。他想了很久，决定去做一件事。说来真是有些不大光明，但为了光明的目的，他也只能这么做了。

当时有个突发事件，在河北方面，突然侦察到辽国有大量的军队在调动，像是有什么预谋。范仲淹趁机提出由他率领重兵去河北布防。如果实现，他就会恢复新政前刚离开陕西时的身价。手握重兵，是宋朝边防上的大救星。

相信这样可以把陷进狂热内讧的宋朝官场拍醒，即使他走后也没人敢动他正在推行中的新政。真是没办法中的办法，既能继续发展，又能撇清谣言。

想得很好，可惜用心良苦命更苦。不怕神一样的对手，就怕猪一样的队友。没等政敌们反对，范仲淹的盟友们就都跳了出来。军方代表枢密使杜衍打头，富弼迅速跟上，两人继续发扬了君子下殿一家亲、上殿死冤家的良好作风，第一时间毁了他的如意算盘。

你纯粹是臆想，辽国派兵只是路过河东，目的是去平叛，跟入侵风马牛不相及。你又是发兵马，又是拨钱粮，根本是没事找事，多此一举。

范仲淹气得发愣，正想着怎样沟通，富弼突然间灵光闪动，想起了自己的新职位。他是去河北的，范公你是去陕西的，为何要抢俺的饭碗？他郑重地对皇帝说了一句话：辽国绝不会入侵，如果我说错了，愿负“罔上欺君之罪”。

简直是不遗余力地拆范仲淹的台！

范仲淹大怒，这是他能为新政，为宋朝天下所作的最后努力了，无论如何都不能退让。他在金殿上和杜衍、富弼大吵了起来。

史书上记载，他举出了六大疑点，三种忧虑，共六百七十个字，证明辽国这次很可能是和李元昊联合入侵，不仅会发生野战，连攻城的器械都准备好了。其中就有宋军以前独有的撒手锏——床子弩。这种危急程度，难道还能视而不见吗？

必须得我去应付！

对面的富弼寸步不让，他回敬了三百四十七个字，重申自己的观点。现在天下太平，无论是河东、河北、陕西，哪个地段都不可能爆发战争，范仲淹你真是胡言乱语，不知所谓。

他们吵得不可开交，最后却不了了之，只好灰溜溜地下殿走人。因为皇帝一言没发，就当什么也没看见。范仲淹摇头叹息，边走边咬牙，他是真的不甘心！于是边走边聊，他要和富弼等人再沟通一次，说什么也得让同志们再上金殿，口径一致，发兵河东。

这次他得到了最干脆的一次打击，一直沉默的韩琦终于说话了——如果一定要去河东，我去好了。不需朝廷一人一骑。

范仲淹彻底崩溃，这就是他的同志加战友，有这样亲密的冤家吗?！怒火郁积，他都快爆炸了，实在没忍住，他转身又回了金殿，单独和皇帝交涉，并且把韩琦刚才的话复述了一遍，这不是国家大臣应该有的工作态度，韩琦小儿，实在过分！

换来的却是皇帝持续的沉默……赵祯当天没有任何语言或者举止被记载流传下来，当范仲淹走出开封，去陕西方面上任时，没能带出一兵一卒。

他走了，不管有过怎样的内幕和经过，都成了既定事实。前面第一部分的事情依次产生了。范仲淹走后，新政君子们一个个被踢出了开封京城。第一个是欧阳修，他从知谏院下岗，去当河北路都转运使；第二个人是宰相晏殊。

说来搞笑，这位文学大前辈，竟成了宋朝版的李商隐。李诗人夹在唐朝的牛、李两党中，身为牛党分子，却娶了李党前辈的女儿，弄得终身潦倒，里外不是人。晏殊也是这样，他是范仲淹、欧阳修的大恩人，富弼的老丈人，却对新政半点都不感兴趣。

于是欧阳修被贬，他很高兴。知谏院方面的孙甫、蔡襄联名挽留，也被他拒绝。这下子谏官们火冒三丈，把他的老底都揭了出来，爆料当年他给仁宗生母写的墓志铭上没注明母子关系，最近还调禁军修私宅。就这两点，晏殊丢官罢职，去颍州当知州，官还没有欧阳修的大。

第三个人是枢密使杜衍，接着是知谏院里的精英，孙甫和蔡襄。第四位大人物在第二年，也就是庆历五年的三月份时产生，韩琦终于也丢官了。或许直到这时，他才会清醒，没有范仲淹，他韩琦算是什么。

最好笑的是尹洙。这位特别喜欢和范仲淹死掐的人，面对事实，悲从中来，是后悔还是痛苦，说不清，他给皇帝写了封信，哀叹说“昔日见用，今之见疏”，都是您一句话的事啊。

可让皇帝说了这种话的原因是什么呢？有没有你尹洙的努力啊？尹洙很伤心，过了两年，到1047年时他病死了。比他死得更早的是狂热的诗人石介，他给夏竦写了好几百个字，夏竦只回敬了一个字，他就受不了，几个月之后就挂了。

伟大的文学天才都是这么的脆弱……

如此这般，事儿还没完。大人物们都搞倒，下面的群众也不能放过。悄悄地说，号称中国五千年历史里最文明、最开明的宋仁宗时代，也曾发生过一起微型的文字狱。

这次事件和号称宋朝人才储备银行的馆阁重地有关。

前面说过，馆，指的是宋朝的皇家图书馆。如崇文馆、集贤院；阁，指龙图阁、天章阁等皇宫大内御书房。这些地方都有学士、直学士、侍从等官员，一般来说，有了这种职称，就等于半只脚踏进了两府、两制，就算不能终生富贵，也肯定名满天下。

这时的馆、阁人才非常的年轻，名字和头衔都很多，我们不必一一列举，说的是这个事的经过。盛夏过去，秋季来临，话说宋朝的官员是中国所有朝代里最幸福的，每年有法定节假日七十七天，注意，这是常设的。还有新增的六十五天，同时还有一些约定俗成的私人小聚会。

这次的事，就是京师百司库务每年春秋两季都举行的赛神会。这一天里宋朝每个衙门的官员都可以喝酒聊天，随意享受，直到通宵达旦。事儿出在了进奏院。进奏院，顾名思义，是地方呈报中央，中央发给地方的文件联络处。这时的负责人叫苏舜钦。

苏舜钦很年轻，三十六岁左右，他是北宋史上举足轻重的大诗人。不夸张地说，如果没有后来的苏东坡，他的名字会成为宋朝诗人的代表符号。当天他按照惯例，把拆封废纸卖掉之后，再自己掏十两白银，准备了一桌丰盛酒席。

物以类聚，他请的都是既年轻，又有才，还狂放的人。就是馆阁重地里近期风头最劲的十个。名字还是不列，没有意义，重要的是他们共有一个相同的官场符号——范仲淹所推荐的人。其特点，就是无所畏惧，是那种喜欢把脑袋往狼嘴里伸，再夸耀伤口的人。多刺激，多青春！

不过这也怪不了他们，他们都没走过正常的官职升迁过程，没被“磨勘”过，是新政里“推荐”制度的受益者。之所以被推荐，不就是因为他们年轻，且无畏嘛。

当天晚上，破坏的欲望随着夜色的浓重逐渐升腾，十个生于盛世，春风得意的年轻书生渐渐地失去节制。他们把唱曲的优伶，侍卫的官吏都赶走，把大门都关上。

找来了两个军妓。

放浪形骸，无所不为。他们都喝醉了，最后的余兴节目是作诗。其中殿中丞、集贤校理王益柔成为人群里的太阳，那一晚的偶像。他变得比李白还要疯狂，诗仙最嚣张时，也不过就是喝醉了还去见唐明皇，他可好，写出了这样两句诗："醉卧北极遣帝扶，周公孔子驱为奴。"

皇帝是他的侍从，周公旦孔夫子是他的奴仆！还有没有天理王法？！简直数典忘祖，要知道历代之所以会独尊儒术，罢黜百家，就是因为它对皇权的唯一性崇拜，让皇帝得到神仙一样的权力，可是小小的王益柔居然全都收了回去。

这就怪不得别人了，史书上关于这件事，总是会强调一下当时有个小人，叫李定。他想参加宴会，可是被苏舜钦拒绝，于是去御史台告密，真是卑鄙无耻。不过你们没犯事，他能告出什么？身为儒生，这样大逆不道，别人不惩罚，醒来都应该去自杀！

御史台长官王拱辰闻讯大喜，他连夜上报给皇帝。赵祯的愤怒可想而知，御用文人居然这样回报皇恩！还等什么，连夜抓人，直接扔进开封府，特案特办，从重从严！

第一次判刑，王益柔处斩，其他所有涉案人员全部罢免，永不录用。第二次时轻了点，王益柔永不录用，这批馆阁人员集体报废，贬到地方上当官，主持人苏舜钦罪加一等，事发在他的衙门里，罪名是"监守自盗"，被贬为庶民。

他的确是应该区别对待的，他是杜衍的女婿，被看成新政君子里的核心。就这样，以范仲淹为首的，呵呵，名义上为首的新政君子们从上到下，从头到脚，都被"小人"们踢出了朝廷，其手法干净利落，合理合法，其结果一劳永逸，彻底胜利。

与此相对的是君子们集体委靡不解的脸，我们的失败，是为什么呢？

这个问题很隐私，在此后漫长的岁月里，这几位万古流芳型的名臣、君子，从来没有在任何场合里公开讨论过，同时也没在各自的文字资料里留载过。

就算后来名动八表的《岳阳楼记》，也只是抒发自己的人生理想，追求抱负，从没有半点的懊丧、自责，或者对谁的埋怨流露出来。

之所以会这样，相信也和"君子"这个中国封建时代里最崇高的名词有关。丢官算什么？君子固穷，安之若素。孔夫子在夸奖最得意的弟子颜回时就说过："一箪食，一瓢饮，在陋巷，人不堪其忧，回也不改其乐。"就是要这个越穷越光荣的劲儿。

理想破灭算什么？苟余心之所善兮，虽九死其犹未悔。只要我喜欢，死九次都无所谓。这里面有着让圣人门徒们千年坚持，直到明朝、清朝时更加发扬光大的自虐型快感。为了一点鸡毛蒜皮的事，请皇帝打我吧，打死我才爽！

何况是新政改革这样的大事情，悲剧才能激动人心嘛，我一点都不疼。

甚至流放都是种快乐。子还曾经曰过："道不行，乘桴浮于海。"皇帝不用我的办法，我划条小船到海上漂，也是高雅纯洁的。

并且最重要，也最浅显的一点，也与高雅纯洁有关。

君子怎么能互相指责谩骂呢？那是沿街商贩的品质，泼妇激动时的表现。素质真是太低了！所以宋朝官方记录里，才会如上面范仲淹和杜衍、富弼的金殿争执中，留下了这样的记载——范仲淹平时事杜衍如父，与杜衍争，杜衍不怒。富弼更是不用说。

所以打掉了门牙往肚子里咽吧，君子在什么时候都得站直了腰，千万别丢脸。

他们永远都不会承认，这种性格在官场政治圈里，就是个二等残废。

美国小说《麦田守望者》里有一句话："一个不成熟男子的标志是他愿意为某种事业英勇地死去，一个成熟男子的标志是他愿意为某种事业卑贱地活着。"

庆历君子们被说中了，他们宁可英勇地去死，也不愿为宋朝的新天地而卑贱地活着。面对夏竦的谎言，除了辞职引退来证明清白，就没有别的办法了吗？至少他们可以赖着不走，就像夏竦本人所做的那样。无论谁弹劾，我就是不动。

像这样，以边关百战之功勋，胸怀国富民强的愿望，这种程度的追求，居然就毁在了一封伪造的匿名信上，简直就是个闹剧！

从这个角度来看，哪儿有半点的高贵伟岸？

返回出发点，从总体上讲，上面这些都是在新政者内部找原因，这当然也是种片面。新政之所以失败，标准的历史教科书上给出的正解是皇帝的懦弱，外加小人们的陷害。小人们的事就不去说了，他们做了什么，前面已经交代得很清楚。关键点在宋仁宗赵祯。他是皇帝，一言一行都要对国家负责。而这个人在这段时间的确一直在玩沉默，什么都没做，似乎的确很“懦弱”。

那么他该怎么做呢？

不顾一切地支持范仲淹，无论君子党们做了什么，都是对的，都要无条件地实行。甚至像欧阳修所希望的那样，完全放弃自我，君子们的奏章里把做什么事，怎么做的步骤都规定好了，他只管签字照办。这样就全对了。

谁是皇帝？

赵祯是个独特的人，解读他得站在一个相当高的楼顶，长时间地俯视，才能稍微看清楚一些。他的每一步行动，都是与当时的国际形势紧密联系，而不是与宋朝的国家形势紧密联系的。这是个根本上的区别，做不到这一点，是没法在民族之林里生存的。

第八章
独立贺兰山

当宋朝的官，只办宋朝的事，这可以。当宋朝的皇帝，只着眼自己的国家，就是找死。赵祯所要看住的人，是耶律宗真和李元昊。从某种程度上来说，宋朝的国政，包括所谓的新政，都是为了与这两个人抗衡，才提上日程的，而不是什么国计民生。

早就说过，中国的老百姓是最好统治的一种生物，只要有口饭吃，就绝对不会造反的。

先说耶律宗真，他的日子很闹心，从宋历的庆历三年七月份开始，他发现姐夫李元昊旧病复发，又变得不乖了。具体表现在两件事上。

一、辽国有很多的党项族人，和宋朝境内的党项族熟户一样，已经养了好几代，可以算是辽国人了。

居民就是财富，耶律宗真四处找钱，自然把这些看得很重。李元昊却开始偷偷摸摸地把这些人招回去，公然挖辽国的墙脚。

二、进入庆历四年之后，辽国境内的党项人公然开始反叛，耶律宗真派军队去镇压，结果却让辽国举国震惊。李元昊派兵过界，居然把辽国的招讨使给杀了，带着辽属的党项人举族回迁，上演了西夏版的胜利大逃亡。

这样的事是辽国立国137年间从来没有过的。无论出于哪种考虑，都只有一条路可走，出兵干掉李元昊，不杀不足立威，不杀周边所有小国都会起来造反！

再说李元昊，他在这段时间里比耶律宗真更闹心，很可能就是闹心过度，心理失常，他才去找辽国的麻烦，不然还真是看不出有别的理由。

至于他为什么闹心，就和宋朝人有关了。他和宋朝的皇帝讲和，讲来讲去没结果，宋朝边疆上的将军们却不买他的账，尤其是青涧城里的种世衡。第一代老种相公对付敌人，从来都是不择手段的。

上一次他用光信和尚把野利旺荣害死，这次他的主意打向了野利旺荣的弟弟野利遇乞。这事难度更大，第一，反间计可一不可二，用过了再用一定失效；第二，野利遇乞比野利旺荣更难下手。他是西夏大本营天都山的统领，李元昊的皇宫就建在这里，他的亲信度可想而知。

怎么办呢？种世衡只好花大本钱时刻留意西夏方面的动静，等待野利遇乞自己出错。

这个错真的出现了，就在庆历三年的除夕之夜。那天晚上，野利遇乞带着大队人马杀向了宋朝边境，工作态度非常认真，他纵兵深入，四五天之后才返回天都山。可是回来之后，迎接他的不是鲜花，而是李元昊怀疑的目光。

小乞，你大过年的跑那么远搞什么？四五天才回来，都遇见谁了？

野利遇乞有点蒙，我就是去打架啊，一直跑，一直找，可宋朝人胆小，没人应战，我就回来了。那天李元昊盯了他好一会儿，才放他走。事后他打听出来，是李元昊的奶妈告了他一状，说他是企图叛变投敌，所以才去了这么多天。

遇乞很郁闷，但这种事没法解释，甚至越描越黑，所以就索性撒开手，不去管了。但是要命的是，这事让种世衡知道了。

千里之外，无论是西夏将军的动向，还是天都山里西夏皇宫里的细节，都在种世衡的掌握之中！之后，他作了一些安排。首先，他派人潜入了天都山，潜入的深度匪夷所思，让人不敢置信，他的人居然偷出了李元昊赐给野利遇乞的宝刀。然后他在边境上散布流言，说他亲密的盟友野利遇乞已经被残暴的李元昊害死，他太痛苦了，决定在边境线上，为遇乞兄设祭，向亡灵致敬。

那天晚上，种世衡盛装出行，在边境线上燃起了熊熊大火，估计西夏方面只要没有全体失明，就肯定会发现祭奠现场的位置。宋朝官兵把一块木板竖了起来，那上面是他写的追悼文，全面回忆他和野利两兄弟对和平的共同期盼和对李元昊共同的厌烦，尤其是对不久之前除夕之夜，和遇乞见面时的快乐来了个具体详细的追忆。多么美好的理想啊，本来约好了里应外合做掉李元昊的，不料天不遂人愿，居然先被李元昊害死……

啰啰唆唆一大堆，念得声情并茂，估计着西夏方面的骑兵快到了，他们才把追悼木板、宝刀等物扔到火堆里，接着打马就跑，让西夏人抢救现场。

西夏人很能干，文板和宝刀都完好无损地送到了李元昊的面前。接下来的事是个定式，奸诈的人最容不得别人对他的奸诈，犯规者必死，尤其是身边的亲信。

野利遇乞被杀，党项族内最大的野利氏从此一蹶不振，连带着李元昊的后宫都重新洗牌。并且这还不算完，在不久之后，就会知道野利两兄弟的死，对西夏百年的国运有着怎样的影响。

百无聊赖，李元昊想到了女人，没办法，男人的正常反应。但是要承认，他首先是个好父亲，儿子大了，先为儿子找一个。

党项八大部族，他给儿子，也是太子宁令哥选的是哆氏的女孩儿。婚礼相当隆重，这可是西夏历史上第一次王子娶“公主”，场面宏大，开国第一次！李元昊亲自主持婚礼，结果出大事了。

该死，女孩儿太漂亮也是罪过……哆氏美到了不讲理的地步，李元昊呼吸困难，思维停顿，重新启动之后对儿子微笑了一下。

亲爱的，你先回避。

他自己找了身新衣裳，和新娘站在了一起。这女人是我的，她是西夏的新皇后！就这样，李元昊焕发了他的第七个春天，不过这还只是开始，人生的意义就在于不断的新鲜刺激。他在天都山大本营重修宫殿，给新天使居住。结果装修期间，他就被另一个春天击中。

野利遇乞的另一半，没藏氏。说来这也是宁令哥的妈、野利遇乞的妹妹野利氏多事。

两个哥哥都死了，她非常伤心，跑去向李元昊哭诉。要说李元昊可能比曹操还要迟钝点，但事后也稍微回过点味儿来。人，杀得有点急了，何况是连续杀了两个。后悔之余，他开始寻找野利兄弟的遗孤，要加倍抚恤，安全保存。

他找到了没藏氏，当时这女人已经逃到了附近的三香家尼姑庵里出家了。这时春天里的李元昊心情正好，接她进宫，让她小姑子陪她吧。

结果接进来之后，李元昊再一次呼吸困难，思维停顿。上天啊，为什么这样害我，她可真漂亮！于是第八春开始。这个春天对党项人的意义无比重大，得仔细说一下。该春天在天都山没待几天，就被野利氏赶出来了，只好继续在寺庙里过日子，地点是兴庆府的戒坛寺。但是距离产生了美，李元昊经常跑下山到城里和她幽会。

时间长了，只会出现一种结果。人类在繁衍，生命真美丽。西夏未来的皇帝出世。

放下李元昊的私人欢乐，回到广阔的国际大舞台。耶律宗真的愤怒在迅速升腾，一百多年的无敌军威怎么可能被低劣的党项人亵渎？契丹铁骑在漠北草原上集结，目标是向西。

干掉李元昊这个叛贼！

这时是宋庆历四年，1044 年的九月间，辽兴宗耶律宗真御驾亲征，举国动员，以皇太弟耶律重元、北院枢密使韩国王萧惠为先锋，军马总数超过十七万，连同太子耶律洪基都随军出征，可谓超级重视。

可是时间耽搁了近一个月，才杀出国境。原来是国内着火了。李元昊派人悄悄潜入辽国，把辽军事先囤积的军用粮草烧了个一干二净。

没有接战就挨了迎头一棒，耶律宗真愤怒之余开始加倍小心。此后他的行动变得非常谨慎。当年十月份，辽军突入西夏国境。辽、夏之间的国境线有近四百余里长，一马平川，几乎无险可守。辽军长驱直入，直到逼近了西夏国都兴庆府，都没有遇上半点抵抗。

这时要说一下地图了，西夏的国土完全就是一片地狱，它对生活在绿色世界里的宋朝人和辽国人来说，半点吸引力都没有。当然，除了河套平原一带，西夏的主要城市都聚堆一样地扎在这里，其他地方，不是沙漠就是盐碱地。

辽国人一直杀到贺兰山边上，才探听到西夏军队的位置。李元昊在学乌龟，他忍在了贺兰山北边。事实上他也不可能走得更远了，再远些，辽国人就能直接闯进他家里去杀人放火。

位置摸到，辽军迅速行动。耶律宗真本人驻扎在得胜寺南壁，韩国王萧惠领军杀了过去。这时李元昊的成色再一次显现。历史上有个非常有趣的定律，再强大的军队，也没法在137年以后还维持住最初的力量，就算后来强极一时的金军也做不到这点。

甚至横扫地球的蒙古军队也一样做不到。

那么辽军此时的能力怎样呢？强弩之末的辽国人以十万之众和李元昊倾国之兵激战，其结果是李元昊大败而逃。而且一败之后，就再也不敢抗衡，他直接派人给小舅子带话。

——我投降了。

李元昊要投降，中原人用盲肠去想，都知道是骗人的。可这次不同了。第一，对方是契丹人，百余年间一直在欺压各个种族，怎样受降才有效果，他们比谁都清楚；第二，这不是在各自的国都里派使者来回跑，交换信件，而是相隔只有几十里路，吃顿饭的工夫就能见面。

要想投降，亲自来见！——这就是耶律宗真的回答。

亲自……去？李元昊有点发抖，作为一个几十年如一日的杀降、行骗惯犯，他的眼前瞬间出现了N多个临死前痛苦挣扎，挣扎无效，加倍痛苦的画面，夜路走多终遇鬼，难道这回报应要上身？

可是不去，契丹铁骑是个冰冷真实的存在，打过一仗之后，无论如何也不敢去碰了。没办法，咬紧牙关硬挺吧。

几天之后，李元昊出现在辽兴宗耶律宗真设在河曲（今内蒙古伊克昭盟境内)的御营里,他免去王冠,身穿便服,低着头,要多乖有多乖地走过辽人的千军万马,忍受着无数鄙夷嘲弄的目光,来到了辽国皇帝面前。接下来他卑躬屈膝,就差五体投地,来个君臣大礼。

史书记载,当天李元昊在鼓乐声中,亲自捧杯,向辽国皇帝祝酒。折箭为誓,永为臣属,绝不敢再有二心。历史的契机出现。这一刻在天空中契丹人的列祖列宗都会出现,注视着这一场面。

耶律宗真,你到底该怎么办?

杀了他,还是不杀?这在以前根本就不是问题。换了是耶律休哥,在战场上就会要了李元昊的命;换了耶律斜轸,那就理想了,李元昊会真正遇到克星,死得会没有最难看,只有更难看。其实就算换了仁慈的宋朝人,也会把从前的例子翻过来看。

像当年对待李继捧那样,把李元昊带回京城,每天加班加点,辛勤督促,您的思想有问题,得认真改造。至于什么时候毕业,等你下辈子投胎吧。

无论哪一种,都比耶律宗真实际选择的那个好。

小舅子那天神经错乱,居然接受了道歉,还回敬了姐夫一杯酒,就把人放了。半点都没夸张,他真的是昏了头,因为只在半天过后,他就来了个一百八十度的大转变。

杀了李元昊,发兵打过去!

之所以有这个变化,辽史给出的答案是韩国王萧惠最先醒了过来,他提醒耶律宗真,咬过人的狗再养就不熟了,迟早还得咬,必须得勒死。耶律宗真的第一反应是犹豫,正在犹豫中,突然间得知萧惠已经领军出战,直接砍过去了。

这时怎么办?局势瞬间紧张,一国之主,全军的统帅,您总得有些反应吧?不,耶律宗真真是奇妙,他居然按兵不动,留在了他的中军大营,让战场完全恢复了上次战斗的形势。

还是萧惠的辽军前锋部队和李元昊的倾国之兵较量。

按说这也没什么不对,第一次赢了,第二次照旧就是了,就算按惯性思维,也很妥当。可惜李元昊不配合。这一次他选择放弃一切,向后退。之所以这样说，一来是他退得步幅太大。连退三次，每次都是三十里路；二来是退的本钱也凶狠，一边退一边把草原烧光；第三，一百里之后，他对兴庆府等国都重地都失去了控制，那等于放任辽军冲过去！

至此命运已经给了契丹人三次机会。第一次，战场上没有乘胜追击；第二次，御营里没有当场杀人；第三次，只知道追击军队，被李元昊牵着鼻子走。他们居然就一路追了下去，不顾人生地不熟的，也不给自己的后勤打点提前量。

同样都是草原上讨生活的人，自己带了多少粮草也有数目，怎么就不知道能挺多少天？这时如果不去追，直接杀向李元昊的老巢，跑人跑不了庙，就算李元昊忍心不回防，至少也能先吃光党项人的家底！

战场上没有如果，辽国人一直追了下去，直到开始挨饿。坚壁清野，这招生效了，直到这时，李元昊仍然很恭顺。注意，他一刀都没还，面对杀气腾腾的主人，他百分之百地遵守了刚刚发过的誓言。

英明神武的辽国陛下，您能暂时压抑愤怒，再次回应我的诚意吗？

——我们再次讲和吧。

辽国人不得不和了，于是他们就在干旱的，同时还烧成了白地的党项草原上坐了下来，等着李元昊来议和。至于李元昊“议”的方式和时间嘛，他们一定还不那么了解。

请参照宋、夏议和的速度。

李元昊没完没了地拖，终于让辽国人的米袋子见了底。直到这时，他突然间发起了攻击，冲向萧惠的大营。瞬间变脸，再加上之前的准备，怎么看辽国人都死定了。不过西夏的军队就是不争气，在这种情况下都被辽军胖揍了一顿，赶了回来。

其中就有顶天立地的党项战神李元昊本人。在他后面，萧惠被气疯了。实话实说，辽国人跟党项人是不一样的。同样是草原民族，辽国很大气，不仅能打，还非常地守信用，悄悄地说，某些程度上比宋朝人还诚信。这时他们面对西夏这个举国皆小人、骗子的劣等民族的偷袭时，实在是鄙视加恶心，忍无可忍了。

萧惠下令，一直追下去，就算累死都得宰光这些草原土拨鼠，这帮连打仗都打得一点都不男人的懦夫！

据史料分析，这是李元昊生平第一次离死亡这样近，他的生命、国家、军队，这些最宝贵的东西，转眼就要被夺走。可是历史偏偏就在这时转弯了，一场突如其来的大风刮了起来，天昏地暗，飞沙走石，按当时的话说，是西夏命不该绝。

按现代名词解释，就是一场大型沙尘暴。

于是辽国人就败了。是不是有点无厘头，太儿戏了吧？一场大风就改变了二十多万兵力的对决结果？

那都是天上打雷，都当是上帝封的百战精兵，死都不怕，还怕什么大风？您倒是挺住，一不怕苦，二不怕死耶。

可就是怕大风。其实将心比心些就会懂了。我们现代人在城市里感受沙尘暴时是什么样子，大家都知道吧。那可离着大西北千万里远呢。再想想当年辽国人就在原产地里品尝最新鲜、最生猛的沙尘暴，那是什么滋味呢？人种的不同，是最没法改变的事实。

辽国人来自水星（绿色草原），党项人来自火星（沙土荒原），就这么简单。

萧惠大败，李元昊又冲向了耶律宗真的御营，御营里也是契丹人，大风面前人人平等，于是继续大败。其中国王耶律宗真带着儿子和几个最贴身的亲信逃了出来。一路狂奔，才没当姐夫的阶下囚。

这一战，辽国人十七万精兵全军覆没，随军的贵族、大臣除了被杀，全被俘虏，是开国137年以来仅有的，也最惨痛的一次失败。

败后直接的恶果，是辽国无条件地承认了西夏独立的事实，李元昊从此和耶律宗真平起平坐。但只是表面，更沉痛的代价在后头。

我们回忆一下，在前面我说过的三句话。

第一句，那个最想占便宜，也真正两边都占了便宜的，它吃的亏最大，之后亡国灭种的大祸就种在这时。

辽国的灭亡就始于这时，百战军威出现了裂缝，不仅西夏方面找到了自信，就连它背后的女真、渤海等边远小国，也知道了契丹人并非不可战胜。以后他们都会揭竿而起。这就是贪婪的后果。贪小便宜吃大亏，老大不是那么当的！

一直都保持着英明神武的架子，谁敢动你？

第二句，最强悍进取的，最朝阳奋发的，变得一蹶不振，之后一百多年里剩下的历史再没有半点值得骄傲的业绩留下。

这是说西夏的，现在作总结还有些早，只能说李元昊在现阶段，真的是南边欺负了宋朝，北边痛打了辽国，不管过程怎样，他做到了当世无敌。可效果呢？无论是对宋朝，还是对辽国，他都是主动求和。就算耶律宗真只剩下了几十个人，在党项荒原上逃命，他都不敢追杀。

这样的胜利，有什么滋味？

现在回到主题，第三句话是说给宋朝的，“看着最怯懦无能的，最吃亏屈辱的，反而最平安稳定。五千年历史里最被人向往的传说盛世就在之后形成。”这句话，可以解释宋仁宗赵祯在这段历史里的各种奇怪行为。

比如他的迟钝，他的懦弱，还有他的弱智。

第九章

仁宗的面纱

1044—1045 年之间，是宋、辽、西夏三国的国运分水岭，同时也是宋朝进入黄金时段的破晓时分。

这个黄金时段的生成，就源于宋仁宗的决断。从这些决断和其产生的后果，能隐约看到他三十五年的生命里，隐藏得非常深的能力和个性。同时，这个黄金时段里沉浮着太多的明星，中华五千年文臣的代表、儒家的大成者，都在这个时段里产生。

按说是星光璀璨，无与伦比，也的确在历史的长河中占有绝对的制高点，就连在评书演义中，这些人都是出镜率最高的。但是真正看清楚他们之后，很多眼镜片就会摔满一地。

名与实之间，非常的相映成趣，基本成反比。

好了，我们这就开始。我不能保证精彩，也不能保证有趣，如果很不巧我做到了，那也是建立在客观、真实的基础上。一切都实话实说，让我们从宋仁宗赵祯开始。

总体来说，这个人一直是半透明的，仁宗卷快写了三十万字了，他是怎样的个性，有多大的能力，还是看不清。

先推卸下责任，这不怪我。他今年三十五周岁了，十三岁之前隐藏在他父亲宋真宗赵恒的影子里，二十四岁以前又被他养母刘娥彻底笼罩，好容易亲政了，又有超级多的大臣、君子、小人来搞事，满天下一直在折腾，作为最高统治者的皇帝，反而出镜率少得惊人。

想分析，也无从谈起。

于是历代史书和学者们就给他送上了很多的头衔——懦弱、懒惰、昏庸甚至好色。那么他又是怎么从一次次的内外动乱、财权纠纷、党争帮派里存活下来的呢？每一次都平安度过，是他天生就戴着玉皇大帝给的不死金牌？

开玩笑，一次不死是偶然，两次不死是幸运，三次不死就只能承认他是超人，不管他的内裤有没有穿在外面。何况他还每次都做到了不动声色，让各方各面的苹果自动掉到他的手里来。

赵祯的不作为行为在庆历新政中已经交代得很清楚了，到了辽、夏战争时达到了一个新高度。非常令人发指，几乎所有知道内情的人都对他很抓狂。

战争爆发在那年的十月份，就在爆发的前夕，他答应了李元昊的求和。宋、夏议和议了一年多，在这个紧要关口居然达成了，而且条件还对宋朝非常的苛刻。具体如下：

每年岁“赐”西夏绢十三万匹，银五万两，茶两万斤；另赏“赐”银两万两，银器两千两，细衣着一千匹，杂帛两千匹，茶一万斤；恢复互市榷场。至于西夏的回报，只有李元昊的“臣”字自称，以及送回在三川口之战中被俘的名将石元孙。

这简直太不对等了，就算答应，也不能这样赔本！何况这是大好时机，为什么不联合辽国狠狠地痛打西夏，往大里说很可能让李元昊亡国灭种，彻底干净。小一些也能让党项人元气大伤，回复到原始社会，重新全族变土匪。那是多么解恨又理想。

可赵祯居然狼狈到了仅次于割地的赔款状态，真是懦弱加可耻，搞什么嘛，昏头到白痴！我想大家都抱有这个看法吧？

那么不妨换一种思维方式，假设赵祯突然英明神武，至少精明强干，他抓住了这个机会，要么在同一时间出兵党项，配合耶律宗真的军事行动；要么不答应李元昊的求和，耗下去，等更好的条款。

考虑下结果。出兵打仗，应该会胜利，李元昊毕竟不是铁木真或者完颜阿骨打那样的大角色，输了，甚至本人都死翘翘，这个结果对宋朝好吗？

两个结果。

一、辽国从此独大，至少恢复宋、辽对峙。以耶律宗真占便宜不要命的性格，加上这次灭国级的大胜，再考虑到这人之前就对宋朝的瓦桥关土地发生过浓厚兴趣。信不信下一个打击目标就是宋朝？

二、李元昊死，西夏亡。这很好，党项人会不会绝种呢？那片土地上会不会再出现个李继迁？那个幽灵一样的党项影子再四处飘荡起来，想想那是连宋太宗赵光义都搞不定的人物，让赵祯怎么才能安枕无忧？

所以出兵打仗没有半点好处，何况还不见得必胜。

再说耗下去等更好的条款。这事儿看上去半点错都没有，不过稍微合计一下，就会发现是个猪脑袋才会想出的蠢招数。

请问你等什么？

过了这个时段，李元昊无论是输是赢，都不会再紧张对宋朝的关系。输了一了百了，死人不需要和平，不死的话也落寞了，彻底当土匪去，直接就是个抢，还啰嗦什么？赢了，我连辽国都不放在眼里，你宋朝算什么东西？

那时的条件，不定会怎么苛刻呢！

所以看似不作为，其实时机拿捏得妙到毫巅，并且从根子上断绝了西夏和辽国对宋朝再次动武的理由。其实多简单，对于宋朝来说，这两个蛮族邻居是地道的恶邻，又穷又横的主儿。他们的东西宋朝半点都不稀罕，根本没有抢和计较的必要。

如果要说有感兴趣的东西，只有一样——燕云十六州。得到这个，才真正有意义。除了这点之外，一切免谈。

好了，综上所述，赵祯的对外策略已经分析完成。大家觉得怎样？我们再回头研究下他在庆历新政时期的表现，看看不动声色的背后，有着怎样的智慧和打算。

他最为人所诟病的一点,和外战方面一样。麻木得就像那不是他的国家、他的子民一样。简直是放任着君子们去表现,再随便小人们来掐架,一概不闻不问,彻底隐身。直到危及他的皇位时,就是夏竦的谣言,他才动用了点权力,让君子们发寒。

千年间有无数人要问,你既然大张旗鼓地要新政,为什么又撒手不管,让君子们四面楚歌,变得灰头土脸?这不仅是拿范仲淹等人涮着玩,更是拿宋朝的前途开玩笑!

那么我们再换个思维想事,让赵祯牢牢地站在君子们一边,欧阳修他们说什么,他就做什么,那样的局面会怎样呢?

"进贤臣",好,君子们都拥到身边来。这些人天天叽叽歪歪地说三道四,核心内容就是皇帝坐稳了别动,我们怎样指挥你就怎样办事,对,是个木偶就正确了。至于君子们的表现嘛,进奏院事件和欧阳修主动胖揍御史台,都表现得很清楚了。

好斗,无节制,连起码的伦常概念都没有,这样的君子要来干什么?尤其是针对国家具体难题时,根本拿不出有效的解决办法。

而这些事情,都是在极短的时间内表现出来的。从新政开始到范仲淹外放,不过才八个月而已。历代史书都在埋怨、嘲讽赵祯的始乱终弃,可为什么就不看看新政者本身是什么货色呢?

好玩的是,继续换角度思考。这些人之所以敢这么短的时间内就原形毕露,无所顾忌,是因为什么呢?如果换成是李世民那样的皇帝,就算有这个心,也没这个胆吧。呵呵,这就要拜赵祯的不作为所赐了,就是要让你们表现,为什么要压制呢?那样得花多少时间才能看清楚你们!

至于在党争中他的立场,为什么要支持"小人"们,把君子们定性为党派呢?那可怪不了赵祯,是欧阳修的文笔太伟大,每当读到他的传世大作《朋党论》,我都会想起一个镜头。周星驰演的《武状元苏乞儿》,苏灿沦落为乞丐之后,遇到了乞丐中的神秘人物,夸他:"见阁下举止动态、神气骨骼,无一不是乞丐中的上品,实在是乞丐中的霸王啊!"

苏灿满怀希望地问，那又怎样？

回答——还是乞丐！

晕倒吧，欧阳大才子说得再美妙，那也还是朋党，有了这东西，就会形成势力，有了势力，就会和皇帝争权。尤其是这帮人已经在强迫着皇帝“退小人”了，并且还把小人一一指出。

这样的人为什么要支持？

何况政治斗争就像荒原上的生存法则，您得去斗。这么伟大的贤人君子如果连几个小人都搞不定，我怎能放心把万里江山交给你们去管？

所以听之任之，是这时最好的管理手段。事实也证明，赵祯从来都没有失去对局势的掌控力。并且有一件事情要注意，就是所谓的新政，对这个本来立意就不高明的改革事件，赵祯的处理结果是那么的让人称道。如果稍微懂点历史的话。

自古以来，关于改革有一个颠扑不破的真理——“改革，兴旺；不改，渐亡；模棱两可，乱。”

查遍史书，改革彻底的国家，经过阵痛之后，都会焕然一新，得到重生的机会。比如战国时的秦、赵等国；不改，一以贯之的国家，好比各个朝代里都有过的某一超长时段，如清朝的康熙、乾隆年间，所谓的盛世一直延续下去，尽量求稳，求温和，可留给下一代的都是超级烂的大摊子，基本没法收拾。

但这还不是最坏的，最可怕的就是最后的五个字。

模棱两可，乱。

这个例子不必去别的朝代里找，二十年后的宋朝就是最大的经典。到时再细说。现在要强调的是，赵祯属于第二类，见势不妙，立即收手，不玩了。宋朝在不到一年的时间里就把新政各个条款逐渐作废，回到了“不改，渐亡”的路上。

这条路有远忧，无近害。宋朝的好日子到了，在此后的三年时光里，即1045年、1046年、1047年，宋朝国泰民安，风调雨顺，国际关系也很好，没有任何不如意的地方。翻开史书，只有两件事值得说一下，都与皇帝的好心情有关。

第一件，赵祯出宫打猎了，这是破天荒头一次。那时是十一月的深秋，天高云淡，云气舒卷，他骑着马在野外奔驰，自由自在，无拘无束。这是他一生中为数不多的真正快乐的日子。

第二件，发生在皇宫深处。宁静祥和的日子里，某一天，他突然对曹皇后微笑了一下：皇后，十三和滔滔已经长大了，我为十三主婚，你为滔滔做主，让他们成亲，你看好吗？

皇后的笑容温柔但微微有些辛酸：好，这是好事。她从来没有拒绝过皇帝的任何要求。

要说明一下，十三，是一个孩子的小名，他的本名叫赵宗实。这个孩子从小就在皇宫中养大，至于理由，一来他是皇室宗亲，二来因为仁宗始终没有儿子。至于滔滔，她是个女孩儿，姓高，北宋名将高继勋的孙女。之所以能嫁给宗室，是因为她的妈妈是曹皇后的亲妹妹。

记住这两个孩子，这时他们是仁宗、曹皇后寂寞生活里的快乐，以后是宋帝国的主宰，不论是男孩儿十三，还是女孩儿滔滔，都让整个国家因为他们的意志而改变。

除了这两件事，剩下的就全都是官员升迁罢免的列表名单了。如果要列出来的话，几乎每一个名字都大有来头，很是光芒四射，但是那样就太枯燥，也太无序了。看史书，要透过表面看本质。这些名单又杂又乱，人员变动时刻不停，但其中也有规律可循。

从这时起，仁宗朝在官员方面就没有主线了。再没有像吕夷简那样的超级权臣诞生，也没有范仲淹那样的道德楷模出现。就连富弼、韩琦那样强硬，有原则的人物都绝迹了。

为什么呢？人生为什么会变得这样乏味？理由非常美妙，说实话，真是当时黎民百姓的幸福，也是后来每个时代里老百姓的盼望。

终极解释——因为没有条件了。无论是生出权臣的土壤，还是出现标兵的机会，都彻底消失。这不难理解，只有出现了战争，才会有英雄，只有出现了争斗，才会斗出来权臣。

现在一切平稳，赵祯用他的手段让每一个臣子都没机会做大，更没机会表现。每个人都规规矩矩地上下班，做好本职工作就好了。

不知别人怎么想，我个人认为这是非常美妙的局面，无论是对皇帝还是对平民，几乎都是最好的了。不折腾，这三个字很简单，可千真万确地是宋朝百姓们最大的愿望，也是古往今来，哪怕是现在，中国人最普遍的心声。

这个局面，结束在宋庆历七年，1047 年的十一月份。终于又出事了，相当严重，是宋朝最忌讳的造反。

这次造反的规模是仁宗朝里排名第二的，其实就实力而言，应该是第一。尤其是兵变主脑的准备工作非常到位，远远比排名第一的那位仁兄在行。因为他本身就是个现役军人。

这人叫王则，出生在河北涿州，从小孤苦，其命运就是北宋禁军里一个普通兵的通用档案。本来都是好好的良民，可是一场饥荒过后，就没法在本地生活了，逃荒在外，饥不可耐，正要行凶，结果朝廷招兵，于是就当上了国家的正规军。

其实当北宋的正规军，待遇是非常好的，甚至可以说非常理想。因为太人性化了，不仅他自己可以衣食无忧，就连他的家属也可以从军，住在军区大院，从军队里领钱领米领布过日子，时不时地还可以背着领导，或者帮助领导出去做买卖，赚些外快。非常好吧？这是当年的老兵赵匡胤给后来同行们想出的最佳安置方案了，应该满意了吧？

可王则不这么想，这个人闹事绝不是什么官逼民反，迫不得已。他有崇高的理想，严密的组织，以及庞大的同伙，甚至还有强大的洗脑工具，从思想上就和其他的暴徒不同。

他信佛。这点应该说是个很普遍，也很正常的事。千百万人，无数人都信嘛，有什么大不了的？千百万人都信，事儿就大了。

有两点要注意。第一，中国历朝历代用信仰这个东西来造反的事儿层出不穷，上有汉代的张角，下至清朝时的太平天国。可见这东西很管用；第二，佛教，就算文盲都知道，它是宣扬善良，追求平静的宗教。为什么还能用来造反杀人呢？

这就和中国老百姓的素质有关了。无论是古代，还是现代，请问那些信佛的，有几个人是真正看佛经的？又有多少是听当地神汉、巫婆一样的“传教”者来鼓吹，才去信仰的？

例子很多，想找的话，我们身处现代，随便向四周望一下就能找到。如果说古代，就看这时的王则，他之所以成功地当上了佛教造反团的大统领，就因为有两件法宝。第一，他有文化知识，写出了《五龙经》、《滴泪经》这样“佛”经，还有神秘莫测的各种图谶。

这非常不得了，懂得揣摩大众心理，再写出实际作品。抛开水平高低的问题，他已经做出了和各个宗教开创人同样的事。很高明，但这并不能作为大众受骗上当的可原谅理由。

恶魔给你铺了路，也得你自己走上去。这就是我上面所说的国民素质问题。稍微有点知识文化，就该知道佛经万卷，哪儿有什么狗屁的《五龙经》、《滴泪经》？

更刻薄的话不说了，再说他的第二件武器：祥瑞。

回顾宋朝历史，赵祯的老爸赵恒在晚期玩过超级创意、超大规模的祥瑞游戏，弄得国内国外所有人都目眩神迷，五体投地。这个王则就继承了些遗泽。他经常光着膀子上街，让大家看他的后背。

上面有个“福”字。本来是他老妈在他逃荒前给刺上去的，为了能在多年以后，无论怎样变样，都能认出来。无非就是个防伪标志，可在宗教光环的笼罩下，就有了神圣意味。

这是天生的，是上天弥勒佛下界接释迦佛拯救众生的标志……

王则的信徒越来越多，以贝州为根据地，以河北为范围，教徒就像细菌一样不断裂变，感染，繁殖，短短几年时间，就达到了一个饱和点。

不得不反了，不然就要露馅。事实也真的露馅了，他原本是想在庆历八年的正月初一这个万象更新的新日子里来个造反大吉，先切断澶州的浮桥，让河北的军事重地瘫痪，同时在德州、齐州等地行动，最后的目标是河北的首府大名。这样就会把整个河北路都占领。

计划很好，可是有人临阵发抖，把他出卖了。一个信徒跑到大名府，直接面见当地的最高长官贾昌朝(超级复杂的庆历官员升迁，他被外放了)。逼得王则提前行动，日子是庆历七年的十一月二十八日。这一天很有讲究，体现了他现役军人的军事头脑。

这天是宋朝例行的冬至日郊祀大典，皇帝要率领百官到城外去拜祭天地神灵。全国其他的各大主要城市，负责人也得搞同样活动。王则就在这一天突然动手，在贝州城的天庆观里把知州以下的全体官员一锅端，谁也没跑了。

贝州得手，王则的行为变得古怪。全国还有那么大的面积等待他的解放，他居然先忙起了家务。他要先安内，才去抑外。一系列的花样就搞了起来，先是国号出现，叫安阳。年号也有了，叫得胜。紧接着就是征兵，贝州城里十二岁以上，七十岁以下人人有份，大家都去军资库领东西，铠甲兵器随便挑。为了更加接近正规军，每个人的脸上又都被刺了字。

字数有点多——“义军破赵得胜”。口彩相当好！

接下来他又设立了全套的朝廷班底。宰相、枢密使甚至三司六部都一应俱全。更绝的是贝州城里的街区道路都改名了，他自己住的地方叫中京，以他为圆点，向四面八方辐射，城里每一座楼房为一州，名字都和宋朝大地上的著名州县一样。城墙上设有四位总管，各自负责一面。正东的城头上“佛”字大旗迎风招展，等待他的教民们向他靠近。

他最先等来的消息是澶州、德州、齐州的教徒们动作有点慢，都被宋朝当局给逮住，扔进班房了。

接着就发现有大批的正规军出现在城下。佛教造反团真是荣幸，他们比李元昊得到的重视度都高。中国所有朝代中，宋朝处理内乱的力度是最大最及时的。这次是正中铁板。

这次宋朝派出了十万禁军，外加一位战场上的隐形强人，枢密直学士、左谏议大夫、知成德军、权开封府尹明镐。

这个人大有来头，他的官职生涯和庆历君子们很相似，前一段是中进士，当小官，一步步熬资格；后半段他遇到了君子们共同的“贵人”——李元昊。没有西夏战争，君子们是没法冲破吕夷简的铁幕，跳上政治舞台的。

战争中明镐做了两件事。第一件，李元昊在三川口之战中，先打破了宋朝西北第一要塞金明寨，战后就要重修。谁都不敢去，包括西北方面的正规军。这时明镐站了出来，他只带了一百多名骑兵，自己征集材料，督促工程，只一个月，就把金明寨修复；接着又在当地招兵，训练了三百名弓弩手。

这三百人不同寻常，名叫清边军，在当时号称“最骁悍”。

第二件事是他升职后，作为龙图阁直学士，知并州，去负责边防事务。在那片儿，他郁闷了。具体地说，他感觉回到了东京开封！只见街上游兵散勇一堆一块，穿得花里胡哨，各个喜笑颜开。至于为什么这么高兴，往他们身边瞧。

美女如云……军队里面居然夹杂着大批的妓女！

明镐头疼，进退两难。要士气，还是要纪律？这在宋朝的仁宗年间没法得到统一，尤其是当时西北方面最大的长官夏竦就是根不正的顶梁。他巡边的时候都带着小妾呢。就在犹豫中，军队里出事了。女人永远是导火索，有人争风吃醋动了刀子，不仅杀了大兵，还砍死了好几个妓女。

出了人命，明镐却高兴了。有人来告状，他只回答了一句话，就把所有问题都解决。死了人吗？他杀？呵呵——“彼来军中何耶？”

谁让你们到军队里来的？

就这一句话，所有的妓女们都不见了，大兵们想留都留不住。人家是来赚钱的，生命都没安全，还有什么搞头？

综上所述，明镐是个胆子大，很灵活的官员。在有战争经验的庆历君子们集体下台的情况下，他的资历让人很期待，毕竟也是从前线回来的。

简短地说，攻城开始，官军要做到的就是以最快的速度拿下贝州城。要知道，这是叛区，河北路遍地都是王则的信徒叛党，仗只要打得温暾水，很有可能就会遍地起火，那时你们再包围贝州城，小心被“佛”教徒们反包围在河北路！

所以要快，只有这样，才能彰显国家的威严和力量。

但是明镐再次郁闷，悄悄地说，他这人一生的命运都有点纠结，总是这儿出点问题，那儿也不大顺当。这时他就感觉被王则玩了。禁军攻城，无论是手段还是器械，都是当时世界上最先进的。但要命的是他们面对的是宋朝自己精心修起来的贝州城墙，外加同一手段训练出来的正规军。

各种手段都用过，明镐决定来个绝的。这一招儿，据我不完全统计，是从古到今从来没人用过的。就算是辽国的萧太后、金国的各个完颜，或者铁木真子孙们，也都没法想象。不是说他们做不到，而是时间耗不起，并且贝州城毕竟不是开封城，根本不值得这么搞。

明镐召集了两万民工，用了一个月的时间，在贝州城墙的外面堆起了一道土质长城。这道长城不仅高，而且超厚超宽，先垒起来一定的高度，接着就向贝州城推进，直到和城墙几乎相接。

没办法，只能是几乎，再近点对面的大刀长矛就招呼过来了。

到了这一步，可以说是赢定了吧，明镐这时为了必胜，又把另一种高精尖武器推上长城——敌楼。人躲在楼里，楼向城墙移动，这样冲过去万无一失。结果就死在了这个稳字上。

王则早有准备，敌楼他也会做，还在里边小改了一下。他的楼里没人，只有大堆的干柴火种，和官军的顶上之后，一支火箭射过去，就让城里城外的人看了三天三夜的烟花。

全烧光了，一连三天三夜都扑不灭！

在这种情况下，宋朝只好换人，明镐变成副手，一位仁宗朝真正的大人物登场。他的权力应该说没有吕夷简巅峰时那样大，他的名望也没法超过范仲淹。但是他的执政能力、时间，却前无古人，后无来者，三度任相，跨度有 50 年之久。

在这期间，正是宋朝的多事之秋，天灾人祸，甚至连皇帝的身体都出了毛病，他得独当大局。但基本上没有犯过错误，没有欺压同僚，让仁宗朝这个兴旺、平和、人性化的形象能够保持。

这人名叫文彦博，字宽夫，生于宋景德三年（公元 1006 年），汾州介休（今属山西）人。他是真正的世家子弟，世系可以追溯到春秋战国时期，证据就是他的姓氏。

简单地说，文氏最早可考的祖先是春秋时齐国的陈公子完，以其死后的谥号为姓，姓敬。到五代十一国时，犯了卖国贼石敬瑭的讳，改姓文，后晋灭亡，又改回敬，宋朝建立，仔细查了下，原来赵匡胤的祖先里有人叫赵敬，于是又再改成文。

这样折腾说明了什么呢？第一，文家几千年来一直在当官，哪怕是异族沙陀人时期；第二，文家非常尊重领导，无论是原则还是细节，从不马虎。

这些都遗传给了文彦博，这个人一生都没有背离这两点。一定要记住，他是真正的世家子弟，永远彬彬有礼，永远高高在上。在朝廷中，他就像是一股来自亚热带的风暴，很温暖，有着让人祈盼的珍贵雨水，但是同时也风力强劲，随时刮得你仰面朝天。

他在前面出过场。按顺序来说，第一次是三川口之战败后，懦夫黄德和临阵逃跑，反而诬告刘平通敌卖国。赵祯很愤怒，派人把刘家两百多人都绑了起来，派御史台的人去前线实地调查，只要罪名成立，立即全家斩首。

派去的人就是文彦博。要说黄懦夫的逃跑行为还是很靠谱的，他上边有人，力量大到了文彦博把事儿都弄清了，把黄懦夫连同其同党都抓起来，要就地砍头时，中央又派来了特派员。又一位御史驾临，命令他马上移交犯人，带回开封处理。

谁都知道这里有猫腻，而猫腻的背后通常就是势力。文彦博当时只有三十四岁，一叶官场小浮萍罢了，他敢怎么样，又能怎么样？结果让整个官场震动，文彦博一句话打发回去了自己的同事，有事我担着，当场就把黄德和一伙砍掉。

很正义，很威风，很君子。

但是如果你认为文大人和范大人、富大人、欧阳大人他们一样，坚信着一些真理，终生都追逐着道义，那就大错特错了。文大人做事很稳，绝不会冲动，更不会像君子们那样动不动就玩玉石俱焚的游戏。他有五十年的辉煌仕途！

第二件事是真正的战功。麟州府之战，宋朝打的其实是军备、粮食、水源之战，面对李元昊的围困，得把东西交到边防军的手上。

历史记载，这是张亢的功劳，他千难万险突破了重围，但军功章应该有文彦博的一半。他把当时残破的驿路修好，把物资及时地交到张亢的手里。

这是反击的最初始点。

言归正传，回到贝州城。人和人的命运就是不一样，明镐费了九牛二虎之力，得到了整个朝廷的蔑视和不满。只是一座州郡城市，十万禁军，一个月了你还拿不下，真是废物得相当罕见。必须换人，但是谁去呢？皇帝很发愁，金殿上站满了人，不是没法上阵的，如“小人集团”，就是不敢用的，如“君子集团”。目光游移，最后他叹了口气。

——卿等日日上殿，无所谋，何益？

你们都是一群只知签到，半点本事都没有的蠢材，天天站在这儿，有什么用呢？这时文彦博站了出来，臣愿往。这就是他的工作方式，不和任何人抢功劳，只在最关键的时刻出现。并且谁都不烦他，他既不是君子，也不是小人，连皇帝都非常放心。

临走之前，文彦博在中书省和枢密院都转了一圈，像是在跟同志们告别。忘说了，他这时的身份是参知政事，帝国的副宰相。有意无意间，他和当时的枢密使，军方名义上的最高首领夏竦互相对视了一会儿，大才子、老滑头、死不要脸的夏竦先没挺住，在文彦博温和亲视的凝视下有了点不自然。

大家心知肚明，明镐的失败里就有夏竦的努力，现在换我上战场了，你在后方老实点。

这时的夏竦很快乐，生活完全满意。比如他很奢侈，已经回到了东京，地球上还有比宋朝的东京还奢华的地方吗？比如说他喜欢害人，这时害得也很尽兴。

明镐是现在进行时，之前他已经害人害得天下皆知，万人侧目。石介石先生只是写了一首长诗，里边骂了他几句而已，他发挥一字千金的威力，已经连石介再加君子党都搞倒了，应该满足了吧？不，那只是开始。

搞人，是件天长地久、没完没了的享受，哪有这么简单。石介在长诗事件之后半年就病死了，天下都很惋惜，这至少是位难得的学者。可夏竦很警惕，他突然间向朝廷提出，石介根本就没有死，他所谓的死亡是个阴谋，他借机潜逃去了辽国，目的是为富弼送信，里应外合颠覆宋朝！

看着很传奇，效果很震撼，不管怎样，这涉及最严重的国家安全问题。在这件事上，仁宗第一次显得残忍。派人，去把石介的坟挖开，里面要是没有尸体，尸体不是石介本人，夏竦说的就是真的。

破人坟墓，恶毒殊甚，不管是古代还是现代，都是人神共愤的事。但除此之外，还有什么办法来证明石介和富弼的清白？

一时之间，似乎石介真的要尸骨不安，重见天日了。

话分两头，挖坟行动在进行中，“主谋”富弼已经出事。石介是为了他才出逃的，这人必须先控制住。于是富弼得搬家，从郓州转到青州，静候调查结果。这就算是先期“双规”了。

这只是开头，宋朝分派人手，一方面到山东把石介的妻子抓住，带到外地监管。一方面把触角伸进了辽国，查一下近期是不是有军事行动？答案是没有。

辽国没有反应，是不是反叛行动不存在呢？

夏竦摇头，他蔑视的目光扫向所有人。我是军方的代表，国家安全的负责人，我要告诉你们，事情有了新发现。辽国是没有集结军队，那是因为石介笨，他没说动那帮野人。现在他又悄悄地潜回了国内，到登州、莱州一带纠集了数万个凶恶歹徒，准备集体造反。

至于为什么选在了登、莱两州，很简单，富弼调转工作之后，就在那一带……事情发展到这一步，阴险里已经透出了可笑的味道。以前的那点仇尽人皆知，现在人都死了，就算想报复，能不能有点限度？就算没限度，能不能有点品位？就算您品质恶劣，手段卑鄙，总得有点技术含量吧？!

哪有出尔反尔，一会儿变一个花样。这是军国大事，是入侵和叛乱，是祸灭九族的大事啊。但是夏竦不管，他摸准了皇帝的心理，万事以国家安危为重，挖个坟有什么大不了的？更何况挖与不挖，就算真的挖出了尸首，他都有话说。

无论怎样，都伤不了他半根毫毛。

事情完全按着他的设想发展。宋朝派出了专员去山东主持挖坟壮举，眼看就要挖，实在有人看不下去了。当地的提点刑狱官（负责刑事案件）招集了两百多人联名担保。大家曾经亲眼目睹，石介的确埋在这坟里，如果有假，大家受罚。

那位专员想了想，他转身回京了。这位刑狱官说得对，夏竦不要脸，宋朝还要脸，万一挖出来的尸体真是石介，让国家的脸面往哪里放？

却不知夏竦根本无所谓，尽管挖啊，听说石介是贫病而死，临死前就瘦脱相了。这时埋了快一年了，要是还能有人认出来，才真是见了鬼。

在这种情况下，他能让石介长生不死，变成天才的长跑健将，每年在宋朝的各个角落出现，一会儿为富弼活动，一会儿为范仲淹造反，直到把所有的君子都折腾死。

折腾不死也能恶心死……

最后这件事只能是不了了之。石介的家人释放，富弼官复原职，而夏竦嘛，他得意扬扬，无视所有人的厌恶目光，每天昂然上殿，我的所作所为都是为国家作出的贡献！

无耻到这个地步，一般来说就没人敢惹了。那么为什么文彦博敢于警告他，而且他还不敢不听呢？这就要看文彦博到底是个什么人了。无论是之前，还是以后，文大人最拿手的功夫就是修理夏竦这样的劣等人类，只要是耍手段的小人，不管是什么型号的变种，在他手里都灰头土脸。

有件事可以证明。那是他在进京当副宰相之前，在四川做成都知府时，被御史台给弹劾了。原因呢，是他工作不忘娱乐，没能彻底地清廉到底。说工作，当时是灾年，他以种种办法，成功地控制住了米价，让总是出事的蜀川之地很平稳。

这就是能力，但同时，他高兴之余，开始欢乐。另一面出现，他好色。但注意，是“宴饮狎妓”，绝没有强迫良家妇女。消息传进了京城，赵祯很不高兴，他派出了一位御史，以回家探亲之名，悄悄地去四川探察虚实。这是个秘密工作，该御史小心出行，没有张扬，一直走到了汉州。

再往前走，离文彦博就不远了，这时很巧，御史大人他乡遇故知，突然见到了一位久不见面的同乡。高兴之余，喝酒谈天，吃着喝着事儿就变了。一位名叫杨台柳的歌女出现，真是太美了，旅途寂寞的御史先生一时把持不住，就如此这般了一回。

小事情，不过人生小记忆而已。隔天之后，他正气凛然地再次上路，决心抓住文彦博歪风邪气的小辫子，给大宋官场整整风。

几天后，到达成都。开始是官面文章，当地官员在文知府的主持下，给御史大人接风。大摆酒席，莺歌燕语，席间少不了众多的舞女助兴。这位御史板起一张铁脸不动声色地听着看着，就等着一会儿文彦博跪倒认罪，真诚忏悔。

却不料下一瞬间，他突然间脸无人色，差点昏死过去。

一位舞女出场，唱了首新曲——“蜀国佳人号细腰，东台御史借妖娆。从今唤作杨台柳，舞尽东风万万条。”那是他写给露水夫妻杨台柳的，这位四川美女此时此刻就在他眼前唱歌！

完了，来整风，却被粉红炮弹打中……还有什么脸说别人？他第二天就回了开封，向皇帝“如实”汇报，文彦博是位品正貌端的好青年，是帝国最需要的完美型人才！

于是文彦博进京当副宰相。

从这件事上可以看出，文彦博做事的风格和能力。说能力，他远隔千里，能准确地知道皇帝的密探的准确位置，并且设计了那出好戏。说作风，他一没威胁，二没花钱，只是与该调查员同乐了一下，就把危险变成了好运气。这很乖巧，但要是这样想，就把问题看简单了。这件事只是个苗头，以后在中央政府里都出现了类似的好戏。

我把它统称为“驱敌为奴大法”，就是要让敌人心甘情愿地为他做事。记住，是心甘情愿，绝不是普通的被要挟者恨得咬牙切齿，想杀之而后快的恶劣心理。那样太丑恶了，世袭士大夫的品位，就让文大人不屑用之。与之相比，夏竦坏得明目张胆，尽人皆知，实在是不入流。

话说这两人当天在枢密院里亲切凝视之后，文彦博带着微笑来到了战场。他相信夏竦应该收敛些了，一来他不是明镐，没那么好欺负；二来明镐也没真得罪过夏竦，只是夏枢密看他不顺眼而已，就拿国家利益泄私愤，该杀！但千头万绪，先得把贝州城和王则搞定。

这段日子明镐没闲着，他比最初那一个月动作更大了。修长城不行，他想到了挖地道。具体的做法是全力进攻北城，怎么热闹怎么折腾，在南城墙下却悄悄地挖了起来。可这不是一两天就能见效的，于是除了挖地道，他开始策反。

这个快，毕竟城里都是宋朝活得很安逸的良民，前面说过，这时候根本就没有官逼民反的事，这是“佛教造反团”。城里城外很快约好了日子，某天夜里，由一个叫汪文庆的人，带着几百个市民溜上了城墙，非常成功，他们把城楼点着了，再放下去绳子，眼看着官兵大批量往上爬，贝州就要光复了……且慢，佛教团员积极性就是高，一窝蜂地扑上来，别说攻进城，就连汪文庆都是跑得快，才撤下了贝州城墙。

就这样迎来了文彦博。人和人的命运就是这么不同，明镐不断地尝试，不断地失败，一点实际功劳都没有，可各种准备都已经到位了。尤其是地道，几乎同时间挖好。

文彦博下令，在闰正月初一的晚上，猛攻北城，同一时间精选了两百名士兵，钻进了南城墙底下。没有任何悬念，王则等人在北城杀得热火朝天，南城门突然陷落，官兵像潮水一样涌了进来。

要说王则就是不一样，在这种情况下他都想出了一个怪招。他命令把城里的牛都集中起来，牛头冲南，成排站好。然后别管是牛尾巴还是牛身子，往上泼油，点着火了，放缰绳！这就是传说中战国时田单复齐的火牛阵。

办法是好办法，可惜时代变了，宋朝人什么都见识过，还想用一千多年前的事来蒙人？一位宋军的阿兵哥在大群火牛面前举起了标枪，一枪扔过去，正中头牛的鼻子。顿时一片混乱，牛群掉头就冲向了王则。

佛教造反团就这样死在了牛的身上。天亮后查点战场，该抓住的一个不少。按照平叛流程，到了这一步，除了安顿市民，恢复生活之外，军事行动就算大功告成了。但是不行，宗教这个东西太敏感，总会让人发狂的。具体地说，王则不同于以前的所有造反派，他的先期准备太充分了，整个河北路几乎遍布他的信徒。

文彦博请求，就在贝州城把他砍头算了，要是按规矩运送京城，一路上风险实在太大。理智地说，这很必要，平叛的原则就是稳妥。可京城里传来了反对的声音。反对人，枢密使夏竦。

居然还是他！

有时事情就是这么的奇妙，明明知道做不得，可事到临头还是忍不住。仔细想，这事儿不是文彦博的威慑力不够，也不是夏竦又有什么新打算。正确答案是本性。

就像那个老寓言，蝎子和天鹅是好朋友，说好了天鹅抓着它飞过大河去南方。事先约定，蝎子不许咬人，不然天鹅腿疼，结果只有摔下去。蝎子满口答应，可飞起来后，还是咬了一口……没办法，它咬习惯了。

夏竦就是个天生的坏种。这件事告诉我们，生活中一旦确认了谁的人品有问题，就要永远绕着他走。本性涉及 DNA，不是每个人都能改过自新的。

庆历八年，1048 年的闰正月，贝州叛乱平息，历时六十六天，首犯王则被押运进京，斩首处死。

第十章
生得奸诈死成笑话

宋庆历八年正月十五日那天出了件事，事发地点在西夏的都城兴庆府，人物是当地国王李元昊。

那天是花灯节，李元昊正在享受生活。回顾历史，这时在他的周围，无论是世仇吐蕃，近邻回鹘，上级宋朝，还是主人辽国，都已经成了他的手下败将。十多年了，他把一个个不可能完成的任务，都变成了他的丰功伟绩。

这样的成就，考虑到之前党项人的家底，真是惊世骇俗。这里要说句公道话，他就是这一阶段的战神，不管过程怎样，不管成果如何，他决战决胜，把党项人这一种族的地位，拔升到了历史的最高点。

于是就享乐吧。在这方面他的品位还是比较游牧的，他没有多花什么钱来装修房间，当然，这个爱好太烧银子，以西夏这时的家底，别说宋朝的顶级建筑，如玉清昭应宫这种他修不起，就连五代十一国时，南唐、南汉的那些宫殿，也不是他能梦想的。

他喜欢骑着马，带着帐篷，和自己心爱的女人到处游猎。

这个女人就是不方便在皇宫里出现的没藏氏。时光流转，温柔缠绵，在出事这年的前一年，1047 年的二月六日，他们终于有了爱情的结晶。

一个婴儿诞生在一条叫两岔河的岸边，是个男孩儿。李元昊给他起名叫"宁令两岔"。宁令，是党项语里欢喜的意思；两岔，是因地起名，谁让他生在了这里。当时谁也没有留意这个男孩儿对西夏意味着什么，对李元昊本人的命运会有怎样的影响。

只不过是个孩子嘛……

可要看这是谁的孩子，并且同类相忌，李元昊还有别的孩子！简短地说，他生过五个儿子，种种原因，包括他自己亲手杀掉的两个，最后只存活了一个，就是野利氏所生的太子宁令哥。宁令哥的命运，以他的婚礼为分界线，之前无与伦比地幸福，之后暗无天日地灰色。

他的老婆变成他的"母后"，他的皇位也有了新的人选，就连他妈妈的地位都开始动摇。从前的卫慕氏就是最好的例子，无恩爱即无一切，连性命都可能保不住，还谈什么将来？

种种苦闷，宁令哥心神不定，各种各样的想法在他心底生起，但无论哪一种，都没有这个人带给他的震撼大。一个微妙的小人物出场，就是这个人，让这件事变得凶险诡秘。

他叫没藏讹庞，是两岔的舅舅，没藏氏的哥哥，同时也是西夏当时的国相。重要的位置，尴尬的身份，他有和宁令哥一样的不安理由，谁知道会不会有别的女人跳出来，比他的妹妹更加漂亮，成为李元昊的第九个春天呢？

每个春天都可以孕育出种子，两岔不会是第一个，更不会是最后一个，李元昊才刚刚四十出头，一切还都是未知数。他的地位，他妹妹的地位，有什么办法能彻底巩固呢？

这是个问题，没藏讹庞想了很久，一个很大胆、很奇妙的构思逐渐生成。越想越妙，只要能达到第一个目标，那么整件事的结果，无论怎样都对他只有好处，没有坏处。

关键点在两个人，李元昊和宁令哥，这两人只要死了一个，对他都会很有利。但细想，里面有很大的分别。

一、宁令哥死了。那么至少两岔的太子位置暂时成立，就算以后还有三岔、四岔直到N岔，都要十多年之后，才能变成麻烦。

简言之，宁令哥死，会解燃眉之急。

二、李元昊死。这事儿就有点悬。不是说西夏国势会剧烈动荡，连带着周边的宋朝、辽国，甚至吐蕃都可能起兵报复，而是说，李元昊突然死亡，留下了宁令哥，两岔会有机会吗？

精密计算，成算不大。虽然野利族的势力大不如前了，可绝对不是没藏氏一个没名分的女人，再加上他这个国舅牌的相爷可以比的。

所以李元昊可以死，但决不能留下宁令哥！只有达到了这个目标，两岔和他才能是终极受益者。那么继续想，怎样才能让这个思路变成现实？难道要让宁令哥去杀李元昊？

……脑子里突然蹦出来这个念头，一瞬间没藏讹庞被自己吓得毛骨悚然。咋想出来的，让儿子杀老爸？倒不是说杀不得，草原上这事很多，听说汉人们也很喜欢搞这套。只是第一道关就不好过，试问宁令哥不杀怎么办，稍微有点大脑就能看出来，这是为人作嫁，对两岔有利。

让宁令哥冒最大的风险，来实现让自己垮台的目的？世上有这样蠢的人吗?！但别急，惊恐过后，理智出现。问题——如果宁令哥发觉不对，和他老爸李元昊沟通，他能说什么？说没藏讹庞要害您，好让两岔当皇帝，他自己当摄政王？

猜一下，这句话说出去之后，李元昊会怎么想？只要稍微有点记忆力，就应该想起不久前野利兄弟是怎么死的。没有任何谋反的事实，只要让李元昊起了疑心，就必死无疑。

堂堂的西夏现任国储，和一个一岁大的婴儿争宠，让一个正牌小舅子当摄政王……这得有多大的想象力，才能想得出来，又得吃了多少药，才能相信呢？

所以非常妙，没藏讹庞得出结论，只管去和宁令哥提，别怕任何风险；甚至最理想的结果，就是宁令哥去告发他，那样是达到目标的最快捷径。

怀着这样的成算，他找到了宁令哥。之后发生的事，其实不能去怪这位太子有多脑残，的确很好笑，没藏讹庞一说他就答应了。至于为什么，一来是他的年龄。两年前他才结婚，在盛行早婚的古代，他能有几岁？二来是他的恐惧。

而不是传统史书里强调的愤怒。

老婆被抢，妈妈失宠，地位动摇，无论哪一点都的确让他怒火中烧，可如果只是这样，就能让他怒到提刀去砍他老爸，那他应该比李元昊还李元昊，真是太有性格了，怎么还能等到这时还不动手？真正的原因是他恐慌又无助。这点最要命，他怕，就像等死的犯人那样，眼睁睁地等着失去一切。这时没藏讹庞出现，带给了他唯一的希望，再失去，就彻底完蛋了。

时间来到正月初一，那天李元昊在兴庆府皇宫的正殿上接受朝拜，传说当时红日初升，但是暗淡无光，就像一块血红色的云团虚浮在天空。朝臣一片惊恐，这是大凶之兆。可李元昊不介意，平生作恶多端，杀人无数，天阴了就当是上帝拉窗帘，有什么大不了的？

他继续威风，继续享乐，直到正月十五元宵节这一天，达到了狂欢的最高峰。他没意识到有半点的危险向他靠近，事实上也绝对没法事先察觉什么，因为凶手居然是皇太子宁令哥本人。

从谋划到动手，宁令哥自己全程操办，不用任何帮手。没有预谋，哪儿来的泄密？这时别提没藏讹庞，这人很绝，他给宁令哥的所有帮助，只是一个退路——成功之后，马上到我家来。我以国相的权力，把你扶上皇帝宝座。除了这句话，他远远地闪到了一边，绝不掺和。

元宵节之夜，李元昊喝得大醉。醉眼迷离中，他向后宫走去，那是他的私密天堂，从没有任何外人能够进去。

这就造成了两个事实，他身边没有护卫，宁令哥不是外人。他的亲生儿子突然出现，拔剑就砍了过去。李元昊完全是凭着多年的战场本能闪了一下，可惜真是喝多了，90%的脑袋都躲开了，唯独他坚强挺拔的鼻子碍事，被宁令哥一剑削了下来。

瞬间血流满面，剧痛中李元昊猛然清醒，他满殿乱跑，躲避危险。可危险比他跑得还快，宁令哥瞬间就消失了。

他真的只是个孩子，看见父亲满身满脸的血，立即就吓慌了。他犯了第二个错误，这比他起心杀父还不可原谅。都见血了，怎么的也得当场杀死吧！

没办法，年轻，可以蠢到无极限。

他直接跑去找没藏讹庞，也不管是不是完成了合同。这回一路顺畅，狂奔到国相家。没藏讹庞很满意，前面说过，只要宁令哥动手了，就至少有十多年的好日子过。还等什么，他立即动手把末路王子抓住，冲进皇宫护驾，百忙中把宁令哥的妈妈野利氏也抓住，据说是第一时间全杀掉。至于为什么这样大胆，一来是忠心发作，无法抑制；二来杀人无罪，这是叛徒；三来李元昊已经挺不住了，他残存的最后一点理智仅够作出一个决定。

这时的李元昊可以赢得我们的尊重，想想整个鼻子被削掉，那都是软组织，血是止不住的。大脑瞬间就缺氧迷乱，在这种没法克制的疼痛昏迷中，他都清醒地意识到了最严重的问题。

自己必死，谁来接替他？他的国家，他的拓拔族由谁来保障安全？

仅存的两个儿子，一个是杀父凶手，一个又实在太小，脑海里作最后的挣扎，一定要想出个人来！他想到了自己的弟弟委哥宁令。这个弟弟没什么才能，可至少是个成年人，不会让拓拔族的皇权旁落。

这是李元昊的遗愿，这一时刻，让人想起了他的祖父李继迁。同样是死于剧疼，同样的担忧身后事，可李元昊在根本点上就没法达成愿望。

他比不上李继迁。李继迁同样凶狠狡诈，但对身边人的压榨杀戮远没有他这样刻毒，小迁迁懂得有里有外。所以年幼的李德明能够当上党项之王，部族都能服从。李元昊连自己的亲生儿子都容不下，至亲的生母、舅舅、妻子、亲信，都死在他的手上，临死前才想到还有个弟弟，根本起不到作用。

这个弟弟在历史上名不见经传，能活到这时候，估计就是出类拔萃的乖巧加老实。这样的人，进一万步讲，就算当上了西夏国王，能服众吗？何况国王是要竞选的，这样的人根本没有竞争力。

果然，李元昊拖了一夜，没见到第二天的太阳。他死后没藏讹庞以国相的权力，加上宁令两岔的唯一皇子身份，窃夺了西夏大权。从此这个国家就进入了一个噩梦般的循环怪圈。几乎每一届的国王都长不大，国家大权80%以上的时间都掌握在皇太后、皇后、外戚的手里。

李元昊的直系后嗣们过着狼狈不堪的生活。究其原因，可以精确归纳为两个字——“人品”。君以此始，必以此终。

李元昊的一生是战斗的一生，可惜同样的战斗能分出不同的风格。这也就决定了他个人和他所创造的国家的命运。之前的例子，我们举出李世民和赵匡胤。李世民扫平天下极其神速，几大战役干净利落，武功震动天下。所以唐朝的气魄是惊人的，无论在哪方面，都是壮丽之美。

赵匡胤的强悍中有着平民的可亲，他深深地懂得做一个平凡人需要什么。所以宋朝得国很慢，终其一生都没能恢复唐朝的版图，但是每得到一片土地，都治理得细致入微，发展程度是李世民所不敢奢望的。这一点从他的战争手段就可以初见端倪，革五代之残暴，创宋朝之仁德。这不是句空话。

以此回顾李元昊的一生，欺诈、残酷，无所不用其极，为了成功不择手段，于是他成功的成色也就没法看了。有个结论是很精彩也很好玩的——他生前所有的努力，死后全都归零。他所骄傲的，正是西夏所痛苦的。

他的成绩，击败周边所有种族国家。但是除了回鹘之外，他没能压服任何一个。这就是个严重的后患。你生前或许能维持住这种优势，你死后呢？单以宋朝为论，他打了那么多的仗，得到的比他父亲留给他的遗产只多了个西夏国王的头衔，除此之外，再没其他。

而宋、夏关系却彻底地破坏了，此后时好时战，没有半点的诚信概念。这是种进步，还是倒退呢？如果非要强调独立与尊严，那么请问李德明、他的父亲就一定比他差吗？李德明当年一样关起门来当皇帝，宋朝使臣来了只是换下黄袍就是了。李元昊打了半天，和宋朝皇帝通信，还得自称儿子或者下属，哪儿有半点的长进？！

所以，要评价李元昊的一生，他就是个幸运的失败者。他幸运地生在了一个集体圈养的时代，无论宋朝、辽国、吐蕃、回鹘，都是强弩之末，不是强盛时期了，他只要早出生三十年，或者晚出生七十年，以他的性格和能力，就只是个笑话，他会死得非常难看！

理由之一就是吐蕃的赞普唃斯啰，他是吐蕃新生代结束混乱的一代领袖，只以河湟一部的力量，就让李元昊几乎输光了家底。这就是他作为“军事强人”的成色……不必再列举了，我相信就连他的本国人都不会怀念他。

打仗打得国内饥荒，内部肃清又那么残酷，让国人怀念他哪点呢？这真是个难题！好了，历史终于翻过了这一页，很没意思的一个人和一些很没趣的操蛋事。悄悄地说，不再聊他，让我很快乐。

第十一章
花灯节之夜

消息一个月后传进了东京开封，宋朝变成了欢乐的海洋。这时没人去想，李元昊之死对宋朝并不见得就是好事。提示一下，喂饱了的狼不再想咬人，换了只新的上来，一切就得重来。

国家第一时间地想到了庆祝，仁宗下令，今年两过十五花灯节（这年闰正月），可是被曹皇后给搅黄了。她像是有什么预感，不希望这时的京城里过度地繁华混乱。

女人的直觉很准，七天之后，皇宫深处发生了一件北宋史上独一无二的事。

那天晚上，有四个人，分别叫官颜秀、郭逵、王胜、孙利，都是宫里崇政殿的卫士，没有任何原因，没有任何先兆，突然暴乱。他们穿越宫墙，目标明确，直奔皇帝的寝宫，快到大门时，才遇到了阻拦。

是一些宫女和太监。

他们立即大开杀戒，拔刀砍人。注意，四位赳赳武夫，手执利刃，居然没能把人砍死，是“伤内人臂”。更离奇的是接下来的事。都砍着人了，肯定得有尖叫，有混乱，事实上连皇帝寝宫里面都听着了，殿外边居然没人来干预！

寝宫内部，曹皇后很巧合地正在里面。她有自己的寝宫，平时不在这儿住。这时她一把抱住了自己的丈夫，不让他出殿查看。身为宋初第一军人曹彬的孙女，她立即就觉察出了事情的危险系数。可惜身边的人都跟仁宗一样，是宋朝近百年以来，在深宫内院里长大的和平孩子，虽然知道世上有杀人这回事，却从来没有亲眼目睹过。有个太监居然说，大家别怕，这是乳母在殴打小女孩儿……

曹皇后急了，厉声呵斥："反贼就在殿外杀人，你还敢胡乱妄言？！"她接下来又作了两个决定性的指令，让皇帝熬过了当晚最危险的时段。

第一，马上去提水，小心反贼放火烧宫；第二，大家都过来，我亲手剪下你们各自的头发，明天行赏，以此为证。

这两条指令非常英明，片刻之后，宫门外就火光四起，门内的帏帘都被点着了。这一幕，一定让赵祯回想起了二十年前的那场宫廷大火，那次他和刘太后险象环生，皇宫里一共被烧毁了八座大殿！

宫女太监们都各尽死力，一直支撑到了宿卫士兵赶到。

四个反叛者三人被当场击毙，王胜逃到了皇宫的北城城楼，藏了一整天，终于被搜了出来。他的命运很干脆，同样被当场杀死，甚至乱刀分尸。

危险过去了，留下的是重重迷雾。首先是作案动机不明，这四个人为什么要杀宋仁宗，是受人指使，还是个人恩怨，或者是代表了广大的受苦受难的平民百姓，来向统治阶级报仇？都不清楚。

其次是事发当晚的警戒力度和事后追查。

这四个刺客首先不是寝宫卫士，说声突然发难，穿越宫墙，就杀到皇帝的卧室大门外。请问这一路上都是荒郊野外，没有个站岗的？必须精确掌握宫内所有宿卫的行动路线、换岗时间，才能一直潜伏到寝宫门前吧。再加上连杀人带再放火，来了个全套的打劫操练，这得有多少时间？都做完了宿卫士兵才赶到，请问为什么这么慢？

最要命的是来了就大开杀戒，当场砍死了三个，完全不留活口。那个逃出去的王胜，是整件事里最后的一个线索，整整一天的时间啊，相信有关部门早就下达了追查的命令,居然被乱刀分尸了!

种种迹象都表明,有人成心让这件事变成死案,没法追查。问题出现:第一,这个人是谁;第二,之后还要不要追查,怎么追查呢?

关于第一,实在是不好说。我想了很久,只有两个可能,并且共有一个前提——此人必在皇宫内部。

很简单,事发到结束,整个过程都在皇宫内院,如果能有人在宫外遥控,在事发第二天都能顺利砍死最后一个人证,那这人根本就不用派出这四人小分队来刺王杀驾。他随时都能走到仁宗面前,说"你去死吧"。

皇帝就得去死,因为这人的威力太大了!

这是第一个可能,至于第二个人选,现在先不说,以下的分析会让他一点点地浮上水面。我们先要展示的是第二,即要不要追查,怎样追查。

这似乎是个玩笑,发生了这样的大事,宋朝建国百年以来第一次近距离谋反,难道还能不追究吗?答案是能。夏竦站了出来,他的原则是"不可滋蔓,使反侧者不安"。也就是说,别把事搞大了,让那些心怀鬼胎的人受刺激。

这真是滑天下之大稽,居然要照顾谋反者的情绪,怕他们急坏了!那也就是说,要养着他们,直到皇帝被成功干掉?

参知政事丁度被气得哭笑不得,给了他十六个字:"宿卫有变,事关社稷,此而可忍,孰不可忍!"很有力量,义正词严,应该说他的愤怒非常正确,领袖的安全高于一切,这是最基本的准则。

可就是这么的奇妙,这样浅显的道理,他和夏竦从清晨一直争论到了中午,结果居然是他失败了。

皇帝赞同夏竦,案子在小范围内处理,由侍御史(宫内办差)和太监们全权负责。也就是说,皇宫之外,所有朝臣,既无权参与,也没资格发言,只能知道个官方给出的答案。这让整个官场集体郁闷,尤其是御史台和知谏院方面,他们怎么也想不通,为什么皇帝会同意夏竦呢?

他喜欢被刺杀,还是另外有什么原因?

先说调查结果，要说办案人员还是很负责的。在所有线索都被斩断的前提下，他们来个地毯式惩罚，所有人都有罪！

皇城司的人员名单就是失职者的名单，他们全被外放流配。这时问题集中到了一个人的身上，皇城司当夜值班的宿卫首领杨景宗。这是案件的直接失职人员，按说从重从严处理，以儆效尤，是没话说的罪有应得。但是皇帝不忍心。

因为他是当年赵祯的“小娘娘”，杨太妃的从父兄弟。

仁宗的心既软又念旧，为了怎么处罚，他亲自出面和御史台的外台人员来了场轮番 PK。简单地说，就是上至御史中丞，下至普通御史，先是把枪口瞄准了杨景宗，接着又要砍掉皇宫里的大太监杨怀敏。无论如何，至少要狠抓一批，严打一批，这样才能稍微起到点震慑的作用。

想得没错，和前面丁度的看法一致。但奇妙的是，皇帝还是不喜欢。赵祯仿佛是个自虐者，就是要对刺杀他的谋反人展示笑脸。他和御史何郯的对话非常有趣，让人浮想联翩。

何郯引经据典，开口就是上古的皇帝如何，现在的皇帝应该怎样，理论说了一大堆，最后结论是必须听他的。

皇帝只回了他一句：“上古时谏官有磕头把脑袋都磕碎的，你能吗？”这就有些无厘头了，谈话突然被注水，皇帝在打岔。

关键时刻来到，那就磕吧！成名立万不过是脑袋疼一下，多好赚的买卖。可惜何郯变得更好玩，他突然间又懂得为皇帝着想了。他说，古代那么磕，是因为有昏君，现在我磕了，您会是什么？所以我不磕。您得理解，无论我磕不磕，都是为了您好啊。

谈话就此结束，搞笑的对答，只能有搞笑的结果。皇帝和御史台各退了半步，两个姓杨的兄台被小降了一级，惩罚行动就算结束了。同时，这件北宋史唯一的一次皇宫刺杀案，也就此收尾。

以上就是这件事的官方记录。我们可以看到，对于受害人仁宗赵祯，他没有表现出哪怕一点点的震怒、恐慌、追查的态度，相反一直在捂着盖子，就像很怕有什么被人看到一样。

他怕的是什么？

一个有趣的事实可以稍微地影射出点滴的真相。那就是夏竦的结局。这个人在查案过程中，所提出的模糊理论和皇帝靠得很近。接下来他又力排众议，和皇帝站在一起。那就是关于刺杀夜，谁的功劳最大的问题。

皇宫里一个女人从此走上了前台。

其实，这个女人早就已经在影响着宋朝局势了。提到她，在这个时段最好要跟两个人联系起来。一个是夏竦，一个就是文彦博。他们在历史的评价上处于两个极端，但有个共同点，就是都讨好这个女人。

她姓张，出身很低，命运很苦。父亲是个早死的地方小官，她和母亲两人是名副其实的孤儿寡母。生活的压力，让她们走进了歌舞场，可以说到了没法再低的谷底。命运就在这时对她们露出了最意外的笑脸。

她们献艺的场所很显赫，不是一般的歌舍勾栏，是宋太宗赵光义最小的女儿，魏国长公主的家里。某一天，赵祯去看望姑姑，酒席宴上轻歌曼舞，他一下子就看中了这个美丽聪慧的小姑娘。于是她成了宋代的卫子夫。

简单地说，在刺杀案发生前，她在皇宫里的名位很一般，只是美人。可实际的影响（注意，不是权力）早就远远地超过了皇后。一个小细节，文彦博之所以主动申请去攻打贝州，就是张美人悄悄地递出来一句话——皇帝很烦恼，谁能平叛，谁就是宰相。

之后才有了文大人主动请缨。

这时案发后，她被皇帝隆重地介绍给整个国家——是她，只有她，才在当夜拯救了我。

这就让人不懂了，正史里都说是曹皇后一手搞定了危机，怎么突然间冒出个张美人？皇帝不管，他在这时、后来不断地在各种场合强调，那晚上在危险中只有她一个人始终陪在我身边。只有她，我的美人，尤其难得的是她当时不在场，是主动奔向危险，找到我的。

患难见真情，非常感动！

这个话说出去之后，夏竦立即就知道了前进的方向。他很有知识地说了八个字："讲求所以尊异之礼。"当时在场的其他宰执大臣们一片沉默，懂的不说话，不懂的赶紧翻书。这时要介绍一下官场大排名，首相陈执中，次相文彦博，枢密使夏竦、王贻永，参知政事宋庠、丁度，枢密副使庞籍、高若讷。都是很熟的人了。

关键就在首相大人身上。陈执中还真就不懂夏竦在说什么，他临时咨询了一下帝国最高文人翰林学士，才明白这是要给张美人升官。这位学士提醒他，这种事以前有过例子，汉朝的皇帝带着宫妃去打猎，一头熊突然冲出来，是一位姓冯的婕妤挺身挡在了皇帝的面前，才救了皇帝一命。现在张美人的功劳与之相比怎样？如果你答应了，有皇后在却尊崇美人，这种非礼的骂名，以后就会落到你的头上。

陈执中想了又想，决定不蹚这个浑水，夏竦你自己说吧，我什么都没听见。当天的事就这样结束，张美人的升职之路还得等，直到半年之后，她终于一飞冲天，从倒数第二级的四品美人，直接升到了一品第一级的贵妃。

这期间皇帝的功劳是最大的，其次就得数到夏竦。他是第一个提议的人。但是给他的回报却是被贬出京城，到河南府去当官。至于理由，是开封城天上有太阳没云彩，一连地震了五次。夏竦要负责，谁让他是公认的奸邪呢？

永远跟紧领袖脚步的夏竦被赶了出去，一言不发的文彦博站得稳稳的，想想张美人是他的贵人，在最关键的时候他保持了沉默，这是为什么？

答案在皇帝身上。仁宗当然没有神经错乱，联系到两件事里夏竦一贯的表现，唯一的解释就只有他参与得太深了。知道的秘密太多，会有副作用的。拍马屁一定要有个限度，领导对你好，你也别对领导太好，你是个下属加外人，这一点要永远牢牢记住。

回到重点，那个一直压制破案进程，甚至隔天之后命令杀死最后一个人证的人，可以浮出水面了。只能是皇帝本人。

能做到成功压制，如果另有高人的话，之后的宋朝就会后患无穷，那个人必将有第二次、第三次行动。可后来的仁宗朝非常平静，皇帝的寝宫内外，再没有半点意外发生。

这件事过去了，我们瞧不出所谓的真相和幕后。资料都被蒸发了，我们所能感到的，只有宋仁宗赵祯的平静原则，宽厚性情。面对刺杀行为，他都没有失去理智，没像99%的各代皇帝那样，采取高压政策，既是报复，又是警告，绝不许再出现这种事！

他一切都包容了下来，稳定发展高于发泄。

第十二章
正版包青天

夏竦被辞退之后，首相陈执中跟着下岗。这是个仁宗年间典型的官员，谈不到什么了不起的能力，甚至当上了首相，是国家政权的最高层领导了，也想不起来他做过什么大事。

历史长河里一粒可有可无的沙子而已。

要是一定要说他升官的秘诀，倒也有一个。他眼光蛮准，真宗赵恒晚年时神志不清了，刘娥又只想着自己当权，于是赵祯虽然身为唯一的皇子，可就是没法当上合法继承人。陈执中独自上了一道奏折，居然把赵恒打动了。

一个月之后，太子诞生。他的终身富贵也从此注定。这就是宋朝平静时期的官员的缩影，您可别看着一个个大名鼎鼎的名字，就认定了他们光芒万丈，有时就是些无聊的官场投机蛀虫。

所以他们走马灯一样地来回换，你上我下的，基本上我都会省略不说。之所以说了这次，是因为他的下岗是有价值的。按照次序，文彦博加昭文馆大学士头衔，成了帝国首相。这是个命中注定要处理大事的人，他刚上任，大事也真的来了。

宋庆历八年（公元 1048 年）六月六日，黄河在澶州府商胡（今河南濮阳东北）决堤，决口宽近一里，浊浪排空黄水滚滚，横漫中原北部。这是空前的浩劫，黄河改道了，中国有史以来只有八次，这就是其中之一。它的河水改向北，经河南内黄之东、河北大名之西，横贯河北平原，汇入御河（今南运河），再经界河（今海河）入海。

这种级别的灾难，别说是古代，就是现代科技也没有应对的办法。想想我们在汶川地震时的凄惨就很能说明问题了。回到当时的宋朝，巨灾面前，只能听之任之，黄河的水席卷中原，它想怎么流就怎么流，能做的就是等它流够了，再说别的。

水量变小之后，救灾行动开始。按说这是号称明星无数的仁宗朝名臣部落的大好时机，满怀激情地为人民作贡献啊。

对不起，纵观整个事件，就是个经典的笑话，完全可以用西方的一个老段子来概况：话说午饭时间到，两位律师走进餐馆。侍者躬身笑问，请问想吃点什么？答——少啰嗦，只管拿来菜单，让我们就吃什么再争论一番。

完全不是为了吃，而是为了继续吵。

庆历八年的这次救灾行动就是这样，一个个明星出场，印象中都是经天纬地之才，那么看一下他们都说了、做了些什么。

前面说了，黄河这次改道途经大名府，那里有位大人物，庆历新政的死对头、前宰相贾昌朝。他提议要恢复旧道，让黄河走原来的路。具体做法是用京东州军来修黄河旧堤，引河水回东流，堵住商胡口。这样才能一劳永逸，让各地区恢复到决口前。

反对方是另一位前宰相丁度，这是位从现实出发的理智人。他提醒，这个“劳”，得劳到什么程度。从前天圣年间，滑州也决过堤，远没有这次的严重，还准备了三年多才动工。现在商胡口的局面，再加上天很快就要冷了，得怎样动员民众，才能达到“永逸”的目的？

所以永逸，根本是不实际。

他的想法是先放一放，甚至把河道再挖一挖，让水流得更多些，更快些，哪怕淹得更严重也无所谓。这样转过年来，材料、人员也准备得差不多了，再去打怎么堵口子的主意。

丁宰相很稳重，贾宰相很气愤，老丁，你完全是看似妥当，实则误国！他拿出了精心准备的一张图，上面标注着黄河分流于漯川、横陇、商胡等地段的位置，根据全盘地理地形的考虑，唯有恢复旧道，堵塞商胡，才是唯一的正解。

为了做到这一点，他说需要一千多万贯经费，动员民工、士兵十万人，日夜加班，一百天就可以完工。

一百天就彻底解决问题，太诱人了！皇帝很动心，灾民很激动，但是大臣们不这么想。每个人都是顶天立地的，都有自己的主张。

在以后的日子里，涌现出了 N 多种治河方案。有贾氏的恢复旧道，有丁相的缓缓处理，更有高人来了个旁河减水法。要用一条黄河的支流把成灾的洪水泄走，这样既不大动干戈花费千万去修故道，又顺应了大自然，不拗着黄河，人家想怎么走，就怎么走，这样才会平安无事嘛。

更有甚者，等过些日子，仁宗朝的吵架王欧阳修回京城之后，斗争瞬间就会炽热火暴起来，他永远是独树一帜的，唯一正确的。他会数着人头，挨个敲过去——你们这票烂人，都闭嘴，听我说！

反正高潮复高潮，争吵何其多，河患始终在，民生尽蹉跎。欲知后事怎样，咱们慢慢说。事先声明，不是我想慢，是他们吵架的欲望太高，过程太长，这时是 1048 年，到了 1060 年，这事儿都没有结果！

还是先看眼前的事吧，在河患初生的这段日子里，京城里最牛的人，最炫的事，是宋朝史上流传最广，传说最多的桥段。

包拯包大人隆重出场！

这个人的名望、事迹是诸葛亮那个级别的，他不仅是人，更是神，行走在阴阳两界，无论对方是谁，他都是一张铁脸相对，他的智慧就是个无敌型的放大镜，什么样的罪，什么样的隐私，都别想逃过他的眼睛。当然最最让人神往的就是他的力量。

只要你有罪，就肯定罪有应得。不管你是谁。

好了，现在让我们从头来看，他真实的履历生平。包拯，字希仁，庐州合肥人。他不是像传说中父母早死，由嫂子养大，所以要称她为嫂娘。相反，他的父母都健在，和他生活在一起，直到他们生命的最后时刻。

包拯在天圣五年时考中了进士，那一科人才鼎盛，号称是“宰执榜”。从状元王尧臣，到韩琦、吴育、赵概、文彦博等人，都先后荣登东西两府，成为宋朝的顶级朝臣。

尤其是因为宋、夏战争而异军突起，以超年轻的资历就进入西府的青年才俊韩琦。与这些人相比，包拯的荣耀来得太晚了。中进士之后，他以父母年老为由，辞官不做，回归乡里，一直奉养双亲，直到二老谢世；接着再守孝三年，前后共十年之久，才出山做官。

他得从头再来，从知县开始。这时让我们的心态变得功利些，他的确是晚了吗？不见得，那一榜的同学中是有人先于他发达，可后来只要他进入官场，上升的速度就超级惊人。原因何在？是他能力超强吗？还是不见得。他在知县的位置上只留下了一个可以记载的例子，就是那个著名的杀牛案。

某人养了一头牛，被人偷割了舌头，这人就来报官。可是毫无头绪，也没有证据，得怎么办呢？那年头又没有指纹追踪之类的高科技破案手段。包拯也很无奈，他告诉报官者，回去杀了那头牛吧，反正它也活不成了。注意，牛没了舌头必死。

牛被杀了之后，又有一人来报官。根据宋朝法律，私自杀牛者有罪。这时包拯问这位热心公民，你干吗要割了那头牛的舌头，再来反告？你跟人家有那么大的仇吗？

那人服罪。

接着他升官，从知县一跃变成了端州府知州，并且兼任殿中丞。这样的升官幅度之后，他的表现仍然只是清廉，在盛产端砚的端州当官，直到卸任，也没有带走任何一块。

他根本不需要带走什么，他得到了更大的好处。下一站是御史台，他已经是一流的京官了。综上所述，见仁见智。如果要往功利上想，这真是一条别致又正统的登龙术。包拯完全摸准了中国古代儒家理论的人才鉴定标准。

“非孝子不忠臣。”一个人只有对自己的父母孝顺，才会对君王忠诚。这一条百试百准。

可是做人要厚道，无论如何，包拯没有迷恋权力地位，抛弃了所有的享乐和威风，在乡下奉养父母。这样的人，值得我们尊敬。他的人生标签无可挑剔，就是道德的典范，纯洁的化身。所以把他升入御史台，完全是件好事，整风运动开始。

第一枪，就打中了皇帝心中最爱的最爱。

话有点绕，其实很简单。皇帝心中的最爱是张美人，张美人的最爱是她的伯父。该伯父名叫张尧佐，其实并不亲，一来只是她父亲的堂兄，非亲兄弟；二来张尧佐很薄情，真正做到了见死不救。

张美人的父亲刚死时，一个小官，没有家产，遗孤们身在外地，举目无亲。她唯一的出路就是投奔伯父，可张尧佐拒绝，理由是他当官的地方太远，在四川，你们走不到的。于是孤儿寡母，只好改行当舞女，才勉强活了下来。

按说这样的长辈，基本上可以无视，当做没这个人就对了。可是奇怪的是，张尧佐就是有本事让侄女失忆。自从她进宫之后，他就攀定了这门亲，不知说了些什么话，美人就被洗脑了。从此以后，她以伯父的升官发财为己任，为乐事，终生奋斗不息。

效果很显著，截止到皇祐二年（公元1050年），伯父已经从遥远的四川边陲小地一介推官，升到了帝国两府高官之下第一人——三司使，掌管天下钱粮。

综上所述，可以得出两个答案。第一，张尧佐很无耻；第二，张美人很善良，并且健忘。可这不是包拯所想的，他看到的是帝国的危机。之所以称其为危机，完全是由“真理”来告诉他的。

真理就是儒家学说，虽然说超级博大，可是也能精减成一句话，即与士大夫共治天下。在这个大前提下，没有任何势力被允许抢走他们的特权。包括其他的诸子百家，以及皇帝的老婆、亲戚。

尤其是张美人这样年轻貌美，出身贫寒（等同于没有修养，没有见识）的妃子和她无耻加无能的伯父。让他们当权，必将祸国殃民！

于是包拯决定弹劾，这时他的身份还相当的低，只是刚从御史台转到知谏院的一个普通官员，要说事时还得拉上好多的同僚。插一句题外话，包拯在言官系统里还是蛮吃香的，因为他的队伍站得好。

在我们的普通思维里，包拯是和范仲淹、富弼、欧阳修等君子站在一起的伟人，是好朋友。可惜错了，他在庆历年间被提拔进京城，是由当时的御史台长官王拱辰推荐的，上任之后猛烈抨击新政，拆范仲淹的台时，是一把罕见的好手。

通过和新政君子们过招，包拯的热身运动做得很到位，这时准备向张氏集团发力。为什么要说集团呢，那就是张美人的力度了。

纠正一下，这时的美人已经是张贵妃了。她的权势和欲望都水涨船高，很让封建社会里男权至上的士大夫们不顺眼。他们回首前尘，展望未来，觉得身上发冷。这个张贵妃，已经有了刘娥的影子。

同样贫寒的出身，同样热衷权势，仁宗的男人指数又比不上他的父亲，宋朝很有可能再出一个天圣级的太后啊！这点并不是危言耸听，有很多的内幕在坊间流传了很久。

比如说，宰相文彦博在四川时就和张尧佐来往密切，进京之后，和张贵妃内外勾结，除了贝州平叛的内部信息之外，还被皇帝抓了现形。某年上元节，皇城头观花灯，张贵妃衣着特别，万众瞩目，乃是一件罕见的灯笼锦。皇帝问，哪儿来的？

贵妃很诚实，文彦博的夫人送的。

再比如说大臣王拱辰，这位前状元也不干净。某次皇帝到贵妃房里散步，突然见到一排定州出产的红瓷器，鲜明耀目，华贵珍异。一问，她也老实交代，王大人送的。皇帝很愤怒，举起手里的柱斧，一个个亲手砸碎。

这些不算，她还开始没大没小了。话说国家等级森严，什么人享受什么排场，这是儒家理论里比天都大的规矩，名为“礼仪”。可是该贵妃就不当回事。某次出行，她一定要用皇后的銮驾伞盖。为了达到这个目的，她施展全套女性魅力，没完没了地磨皇帝。

皇帝受不了了，对她一笑，你去找皇后借吧，她给你，你就用。结果这女人真就去了，而曹皇后也很有趣，你要，我就给。

于是张贵妃喜滋滋地回来报告，皇后借我了耶，却不料皇帝突然沉下了脸，国家典章有秩，你僭越失礼，当什么都是儿戏吗！

还有很多，就不一一赘述了。举出上面的例子，我只是想请大家想深一层。张贵妃的确在逾礼，不守本分，可是问题很严重吗？这个女人贪图小利，爱慕虚荣，哪点能和当年的刘娥相比呢？

刘娥直到赵恒死后，才走上了前台，之前哪怕手握国家大权，都从不显山露水。这份深沉的忍刻，在男人中都极其少见。何况再往深里想一层，上面的每件事都表露出了赵祯的为人底蕴，每次张美人想要出格时，都被他当场震慑，从来没给过她好脸。

一切都在皇帝的掌握之中，无论是张贵妃本人，还是张尧佐，或者文彦博、王拱辰，都没法做到祸国殃民。危险根本不存在，包拯这些人想折腾，纯粹是吃饱了撑的。

包拯的弹劾行动层次分明，很有节奏感，和皇帝对张氏集团好感的增加成正比。注意，这里不只是针对张尧佐一个人，所谓的张氏集团，不管事实上有没有，包拯们认为有。

张尧佐先是当上了三司使，包拯们很愤怒，但是弹劾是要理由的，找什么呢？集思文议，找到两点。第一，张尧佐不懂业务，他靠裙带关系上位，严重阻碍了三司部门的正常工作；第二，最近黄河改道了，开封城还地震，这也是张尧佐闹的……

不知道这些人的脑袋是不是被门框挤了，先说此人是个笨蛋，接着又说他能影响地球的健康，连黄河改道这种级别的灾难都是他引起的。这还是个凡人吗？

文理不通，发回重写，皇帝看都懒得看，就扔一边了。初战失利，包拯们强忍怒火，回家休息，慢慢想，一定会有办法的！但是左思右想，办法就是没有。

本来嘛，张尧佐本身也是正牌的进士出身，混得不大出彩，可也没有劣迹，凭什么不能当三司使？说他不懂业务，这么多年那么多了不起的名臣、能人，都当过三司使，哪位做出过什么业绩来了？国家该冗兵、冗吏、冗费还是不停地冗，说句难听点的话，都是一种型号的废物！

关键时刻，还是老同志出马。御史台方面的老牌弹劾名人何郯大人的母亲年老，他申请外放当官，就近照应。临走之前，和皇帝聊天一般地说：张尧佐升官太快，下面的人事摆不平了。您要是真喜欢他，就把他当您亲舅舅李用和那样对待好了。

只加官，不给权，一世的富贵享受着，不显山不露水，难道不好吗？

赵祯有点心动，真的挺好。同一时间，包拯升官了，他从御史台转到了知谏院，当上了院长大人。权力越大，责任越大，他尽管没什么办法，但是老调不停地重弹——抄掉张尧佐，抄掉张尧佐，抄掉张尧佐，抄掉张尧佐……

他成了宋朝版的唐僧。

这种压力下，皇帝让步了。在皇祐二年的闰十一月六日，张尧佐终于下台，不当三司使了。胜利，巨大的胜利，包拯们应该狂欢，应该自豪，应该变成正义的化身了。

且慢，这几位气得满头青筋，血贯瞳仁，都想杀人了。

因为张尧佐丢掉了一个三司使的位置，却换回了四个超级隆重的头衔，每一个都是宋朝官员们苦熬终生都盼望不到的殊荣！

改命张尧佐为宣徽南院使、淮康节度使、景灵宫使、群牧制置使，同时赐他两个儿子进士出身。一日之间，身兼四使，这在宋朝开国一百年间从来没有过。

灾难，灾难真的来了。宋朝官场震动，每一个官员都发出了共同的呼声，这比黄河改道还要让人忍无可忍，皇帝，你怎么能这样呢？！

从这一刻起，在庆历年间，因为新政君子、小人之争而势同水火的御史台、知谏院再一次联手了。他们发誓要斩断张尧佐、张贵妃，再加上张氏集团里的其他同伙们的爪牙，给宋朝官场来个大扫除。

具体行动是先各自为战。包拯代表知谏院上了一本，名字就叫《弹张尧佐》，里面充满了骂人的话。如张某“无功受禄，不知羞耻”“真清朝之秽污，白昼之魑魅”，连带着皇帝也被泼污水，您30多年的清德今天败坏，怎样面对天下臣民？

御史台方面的力度更大，现任御史中丞王举正上殿当面对皇帝说，我弹劾张尧佐，您不同意，我直接辞职。这里要小插一句，就像欧阳修从来不抽皇帝耳光一样，包拯也从来不干辞职回家的事，再怎么折腾，也别想动摇他生存的根本。

台谏官步步紧逼，皇帝很沉得住气。这样的事儿不新鲜了，想当年废掉郭皇后时，孔夫子的后人，加上当代楷模范仲淹一起挑事，不也集体报销了吗？所以赵祯坐得很稳，他把意见都压了下来，不反对，也不同意，让时间去消磨一切。

他想错了，他真的没料到，为什么给一个亲戚一些荣誉性的，没有半点实权的头衔，就能让整个官场集体抓狂。

这事真值得深思一下，难道就真的只是出于义愤，要维护朝廷的升官秩序吗？不见得吧！但那是后话，在九天之后，闰十一月十五日的正朔朝会上，台谏官员们就全体爆发了。他们在下朝时，把百官都拦住，今天齐心协力，一定要让皇帝听我们的！

王举正、包拯各自率领着自己的精英团队，共七个人，重新回到大殿，把要回宫的皇上给拦住了。久经战斗、总被狠剋的赵祯立即就明白了要发生什么事，他实在是有点烦，再不想拐弯抹角了，直接替他们找到话题——又要拿张尧佐说事？节度使只是个粗官，有什么好争的？

话一出口，风云变色。北宋仁宗朝里最强有力的、简单粗暴型的言官从此诞生。隆重介绍，唐介出场。这人本来是上殿七言官里排名最末的，这时从后面挤了出来，一句话就让皇帝摔倒——“本朝太祖、太宗都当过节度使，恐怕不是粗官吧？”

赵祯惊怒交集，一不留神，被抓住把柄了！正想着怎样挽回，事态已经进一步恶化，这些人扔下他，扑向了殿廊下站着的宰执大臣们，主攻目标就是文彦博。你们不守祖宗规矩，只知道巴结贵妃，结交外戚，无耻到这个地步，为什么还不辞职？有什么脸站在朝堂之上？

眼看着天下最庄严的议事大厅要变成上演全武行的菜市场，赵祯当机立断，宣布退朝。这是皇帝的特权，也是最后的招数。言官们没办法了，总不能学寇准，把皇帝硬按到座位里，让他老实听讲吧？

当天就这样散了，赵祯慢慢地走回皇宫深处，一路上从激动到懊丧，从气恼变好笑，多大点的事儿，众位爱卿，你们就不能操心点别的正经东西？

他决定先让步。张尧佐被剥夺了宣徽南院使和景灵宫使，保留剩下的两个，并且保证从此之后，后妃之家，不得进入两府执政。

他同时为了警告台谏部门，命令他们从此再想上殿说事，先到中书省找宰相要通行证。这样两边各打五十大板，就算息事宁人了吧。

他真心地希望，别再折腾了，天下有那么多的正经事。黄河还在泛滥，国家还在亏空，老百姓的情绪也在变激动，这才是国计民生的大事啊！

但这是一相情愿。无论是张贵妃，还是言官们，都还是我行我素。张MM这边视荣誉为生命，枕头风不停地吹，我要四使，我要四使，我就要四使嘛；那边言官们磨刀霍霍，张尧佐只是个小开头，真正的目标还在后头！

于是事情激化，某天仁宗悄悄地恢复了张尧佐的宣徽南院使，包拯立即就火了，他冲上金殿，这次豁出去了，他要求把张尧佐赶出京城，到外地当官去，省得总是不死心，早晚出大事。皇帝很耐心，跟他好商量，结果被强迫洗脸。

包拯喷了他一脸的唾沫……那天他再次回到后宫，张MM满脸笑容地迎上来，还想说什么。赵祯终于失去耐性，指着脸说，你只管要宣徽使、宣徽使，不知道包拯是言官吗？!

张尧佐事件至此结束，皇帝作出保证，以后再给张尧佐升官，会先争求台谏官的意见。这话出自皇帝之口，已经可以说惊世骇俗了，一国之君，不能独断专行了耶！可包拯们并不满足，斩断张氏集团的行动只是取得了最初一步的胜利，更大的战斗在后面。

他们瞄准了宰相——文彦博。在他们看来，这个人是张氏集团里作恶最多、危害最大、必须打掉的大毒瘤。为了达到目的，他们精心准备了一份弹劾奏章，由风头最劲的御史唐介出面，要来个趁热打铁，赶尽杀绝。

奏章写得很精彩，说文彦博由贵妃推荐为相，执政以来，“独专大权，自三司、开封、谏官、法寺、两制、三馆、诸司等要职，皆出其门”，彻底把持了朝政，让百官敢怒不敢言，所以要罢免。为了让皇帝省心，他们还提出了替代者，由富弼出山，来当宰相。

赵祯心里很不是滋味。这不仅是在骂文彦博，更是在骂他。你连老婆都管不住，宫墙都不顶用了，居然和外面的大臣勾结到这个地步，你还是个男人吗？

怒火升腾，但是且慢，赵祯的心胸和这些言官不是一个级别的，他没说什么，只是把奏章放在一边，不理会。

可唐介却不干，他火上浇油一般地说，陛下，我是激于义愤，才弹劾的宰相。早就做好准备下油锅了（虽鼎镬不避），难道还怕外放贬官吗？

言下之意，无所畏惧，就是要弹劾到底！

赵祯终于被激怒了，他下令把两府宰执都召进大殿，国家最高决策层都出面，大家来研究，这事儿怎么办。不一会儿，文彦博、庞籍等人都到了。赵祯出示唐介的奏章，你们都看看，说别的也就算了，居然说宰相的职务由贵妃推荐，这成何体统？！

大臣们面面相觑，都有点哭笑不得。先不说文彦博和后宫的关系是真是假，光是弹劾的表面理由就不成立。“独专大权……诸司等要职”，这不是在说文彦博，而是在重提吕夷简。当年吕相公用了一生的时间，才能号令百官，文彦博两三年之间就等同了？

拜托，造谣也是个技术活儿，好歹说点实话行不行？

回答是不行。唐介就是有本事让当事人无话可说，低头认错，哪怕没有证据。就在大家看文章想心事、分辨对错时，他来到了文彦博面前，大义凛然地说了一句话。

——“你应当自省，如果有这样的事，就不能在陛下面前隐瞒！”

文彦博很郁闷，他能说什么？否认吗？西蜀灯笼锦的事闹大了，整个朝廷都知道；承认，那真是昏头了。关键时刻，枢密副使梁适出面，他叱喝唐介下殿，马上给我消失！

唐介理都不理，站在殿中央，一定要等出个结果。

结果出来了，皇帝忍无可忍，把他送交御史台处理。看似很严重，其实很搞笑，御史台是哪儿啊？是唐介的办公室……他的处罚是贬官到外地，先是春州别驾，在他的领导——御史中丞王举正的请求下，调到了英州。

另一边，文彦博罢相。宋朝是个有品位的地方，只要是丑闻，不管真假，一律处罚。

综上所述，这在中国历史中很有名气，是被历代儒家学子们津津乐道的一大壮举，勇敢的卫道士唐介以一己之力，不畏强权，把堂堂的宰相给参倒了。真是纯洁啊，有力啊，激情四溢啊，万古流芳。

可为什么我对他们半点的尊敬都没有呢？一方面前面说过了，张尧佐并不是那么的该死；二来就是包拯们吃饱了撑的。他们只看着政敌身上的小污点，却对天下真正的大事视而不见。就拿文彦博来说，在被弹劾敌视的日子里，已经把国家的冗兵、冗费的事情解决了不少。

他和庞籍建议在陕西裁军，凡年龄在五十岁以上，或自愿归农的，都可以回家。这样国家可以节约军饷，民间也有人种地，双赢的局面。可几乎整个朝廷都反对，理由是害怕。这些人都会武功的，都习惯玩刀的，多年以来在军队里游手好闲，这要放回乡里，一旦生活不如意，造起反来谁承担？

文彦博和庞籍保证，如果有人造反，可以杀他们全家。西北方面三万五千名士兵解甲归田，那是三万多个家庭的幸事！至于国家，每年节省二百四十五万贯军费。这个数目，是不是比每年给辽国、西夏的钱要多出五六倍呢？

这类的事还有不少，文彦博加庞籍，这是仁宗朝里罕见的一对办正事的宰相班子，就这样被纯洁的言官们给拆散了。

以上两点，都还只是对包拯们蔑视的小理由。真正要认识到这些言官的嘴脸可笑到什么程度，请把时间往前拨快三个月，再往后快进半年。

弹劾文彦博的前三个月，黄河在大名府馆陶县郭固口一段再次决口，民众死伤严重；往后快进半年，北宋仁宗朝史上最大的一次暴乱就在南方展开。

这是多么重大的涉及国家安危、生死存亡的大事，可都被言官们忽略了。集体失明，没见这些忧国忧民的大人有过任何举动！

第十三章
鬼面昆仑关

南方这次暴乱，对宋朝来说，是突如其来的。究其原因，就在开头的两个字上——“南方”。长江以南，从建国时起，就只是个超大的、丰厚的、淳朴到随心所欲剥削的大粮仓。北方人坚信，那片土地和那方人，就只是温驯的绵羊，他们的神圣使命，就是一直辛勤工作，用丰富的出产，来维持供养北方重大城市的繁荣。

至于造反，想都不用想，根本不可能。

问理由，很简单，不是说潘美和曹彬当年打出来的威风，让南方人不敢反抗，而是再想远点，五代时懦弱的南唐和残暴到不像人类的南汉，那样劣等的统治都能忍受，现在沐浴在宋朝的阳光下，怎么可能会有人想到造反呢？

理论上没错，可是在当时中国的南方，也有宋朝管不到的地方。那就是现在的广西一带，当时的“四羁縻州”。

那里生活着一些蛮人，当时叫西原蛮、广源蛮、溪洞蛮。听着很陌生，时间再过一千年，就再熟悉不过了，他们统称为“壮”，对了，就是现在壮族的祖先。

宋朝时，他们有四大：黄、韦、周、侬。事情就出在“侬”氏身上。侬氏一族世居广源州，在郁江上游一带，活动范围都在深山里，这样就决定了他们的政治面貌。

宋朝离他们最近的一个军事据点是邕州（今广西南宁），实在是太远了；加上深山老林，没什么出产，一直以来就放任他们去。随便活着吧，只要承认宋朝的管理者身份，就一切自由。可这并不等于侬族人就真的乐天幸福了。

因为南方还有交趾国。

交趾，就是现在的越南，宋朝以前，一直是中国的领土。当初北宋建国时，赵匡胤一时脑残，潘美一时手懒，在灭掉南汉之后，就没再前进。交趾于是就独立了。狭小的国土，少得可怜的资源，决定了这个新生小国的气质。

一直到现在，他们都是又穷又横。尤其是在宋朝时，穷让他们有便宜就占，从不挑肥拣瘦，宋朝不要的，他们全都接收，包括藏在深山密林里的侬族人。

几十年前，侬族人的首领叫侬全福。名字很吉祥，遭遇很悲惨。交趾来勒索，他拒绝交保护费，于是开战，他就失踪了。

正规说法是，他被古越南人掠走，不知所终。这样侬族人群龙无首，他的妻子更是从此无夫。无依无靠之后，该女士选择了改嫁。她嫁给了一个富裕的商人，从此过上了平静安宁的生活。

一切很美，直到几个月之后，她生了孩子。新生命驾到，商人很高兴，却忘了生得太快了，这不是他的种，而是姓侬！这个孩子很特别，他有一颗让人发抖的心。

那就是——我知道我能飞！没有理由地，他就是要做皇帝！

孩子长大，终于有一天知道了自己的身世。二话没说，拿刀就砍了养父（从小养大，和生父有区别吗？），带着母亲回到父亲当年的辖区傥酋州，他瞬间夺回了父亲的原职，紧接着就做出了侬族人千百年来做梦都不敢想的事。他自建了一个国家！

"大历国"成立。他不管宋朝有多大,交趾有多强,身后边还有个大理国,反正我就是要当皇帝。他成功了,名字瞬间响亮,他叫侬智高,至少交趾人是牢牢地记住了他。

多简单,不服是吧,那么打服。侬智高跟他爸的遭遇一样,被古越南人一顿胖揍,抓出国境,不过结局很不同,可能是劳教期间的表现很好吧,他被放回来了,而且官复原职,还是傥酋州的首领。

教训很惨痛,当皇帝的心却永远不变。侬智高的满腔怒火,都化作了实干精神。他一边对交趾俯首称臣,一方面暗地里招兵买马,把四周围所有能团结的力量都收编了过来。势力是一天天地见涨,嗯,其实也就是好多的蛮族兄弟,渐渐地条件成熟了,又一个国家隆重登场,"南天国"。

名字比以前的响亮,尤其是经历使人聪明。侬智高见识过了古越南人的拳脚,知道光凭自己很难独立存活。这时他想到光辉伟大、声名远扬、战无不胜的宋朝。何况他的领土理论上是宋朝的,再郑重诚恳地写一封要求内附的报表,应该没有问题了。

那时山高皇帝远,宋朝是俺哥,小小的交趾还在话下吗?

侬智高很有诚意地写好了信,派人送到了最近的宋朝中心城市邕州,从这时起,他就成了个麦田守望者。眼望开封把信传,何日回信到桂边?

时间一天天地过去,就是没有回信。他真是闹不懂,向朝廷归附,不是件很受欢迎的好事吗?为什么我等了这么久,还是没有个反应呢?他的理解是诚意不够,于是继续写,继续送,信使来回跑了N次之后,侬智高一团火热的忠心,终于渐渐冷却。

看来宋朝的门槛太高,不是俺们乡下人能进得去的啊!

其实他错了,他不知道开封城里的宋朝皇帝是多么地盼望着他这类人的表现,之所以会一直沉默地对他,是因为邕州城里的主管大人陈珙。这是个非常好玩的人,至于怎么玩的,等会儿再说。

继续跟踪郁闷中的侬智高,他的好运突然降临,就像十多年前的李元昊。有两个汉人主动找上门来,分别叫黄玮、黄师宓。他们告诉侬智高,何必要向宋朝低头？那早就不是当年潘美的时代了，你只管发兵去打，广西的边防就像豆腐渣！

这时考验侬智高造反指数的时刻到了，同样有汉奸的指导，他比李元昊更难下决心。党项人造反已经是家族式企业，祖孙三代的经验，做什么心里都有些底。侬智高不一样，身在宋朝南方，一个深山老林里的土著居民，有没有去过宋朝州一级以上的城市都不一定，就敢向大宋帝国挑战了？

说来不可思议，侬智高真的干了。某天夜里，他动手把自己的老巢一把火烧了。对部下们说，整个部族的积蓄，都被天火烧光了，一穷二白，没法谋生。要想活下去，只有打破邕州城，占领广州，自立一国。不然大家都死定了！

像不像秦末时西楚霸王的破釜沉舟？不给自己留后路，要做就全力以赴。抛开他的成算，还有他的战绩，至少在决心方面，他已经凌驾在绝大多数的宋朝人之上。

侬智高在当年的四月时，率领五千余人沿郁江东下，最先攻破了宋朝的横山寨。一个月之后，五月初一时，他攻破了西南第一重镇邕州。

他终于和陈珙见面了。

陈珙，是位宋朝当时的典型官吏，很有些年纪了，也等同于很有些资历。当宋朝的老资格官员和深山泥腿子侬智高见面之后，两人给对方的印象都非常深刻。

侬智高认死理，他气呼呼地追问，我写给宋朝皇帝的信，为什么没有回音？陈珙答，我都上交了，一点都没耽搁，只是中书省对你不感冒，信都被“不报”了。不报是什么意思，你懂吗？就是沉默不回复，但你的心情上边都知道，会给你个妥当的回答的……

还在啰唆，侬智高突然把一厚摞的信砸到他脑袋上。纯粹放屁，这都是我的原信，就在你的库房里刚搜出来，你这无耻的老东西，竟然敢当面撒谎。拉出去砍了！

事情很明显，官场老油条陈珙是多一事不如少一事，根本就没替侬智高传达。很小的事嘛，却不料出了这么大的乱子。

这时闹剧上演，怎么也没料到，当地最大的官儿，居然开始大喊万岁。侬智高和下属们都有点愣，搞什么，临终前向开封城表忠心？接下来就发现陈珙竟然是对侬智高喊的！他竟然投降了，而且直接承认了侬智高的皇帝身份。

这就是宋朝地方上最高领导的风采，让没见过世面的侬智高觉得很新奇。不过以后就习惯了，他和宋朝皇帝都发现，各级部门的主管们几乎都是既愚蠢又懦弱的，很少有什么例外。

与此形成鲜明对比的是陈珙的部下们，历史应该记住这些名字，王乾祐、张立、陈铺尧、唐鉴、孔宗旦，这些小人物被俘不辱，宁死不屈，你可以击败我们，但伤害不了我们的尊严。侬智高们看到了传说里的宋朝官员：高贵、骄傲，不可折辱。

当天所有宋朝被俘官员都死了。邕州变成了侬智高的新巢穴，他在这里把国名又变了一次，叫“大南国”，有了年号，叫“启历”，大封官爵，人人有份。接下来，他杀向了宋朝西南方的政治经济中心——广州，一路上仅用了十天，就连破横、贵、龚、浔、藤、梧、封、康、端九府州城。

五月二十三日，他攻到了广州城下。

战绩不错，比当年潘美的速度都要更快些，只是历史在这时出现了个小问题。近现代书籍里，他成了起义军。这让人有点纠结，前面说过了，侬家人世代生活的地方对宋朝来说只是名义上的管制，别说欺压他们，一年到头都互相不见面。

没有压制，何来的起义？杀侬智高父亲的是古越南人，无论怎样算账，他都应该杀到交趾去。跟宋朝这么死磕，怎么都说不通吧？

广州城里的知州仲简是陈珙的升级版，这位仁兄是个超镇静的人。陈珙是为了安宁才压下侬智高的内附报表，他可以为了安静压住急如星火的战报。

前方九座州城被连续打破，这都多危急了，他却把报信的人关了起来，下令说，谁再敢说敌人逼近，就砍了他！

就这样，城里的军队一点准备都没有，城外的百姓们也逃不进城。直到侬智高杀到城下，仲简火速下达两条命令：一、关城门；二、放百姓进来。

这完全是在涮人玩。要怎么操作，才能既快速关门，又能放进全部的百姓？于是就出现了这样的一幕，百姓们为了抢先进城，只好把大批的金银细软拿出来，贿赂城门士兵，没有钱的呢？他们有智慧，眼看着敌军杀到，索性一不做二不休，当不了宋朝的逃难百姓，我当叛军好了！

侬智高临近攻城，又得到了N多的士兵。

广州保卫战开始，宋朝的守城部队很有优势，首先这是当年南汉的都城，城墙的厚度和北汉的太原城有一拼；其次，城里的水源充足，别管有多少人住，永远不口渴。不过最大的一个优势还不是地理方面的，而是知州仲大人的心理。

仲简是个怕死鬼，这种人天生适合守城。只要不到最后关头，为了生存他什么办法都能用上。当然，只要让他觉得没救了，他会瞬间投敌，完成新生。

除了这些，对广州最有利的一点，还是宋帝国的通信能力。从邕州被打破之后，岭南诸郡到开封都城，就建立了一条超迅速的通信驿道，每天不分昼夜快马奔驰，把最新的消息传给北方的皇帝。效率高到了只过五天，就有命令返回到南方。

命广南东路各处军马归李枢、陈曙节制，自韶州方向集结，向广州运动，截击侬智高。

命令下达很快，军队的行动就难说了。南方近百年无战事，这是个恐怖的概念，想想帝国东北方向，澶渊之战才过去了四十八年，军队和要塞就都变成了豆腐渣，南方军队的素质就可想而知了。

救援的军队在集结、集结、集结再集结，广州——开封的快线天天在跑，带回来的都是令人心惊肉跳的消息。侬智高昼夜不停地攻城，人数超过了两万，不仅从旱路爬城墙，水路上的动作更大。

他收集到了两百多艘船，从水路攻城，不巧的是那天突然刮起了大风，强度嘛，很无语，到了飓风的程度，更恶劣的是风的方向。

从广州往外吹……城里的人只需要把火把点起来，然后举高，撒手，就万事 OK 了。水面上一片火光，侬智高的人各个都变成了燃烧的火鸟。

危机渡过了。侬智高围城五十七天，办法用尽，人死了不少，考虑到之前抢了不少的东西，再加上宋军终于完成集结，开始步步逼近，他选择了撤退。

目标是老巢邕州，不知为何，是出于恋家情结，还是最先得到的很值得纪念，他把那里当成了根据地。这样行军，很快就被宋军预判出了路线，在贺州时他被截住了。这是场激烈的战斗，相当的激烈，因为死了很多的人。

宋军自广东都监张忠以下十多名军官阵亡，士兵……都找不到了。打仗很辛苦，跑步很舒服，侬智高的面前出现了大片的空白地，这让他看到了太多的东西。

宋朝的军队很儿科，宋朝的土地很广阔，还有，前面就有无数座城池，里面有他从来没见过的好东西。还等什么，他决定先不回家了，拐了个小弯，连续攻破了昭州、宾州两座西南重镇。直到这年的十月十二日，他才胜利班师，回归邕州。

出去旅游了五个月，他看清了这个世界。原来人生可以这样过的，大南国，从此顶天立地，我侬智高，就是人中的帝王！

在他的骄傲中，宋帝国作出了新的反应。他们终于弄清楚了一个大前提，用岭南方面的军政体系，已经解决不了问题。要动用帝国在北方的精英。可是派谁去呢？这是个问题，当年平定岭南，派的是帝国最强的将军潘美，现在百年光阴已过，没有了赵匡胤，就算有潘美，谁敢派得出去呢？

这个思想主导了当时的选人标准，宋朝最先派到南方的北地主管，充满了悲观和无奈。本来不是他们的，但最应该去的那个人，就在这个时段离开了人世。

范仲淹死了，死于 1052 年六月间。我实在不想在纪年上采用宋朝的官方年号，因为它辜负了它的忠臣。事实上，从某种角度上来说，是宋朝谋杀了它三百年间最伟大的人。

从庆历四年（公元 1044 年）被贬出京城之后，范仲淹就开始了漫无崖际的贬官之旅。他先后在陕北边关各州：邠州、邓州、荆南、杭州、青州等地任职，每到一处，都尽己所能地做事。每一个地方都留下了他勤政爱民的传说。

所谓游行天下，兼济苍生，他的声誉攀上了一个新的高峰。在民众的心里，他是一个官，更是一个神，或者是慈悲的菩萨。对此，历代的史书往往强调这对范仲淹的人生圆满是件好事，可都忽略了一点，以范仲淹的年龄和他的身份，怎么会有这样的遭遇呢？

宋朝的宰执大臣自从太宗赵光义开始，就走马灯似的换。换的人多，走的人也多，只有犯了欺君叛国的大罪，如丁谓，才会远贬海崖不许回京。其实就算是丁谓，也在晚年时被刘娥赦免，回京城养老。

范仲淹究竟做错了什么事，要在风烛残年奔波天下，直到劳累至死呢？

回顾他的一生，无论从哪方面来说，都符合儒家教义下的典范。就算以现代人的眼光来挑剔，他也拥有一个从低到高，顽强自立的完美人生。无论是在精神上，还是在实质上，都为民族和国家作出了同时代里最大的贡献。

只是曲高和者寡，过洁人皆谤。他不被敌人所了解，也不被“同党”们理解。在他活着的时候，在各个方面都是个异类。

与之形成鲜明对比的是夏竦。这个无耻的老滑头被赶出京城之后，只隔了一年，就又回来养老了。当时无数人鄙视他，声讨他，要他立即滚蛋。

夏竦充分发挥了他的不要脸精神，写下了这样一份保证书：已离本职，就长假于东京，寻求医药，救疗残生，更不敢有纤毫希望干烦于朝廷。

就此赖在京城，直至老死。

两相对比，细思量，范公遭际只能从他的为人立身的亮点上去考虑了。我想到了他的那篇传世名作《岳阳楼记》。这篇文章，是凡识字的中国人都曾经读过。都知道这不是在说岳阳楼，而是范公在贬谪之路上心潮翻涌，为自己的一生作出的归纳总结。

其中有千古名句：“先天下之忧而忧，后天下之乐而乐。”这就是范仲淹一生遭遇的根源所在。

他和夏竦的区别除了正邪之分，在当时的皇帝、大臣的心中，恐怕远远不如夏竦般可爱。那个善解人意的，讨喜乖巧的，从不正颜厉色的，非常会享受生活的夏竦！前面提过，进入庆历五年之后，北宋仁宗朝就开始了平安富足的好日子，内忧外患都没有，养得所有人都活在美梦里。

我们不说美梦过后变悲哀，黄河改道，王则、侬智高造反，只说在这段悠游岁月里，京城里的人为什么要想念范仲淹？他总是忧来忧去的，动不动就危言耸听搞新政，动不动就提醒大家要小心外敌内乱，每时每刻都不让大家过清心日子！

这样的人，就让他离远点，自己忧着玩去吧。

这就是圣人的悲哀，孔夫子不被春秋所理解，范仲淹被宋朝当做异类。他们走的都是同一条路，风景的宿命是用来路过的，再美再壮丽的都一样。谁让你不合时宜……

就连“三百年间第一人”的称号，也是在宋朝不断没落的过程中，北宋亡国，南宋危急时，人们追念他，不断反思提出来的。

范仲淹谢幕了，他走完了自己的人生。在他死时，官方记录里只有享年六十四岁，病时皇帝派人送药，死后“嗟悼久之”，谥文正，赠兵部尚书，皇帝亲笔书写褒贤之碑。

真挺荣耀的。

只是翻开宋史，死后追封侍中、王爵、公爵、侯爵的大臣不计其数，派人送药更是小儿科，至于文正公的谥号，更是不说也罢，就连夏竦死后，礼部最初议定的都是“文正”。当时的知礼院司马光怒不可遏说了一句：“谥之美者极于文正，竦何人，乃得此谥？”才算去掉。

还有那块褒贤之碑，还是别说了，这类碑很常见的，皇帝随手就写。范仲淹的老朋友吕夷简就得到过一块，人家叫“怀忠碑”。

忠和贤，哪个高？

宋朝最初派往南方的两人是余靖和杨畋。这就露着古怪。余靖鼎鼎大名，是仁宗朝首屈一指的言官，杨畋很陌生，根本名不见经传。这么大的事为什么会交给他？

谁都知道，言官管的是风纪问题，和战争不沾边。既然要调动帝国的北方精英，那些有过战争经验的，如韩琦、文彦博、明镐、尹洙、张亢等人为什么不去？这就和前面所说的赵匡胤与潘美有关。长江以南，就像剑门关以外的四川一样，是宋朝鞭长不及之地。突然爆发了动乱，再派去个鹰派人物，小心两广再冒出个南汉帝国。

所以要派政治觉悟过关的余靖去，说到底他就是个监军。打仗的事呢，就交给了杨畋。

杨畋，看他的资历非常正规，他是正牌子的进士出身，可转眼之间工作就调到了枢密院系统，他当上了武将。真是没办法，谁让他的出身不对。

杨，是杨业、杨延昭的杨。他是杨业的弟弟杨重勋的孙子，杨文广的堂侄。祖孙多少代都受尽了文官的气，好容易转行了，却被一个突发事件硬生生地扭了回来。九年前，湖南方面的瑶族人造反，没有侬智高这次的火暴，可也非同小可，杨畋被调过去平叛。

他的遭遇就是这时宋军的翻版。无论你有多好的战略计划，都要由士兵们来实施，而这些大兵哥会让人激动得痛哭流涕。杨畋的开门第一仗堪称一泻千里，前方刚开打，他在后队没等下什么命令，就突然间见到了敌军。

瑶族人杀到眼前了！宋军瞬间消失，把堂堂的主将大人晾在了当地，总算杨畋反应够快，躲在山崖下的浅草里，才捡回了一条命。

这样的军队可以说是一点希望都没有了，换了谁，都没法再打仗。可杨畋不愧是姓杨的，他想尽了办法，两年之后，把这次叛乱镇压了下去。其间的困难就不用说了，成功之后他的要求只有一个。不求升官，就让我回到原职吧。

从此再不当武人。

可是不行，你是杨家将里的当代精英，尤其是有了南方平叛的实际操作经验，这次侬智高这样猖獗，不派你去派谁去？

于是杨畋主管军事，余靖主管杨畋，这样的领导班子过长江，越秦岭，来到了遍地烽火的两广之地。简单地说，这两个人都很尽职，杨畋到达韶州时，正赶上了侬智高从广州回邕州的路上与宋军决战，张忠等人战死。大败之后，杨畋决心振作。他命令两广宋军向他靠拢，一边行军，一边把散处各地，没法携带的粮草都烧毁，决不再给侬智高留下给养。

接下来决战，他重温了上次的噩梦。用南方的官军和生猛的山区原住民硬拼，杨畋败得比上次还惨。但是他没有机会了，这里不是湖南，是边疆。宋朝不会再容忍他慢慢地平叛，不能迅速地剿灭侬智高，无论是大理还是交趾，都会蠢蠢欲动。

他被直接贬官，调回内地。

说余靖的工作。余靖是搞思想斗争的专家，在一番高屋建瓴的思索之后，他把目标放在了分化侬智高的内部团结上。他向中央申请了大笔经费，来结交古壮族的四大姓部落，结果气氛是真的变好了，每个西原蛮人都对他真诚地微笑，其笑容的甜度系数和手里的宋朝铜板数量成正比……很动人，很和谐，可这对迅速搞定侬智高来说，只是敲边鼓，烟幕弹，根本就没有实际意义。

宋朝要的是尽快平叛！

怎么办呢？宋朝内部开会，再次得出了一个大前提，即光派北方的精英去领导还不够，必须把北方的军队也调过去，才能一劳永逸。在这个主导前提下，一位职业军人在宋皇祐四年十月初八日，走进了皇宫深处的垂拱殿。

一个传奇开始了，他将留下千古传颂的英名，同时也把自己的一切断送。

这是宋朝西北战场上硕果仅存的一员名将了。与党项李元昊交战的几年间，刘平、任福、郭遵、武吉、王珪等名将都已战死，麟、府两州的张岜也因伤势积累英年早逝，青涧城的种世衡也步入了老龄，屈指算来，宋朝能叫得响的将军，只此一位了。

狄青。

宋、西夏议和之后，他回到了京师，他是有禁军背景的，因功升官，从侍卫步兵殿前都虞侯做起，很快升到了步军副都指挥使、马军都指挥使，成为北宋禁军的首领。现在南方军情紧急，局势要求宋朝必须派过去真正的常胜将军，无可奈何，只能选择狄青。

垂拱殿内，仁宗皇帝为狄青设宴送行。近百年之后，宋朝第二次派出了当时的第一战将征伐岭南，更是自太宗赵光义登基之后，第一次不派文官做监军随行。狄青有权独自裁断南方一切军政大事。这是空前的信任，更是空前的压力。

对此，狄青留下了这样一句话："臣起自行伍，非战伐无以报国。愿得番落骑兵数百，益以禁兵，羁贼首至阙下。"

他的愿望都被满足了，宋朝派出了三万禁军精锐，随他过岭南决战。三万人，这个数字应该不算多，但是参照当年潘美平定南汉时的十州军力，应该说只高不低了。至于素质怎样，刚刚经历过西夏战火锤炼的大宋西军，从这时起，就成了北宋所有军队中最强的一部分。

直到帝国崩溃时，它都承载着宋朝人最后的希望，就连有宋一代最神勇的岳飞嫡系，其精髓部分，也由西军组成。

最强的军队向南方运动，狄青的命令已经先于军队颁布向两广。第一，他命令所有军队原地待命，不得出战，直到他率部赶到；第二，他命令余靖余大人，把那个操蛋到了极点，堪称昏中之昏的绝世昏招暂停了，不然我就杀了你！

要说余靖真的是位勤劳工作的好干部，杨畋军事上的失败，还有他分化政策的迟缓都让他警醒，为了击败侬智高，他想出了个超级"聪明"的招数。

一个问题，侬智高最怕的人是谁？对了，交趾人，当年杀了他的父亲，劳教过他本人，让他一直都灰溜溜地夹着尾巴做人，从来没敢大声喘气过。那么，我们是不是可以联合交趾人，请他们派兵，入境支援呢？

那时想来什么都解决了吧！

很好，说做就做。余靖把朝廷支给他的大笔财产划给了交趾方向当时的首领，宋朝官职叫"交趾郡王"的李德政。约他领兵到邕州会合，代价是先给付两万贯现钞，同时在邕州附近还准备了足够一万人生存的粮草，随到随吃，不够还有。这就造成了一个事实，即交趾人可以大大方方地进入宋朝国境内部杀人！

自古兵匪是一家，本国内部的军队在打仗时都会搂草打兔子，何况是外国的“友邻”部队？更何况堂堂中华上国，剿灭一股山林土匪都要申请外援了，信不信从此交趾人会贼心大起，时刻想着冲进来烧杀抢掠？

这真是驱狼进虎，愚不可及！狄青严令余靖，马上给交趾人写信，让他们滚蛋，宋朝的事，他们连知道的资格都没有。

对这两个命令，余靖是有选择地执行了。他给交趾方面打过了招呼，让李德政在国内老实待着，没他们什么事了。另一条，狄青严令诸将不得出战，余靖选择了短暂性失忆。当狄青的南征大军到达宾州时，小插一句，地形方面，从北向南，先宾州，过昆仑关，才是侬智高的老巢邕州。余靖召见了原南方军队的主将陈曙，命令陈曙立即出战，别让狄青抢了头功。

陈曙的心态变得微妙，余靖的命令不得不听，军人争功的心理又压抑不住，何况军队也早成了一个幸福的大家庭，已经N年没有什么军法处置了，违抗一下狄大将军的军令，有什么大不了的吗？还有按照惯例，余大人到时也会说话，狄青一武夫，怎么敢驳文官的面子？

思前想后，没有危险。陈曙带着八千名士兵杀向了昆仑关，结果输得灰头土脸。当他往回撤时，绝对想不到等着他的会是什么。

狄青在年底时率军抵达宾州，这里成了宋军的大本营，两广官军所有将官，包括两个文官孙沔、余靖都赶来会合。

狄青升帐，第一件事就是处理陈曙。先回顾历史，有宋以来，准确地说，是从宋太宗赵光义开始，对军人是相当的仁慈，具体就表现在战败无罪上。参照幽燕之役、雍熙北伐时的倾国之败，也没见砍了谁，所以没人会把陈曙这次小小的失败放在心上。

狄青的命令却是把陈曙以下失败的将官三十二人一起推出去，军法从事！

一次处决三十二人，这在宋朝的历史上只有开国太祖赵匡胤做过，快一百年了，远得都像是传说里的故事，突然间重现，让所有人震惊。

余靖站了起来，他说的话很有水平。“陈曙犯了军法，我也有节制之罪。”像是在主动承认错误，其实是把罪过往文官集团上拉。怎么的，你难道还想杀文官不成？

众目睽睽，狄青的回答更有水平。“你是文官，不受军法处置。”言外之意，如果你是武将，现在我就杀了你！

史书记载，“靖瞿然起拜”。这位敢对皇帝叫板、举国闻名的言官立即就老实了。三十二颗血淋淋的人头，在片刻之间就铸出了狄青铁一般的军纪。

军威已成，士气大振，狄青接下来的举动更加奇怪了。他率领着压倒性优势的军队，武器的精良、军政的支持更是全方位的，却一动不动了。就在宾州城里待着，唯一的举措就是下令征调十天的粮草。十天……整个南方都在猜疑，他到底想干什么？

是想在十天之内就决定胜负，把流窜两广、战无不胜的侬智高打败？不，打败都不够，侬智高会逃的，那时粮草不够，难道要饿着肚子追人玩？开玩笑，那时旷日持久，追上一年都有可能。想来想去，大家得出了一个结论，狄大将军肯定是另有打算，战争不会在短时间内爆发了。

这样的想法，同样在邕州城里的侬智高心里生成。

依智高不会想到，这一两天里，就是他命运的分水岭，他有一个关乎胜负成败的最关键点握在手里，只要小心些，宋朝的官军就注定了要陷进泥潭。

那就是昆仑关。

昆仑关位于邕州城东北方五十九里处，昆仑山（非青藏高原的昆仑山）东侧。这座山巍峨险峻，谷深坡陡，素有“南方天险”之称。它的重要性，在一千年之后的抗日战争时都重现过。当时全中国唯一的全机械化军，国民党军第 5 军主攻，在这里击溃日军号称“钢军”的第 5 师团第 21 旅团，取得“昆仑关大捷”。

之所以有大捷，是因为有决战，之所以有决战，因为这里是中国南方的关键点。据守昆仑关，就等于掐断了往广西前进的路线，虽然宋朝和抗日战争时不同，但昆仑关的天险位置和作用，没有区别。

这样的地段，让狄青很挠头，更让他警觉的是，陈曙上次贸然出击的后果。透过各种资料的迷雾，小心求证，会发现陈曙战败的地点叫金城，那是在昆仑关的南边，也就是说，宋军曾经在狄青到来之前，就越过了昆仑关，直接威胁过侬智高的老巢！

这会不会引起侬智高的不安？经历一次风险，只要稍有些军事常识的人，都会及时弥补漏洞的吧。当然，也可能不会。对方是个深山原住民，理论上对军事一窍不通，昆仑关上或许还是不设防的，这非常可能！但是，狄青没理由说服自己行险，宋朝最强的西北军出战，怎么可以把赌注压在对方的失误上？

所以才有一动不动和十天的粮草。不仅是敌人，连他自己的部下都不知道他要干什么。突然有一天，他命令全军开拔，整支军队分为三段，由他、孙沔、余靖分别率领。在当天清晨出发，黄昏时分到达了昆仑关下。他再次颁布严令，诸将不得妄动，第二天黎明时到大帐听令。

第二天，大帐前竖起了狄青的大将军军旗，全军将官肃然环列，静候军令，却不料久久不见动静。直到有军校从关上赶下来，对将军们说，大将军昨夜已经率前军越过昆仑关，现在在关南归仁铺一带等你们一起吃早饭。

欺骗了侬智高，甩掉了碍手碍脚的文官，狄青在一夜之间就把胜利牢牢地握在了手中。从踏上昆仑关头上的一瞬间，历史就将注定，侬智高必败。

因为这位深山原住民，不清楚汉人真正的战斗力是怎样的。也就是说，为什么狄青不敢强攻昆仑关，而是在夜里悄悄地翻越。那是个秘密，关系到汉人曾经无敌于天下，那个天可汗的传说里最激动人心的成分。

它很快就将在侬智高的眼前展示威力，虽然那只是宋朝版的模仿，也绝不是化外野人，一时骄狂的蛮族所能想象的。

历史聚集在归仁铺这个地方。铺，是古代邮路的驿站名。在昆仑山上设关隘，行驿路，最早始于汉朝，到了宋朝，昆仑关的东路已经发展到了十一站，即十一铺，归仁铺排在第二。从地理位置来说，是当地的最佳攻防点。

身后是制高处昆仑关，越往后退地势越高，有利防守；向下是南方的路，也就是侬智高的来路，叛军需要仰攻，而宋军居高临下。

侬智高很快就来了，这时他今非昔比，再不是刚开始时的亡命土匪。他的军队有了统一装备和着装军服，每个士兵手执大盾牌、标枪，穿绛红色衣服，远远望去，就像一片火焰一样。临近战场，他们分成了三列战阵，主动冲击官军。

狄青的队伍仍然分成了前、中、后三军。他本人在前军督战，把两位文官远远地挡在了身后。孙沔和余靖站在高处，他们清晰地看到两军接战，宋军立即就支撑不住了！

前军的右将孙节是全军的总先锋，开战伊始，两军冲击，他很快就淹没在人海里，他的军队开始分流，一部分在归仁铺的开阔地上顽抗，一部分向两边的高坡上退却，等于撤出了阵地。

前军动摇，后面的两位文官神色大变，很明显，又一次的败仗即将到来。他们开始绝望，身为曾经的京官，开封城里有多少家底，不是什么秘密，就算再能派出来援军，规格也很难高过这次了，难道说长江之南真的要改天换日了吗？

与他们相反，狄青很平静，眼看着部队濒临崩溃，他像是无动于衷。也许是他梦回吹角连营风雪苦寒的西北塞外了吧。那时数十万人喋血沙场，多少英雄曾见惯，眼前的小争端算是什么？

狄青站了起来，举起一面白旗向阵后挥动。那里有他隐藏着的秘密，从西北方面带来的数百名番落骑兵。只是几百人而已，但他们起到的作用，是压阵的文官，还有对面的侬智高所无法想象的。那关乎一些光辉耀眼，传说中神奇得近乎奇迹的名字。

汉之虎贲，唐之玄甲。

这是两支全骑兵兵种，不能说强汉盛唐的威名是由他们所打下的，但是在那些奇迹一样的战役里，他们往往创造出最震撼的篇章。虎贲军有些远了，唐朝的玄甲骑在天可汗临战时，不止一次地从对方阵前直突阵尾，再原路杀回，不只是打乱对方的阵脚，是从根本上击溃敌方的士气。

玄甲骑，只有一千余人。

那么面对两三万人的侬智高部队，几百名番落骑兵能起到什么作用呢？当天归仁铺激战，番落骑兵没有理会和宋军前锋纠缠的叛军队伍，而是分成两队，直插侬智高的后阵。疾风般的速度，是侬智高这些南方原住民做梦都想不到的。

那不是他们善走山路的西南小马，而是宋朝西北边疆上与党项人争锋角逐时的草原骏马，这就是狄青为什么要在夜里潜渡昆仑关的原因之一，你不能要求草原上的战马迅速爬坡，就像这时侬智高也没法应付踏上平路战阵的剽悍骑兵。

番落骑兵插进了叛军的后队，左军向右，右军向左，在整个战阵中交换位置，连带着把侬智高的队伍搅乱。没等对方有什么反应，他们马上又再来了一遍，就像当年的玄甲军那样，视敌阵如无物，来回穿插，反复杀戮，直到侬智高的军队崩溃。

归仁铺就是侬智高的终点，一切都结束了。叛军向邕州方向逃跑，宋军一路直追。五十里之后临近邕州城，截止到这里，捕斩二千二百人，活捉五百余人，汉奸军师黄师宓、黄玮等人都在被杀名单之内。侬智高本人很幸运，他逃进了城里。

夜色降临，邕州城外官军脚前脚后地杀到了。狄青一直记着自己的诺言，要把侬智高的首级带回开封，献给皇帝。在他想来，接下来会有更艰苦的战斗，邕州是西南第一重镇，城高池阔，如果叛军据城死战，达到了贝州城王则的程度，那就是个比昆仑关还要命的噩梦。

总不能让番落骑兵飞越城墙吧？

可是白担心了，就在狄青布置围城，准备攻坚时，邕州城里突然间火光冲天，整个城市变成了一座火海。侬智高烧城自尽了！这是全体官军第一时间里的共识。可狄青不那么想，蛮族反叛，最棘手的一点就是生不见人，死不见尸，你打赢了一次，他躲起来，事后还会再折腾，永远没完没了。

不能再等了，他下令不惜代价，强攻进城，不论是活的还是死的，必须把侬智高抓到！

邕州城在当天夜里被攻破，连夜搜城，史书中留下了三点记录。第一，投降者免死，共招抚被胁迫七千二百人，放归乡里；第二，反抗者必死，被杀的共有五千三百四十一人；第三，发现了一具身穿金龙袍的尸体。

最后这一条让全体宋军高兴，没有疑问，这具尸体就是侬智高，叛匪首领被击毙，功德圆满，无可挑剔了，狄青所要做的就是写奏章报捷。但是他再一次犹豫，说了一句非常违背传统的话：这或许是个骗局，这具尸体不一定就是侬智高的。

这句话是盆冷水，实在让人费解。自古以来军功章里都有着大量的水分，很多事人人心知肚明，可都不说出口。就比如这具穿着金龙袍的尸体，不管是侬智高留下来迷惑官军的，还是官军随便找具尸体套上的袍子，效果都一样，就是下班收工了，皇帝拿赏钱来！

狄青否认了，就是在挑战潜规则，甚至是拿自己的诚实，来搞垮整支军队的荣誉，破坏大家到手的工资。

因为狄青的坚持，关于侬智高的下落，史书里标准的说法是他从合江逃到了大理国。但是从此之后，就再没有这个人的官方消息。

他没有再出现过。

那么怎样证明他死了没有？那具穿金龙袍的尸体是不是他本人？这都是谜，永远没有正解。能证明的只有一件事，那就是狄青的忠实和真诚：我没有抓到他，我没法证明他死了，那么我决不冒领军功。

以忠事君上，狄青问心无愧。与之相对的是赵祯的奖赏，这一次宋朝真正做到了赏罚分明。先说罚，自侬智高造反以来，广东两任转运使都撤职降官，那些在战争中弃城逃跑的地方官都被严肃处理，最重的削职为民。关于赏，焦点集中在狄青身上。

宋皇祐五年（公元 1053 年）四月初三，狄青还朝。仁宗再一次在垂拱殿设宴，百官出席作陪，皇帝亲自把盏斟酒，为狄大将军庆功；几天之后，又在这里观看狄青指挥番落骑兵重演归仁铺破敌场面，与此同时，下令宰执大臣为狄青议功。

议功自古以来只有两条：一、升官；二、赐钱。钱就不用说了，那在宋朝太常见，问题集中在官职上。狄青在平叛之前的两三个月时，被提升到了枢密副使的位置上。很难说这是不是打了点提前量，为他出兵时的威信着想。这时得胜归来，问题就出现了。

如果升，怎样升？身为武将，绝不可能进入东府，成为宰相，那么这个"副"字能否去掉？如果去掉了，狄青就将打破近百年间无人敢问津的一项纪录，除了开国名将曹彬以外，从没有任何武将，能得到军方第一首脑，西府枢密使的职务。

第十四章

梁适升官记

这句话或许会有争议，史书上写得很明白，宋朝建国之后，以武职出身任枢密使的大有人在。比如吴廷祚、李崇矩、楚昭辅、王显、张逊、柴禹锡、王继英、马知节、曹利用、张耆、夏守赟、王德用等人。但有个区别，武职和武将是不等同的，如大名鼎鼎的曹利用，澶渊之盟时他在前线起了大作用，但杀人现场他到过吗？曾经亲手砍过谁吗？

这就是不同点，比如一个文官，当过了一任枢密使后，也就是有过武职经历了，可他的本质，也就是说危险程度，还是个文官。他不会被宋朝官场所注目。当然其中也有些另类，比如王德用。这是位真正的武将，但当上枢密使时，准确地说，已经是曾经的武将了。

他少年时痛打过李继迁，青年时和萧太后对阵，之后沉寂几十年，不管愿不愿意，只能躺在功劳簿上睡大觉，直到老得不行了，才荣升西府，当上了军方第一高职枢密使。之所以会这样，就是宋朝的西府选官标准在作怪。您是位能杀人、能篡位的武将，青壮年时别管功劳多大，都得当乖乖宝。

直到快老死了，彻底没危险时，你才能被提拔起来，变成一尊神像。这就是截止到狄青之前，北宋武将的集体宿命。现在轮到狄青了，能有什么不同吗?

议功由中书省的宰相们负责,各位宰相先介绍一下。由于文彦博被参倒,目前庞籍变成了独相,他下面有一位参知政事,名叫梁适。这是位应该细说一下的北宋仁宗朝的典型官员,他的升官与发迹,很有些当时的普遍特点。

首先,社会在发展,建国百年之后,官场上早就形成了人脉体系,走这条路,在形式上没有科考中举来得风光,但走得更快更稳,就好比梁适。他的父亲是前翰林学士梁颢。父亲死得很早,可翰林学士几乎每天都和皇帝见面,这就让他的起步和发展有了条捷径。他在很小的时候,就把父亲的遗作,和他自己写的文章一起呈交给当时的皇帝宋真宗。

赵恒看了后说了一句话:“梁颢有子矣。”就这一句话,成就了他一生的荣华富贵。他当官了,是秘书省的正字,一个小科员。

名不见经传,扔进人堆里就找不着。但这就算有个台阶了,梁适在京城里默默无闻地工作了段时间,作出了人生的另一个决定。他要求外放,哪怕只是一个县官,也愿意去当。

这是个决定性的转折点,如果还在京城里待着,他父亲当年的影响力总会耗尽的,那时他就是个非常普通的纨绔子弟,只能随波逐流,比常人稍好地过完这一生。到了外地当官就不同了,最起码有一点,不管好坏他有了资历,每隔五六年就会“磨勘”一次,那就是升官的机会。

梁适是个有心人,做事清醒明白,该工作时,在他的列传里留下了些实干的记载,由于都是些工作细节,就不一一列举了。他人生最重要的转折点在他升任枢密直学士,做延州知州时。他请了个假,说要回家乡为父亲修墓,路过开封城时,他进去了。

像这样的人,走进开封城之后,就有办法见到皇帝。不说别的,他父亲当年的同事们,遍布国家各个主管部门,随便找谁,都能混进金銮宝殿。他见到皇帝了,注意,史书里说,他“自言前为朋党挤逐”。也就是说,他自己陈述,以前是被范仲淹、富弼、欧阳修那批新政君子给赶走的。

这很重要,当时庆历新政刚夭折,皇帝提起君子们就头疼。突然出现一位出身良好、外地实干、性情平易，连被排挤出朝廷都默默无言的中青年干部，是多么的不容易啊。国家需要人才，于是梁适先生被留下，当上了……别惊讶，子继父业，是翰林学士。

帝国最高的文士头衔，翰林学士，由一位未经科考，不是进士的人当上。这是个不折不扣的丑闻了，出身不对也就算了，升官的过程明显是个猫腻，这让御史台人员非常愤怒，没说的，大伙儿操家伙上，把这位崭新出炉的奸邪打倒！

梁适倒就倒了，他被赶出京城，以侍读学士的身份到澶州当知州，后来又转到了秦州。可是别怕，这个过程就是履历，别管有多丢脸，他曾经当过国家两制官员，而且是两制里居于上位的翰林学士。在宋朝，在中国所有的朝代里，履历都是个最正规的名片，永远比一个人真实的能力更让官场信服。

梁适很快就又回到京城了，他进入了审刑院，头衔是枢密副使。

地位升得很高了，超过了他的父亲。但职位越高，欲望越高，升官会有个极限吗？当然，还差了两步而已。一、枢密使是副的；二、这是西府，不是东府中书省。

梁适接着忙活，在枢密副使的位置上做出了两件事。第一件，前面说过张尧佐升官记，他一日之间身兼四使，让宋朝官场集体暴怒。台谏官以包拯为首，和皇帝死磕，激烈到了郭皇后被废事件的程度。就在两边都水深火热你死我活之际，梁适说了句话。

“台谏论事，职耳。尧佐恩实过，恐非所以全之。”

前半句把台谏官安抚了下，他们是很出格，可都在职责范围之内。后半句给皇帝也下了台阶，您对张尧佐实在太好了，小心过分的恩宠会招灾惹事。两边都不得罪，更巧妙地同时站在了两边。既是好臣子，又是好同事。

他的列传里说，张尧佐的两个头衔就是这样被去掉的。一句乖巧的话，比包拯等人的冒死劝谏都有用。

第二件事，与辽国有关。辽国在耶律宗真的领导下总是会有不断的花样出现，李元昊死后，他再次做起了超级大国之梦。具体表现是不贪钱了，他图名。

翻阅史书，他发现辽、契丹等名字太乡土化，都不足以标榜他现在帝国的国际地位。为此他给宋朝写了封信，提议说，我们都改名吧。鉴于现状，我叫北朝，你叫宋朝，简明扼要，历史上还有前例，这多好，你们同意吗？

宋朝的皇帝和大臣都有些犹豫。说实话，辽国的疆域真的比魏晋南北朝时的北朝大多了，而且百多年的基业，更是非同小可，自称北朝，都有些谦虚了。关于这一点，就是现代的历史学家们，都有以当时的辽国为正朔，宋朝为旁支的看法。

可是答应？这关乎民心士气，尤其是汉本位的思考方式。孔夫子教过我们，“夷狄之有君，不若华夏之无”。无论怎样，我们都是优秀人种，怎能和蛮人相提并论？这时梁适说话。他说，宋朝之所以为宋，是受命于天，任何人无权更改。契丹也是一样，就以当年的南北朝为论，也都各自有魏、晋的国号，怎么能统一混称为“南、北”两朝呢？

皇帝听了很高兴，梁爱卿说得有理，回信拒绝耶律，这事儿没法向您看齐。同时梁适升官，即日起到东府上班，头衔是参知政事。

以上就是梁适版宋朝升官记。是不是太轻易、太儿科了呢？是的，在北宋仁宗年间升官的确不太难，相应的就有两个问题存在。

第一，升得容易丢得快。宋朝的官员，尤其是宰执大臣的更换是流水线式的。你上我下，几乎芝麻大的功劳就上，米粒大的罪过就走人；第二，参知政事的确很高，但是前面有道超高的门槛。一步之遥，天地之别。那就是从参政到宰相。

这是根本性的区别，从权力到待遇，哪一点都没法比。于是相应的，要迈过去，需要付出的代价就要高得多。怎么才能迈过这最后一道门槛，踏上帝国最高的人臣巅峰呢？这个命题在梁适的心中生成，他无时无刻不在观察着，思考着，判断着每一个机遇的发生。

直到狄青得胜还朝，东府为他议功升官。

事情很清楚，狄青身为枢密副使，又没法升进东府，那么去掉“副”字势在必行，这是唯一可以升的官职了。但是被人否决，帝国唯一的宰相庞籍全力以赴地反对。他对皇帝说，狄青不配当枢密使，理由如下。

依照惯例，比如开国时的慕容延钊，一举夺得荆、湖两地，方圆数百里，兵不血刃，这样的功劳怎样？太祖皇帝只是赏钱。再比如曹彬平南唐，擒李煜，拓地数千里，功勋开国第一。想得到使相，结果怎样呢？太祖皇帝还只是赏钱。这是不变的原则，祖宗的规矩，武将永远不能当枢密使。何况狄青的功劳远远没到上面两人的地步，当枢密副使都很勉强。

以上的话，可以说是文官鄙视武将的经典，出自庞籍之口，从职务到身份都非常合适。但是要分谁去听，有些人能听得热泪盈眶，觉察到在污秽冰冷的官场里，也有温馨纯洁的友情存在，有时捧你是害你，骂人才是好意。

有些人就听出了一连串的计谋和金钱权位的味道。比如说梁适，他就突然间看到了一条从参政到宰相的光明大道。

人活在这世上，要分清楚谁对你好，谁对你坏，可真是个大学问。现在请大家化身为狄青，看看宰相与参政大人之间的谈话，来分辨谁才是真正为他着想的那个人。

梁适站了出来，反驳上面庞籍的话。他说，宰相大人，您不公平。不久之前王则叛乱，只是占据了贝州这一座城池，文彦博出兵收复，回来就做了宰相。现在狄青是一举平复两路，功劳与之比怎样？为什么就不能当上枢密使？

言之在理，对比分明。一座城和两路（两省）相比，孰轻孰重？庞籍应该没话说了。可是不，宰相的面目变得非常可憎。

庞籍说，贝州之赏，本就是过分，所以现在不能再过分了。你是参政，难道不知道我朝文官为相，出入无常，武将为枢密使，非有大罪不可罢免。这就有两个问题。第一，现在的枢密使高若讷，他犯了什么罪，要罢免他给狄青让位？第二，狄青还很年轻，这时给他西府之首的位置，以后他再有功怎么赏他？我这是对他好，不只是珍惜国家名器。

梁适冷笑，难道要狄青为文彦博的错埋单？或者一点都不赏他才对，那样以后谁还会为国家出力？还有高若讷，现任的枢密大人怎么就没有错呢？他不久前出行，开道的胥吏把行人无辜打死，正在被台谏官弹劾，仆有过,主之罪,他难辞其咎,早晚下课。狄青升官,不仅是理所应当,更是顺理成章!

截止到这里,稍微有点理智的人,都能分清楚梁适说得句句在理,庞籍这个演义小说里包拯的死对头、大恶人是在无理取闹,嫉贤妒能。那么怎样处理呢?结果比较郁闷,皇帝居然听从了庞籍的话,把狄青的升官之路就此掐断。

狄青的酬劳变成了一大堆的荣誉性头衔,比如上国军节度使,检校太傅,再给他的四个儿子都连升数级,外加一大笔钱。这件事就此结束了,国家和狄青货款两清。

尘埃落定,国家开始忙着别的事。可梁适却没有放弃,他静静地思索,这件事还有没有变数。回头想,首先皇帝的决定他是有心理准备的,原因就是庞籍和狄青的关系。

皇帝决没有失心疯,这两个人都是西北系的,战场上打出来的交情。在这次南方平叛中友谊更上一层楼。狄青之所以能挂帅,就是庞籍推荐的,他能当上岭南军政一把手,更是庞籍为他争来的,无论从哪方面来说,他都是狄青的大恩人。

所以别人打压狄青,是伺机报复,别有用心,庞籍怎样做都光明磊落。那么光明磊落加祖宗规矩,是不是就没法改变了呢?梁适不这么想,为了从参政跳到宰相,他必须让狄青当上枢密使!为此他做了三件事。

第一,给皇帝写密折。为狄青叫屈,并且现次警告,这时不是祖宗的时代了,里忧外患需要武将,待狄青太薄,小心冷了军队的心。

第二,他给狄青写信,把和庞籍的争论内容,都抄送一遍,激起狄大将军的怒火,让当事人也积极些。

第三,梁适走了个内线。他找到了皇宫里的一位名太监,内侍省押班石全斌。这是位有过监军资格的大太监,在皇帝面前不仅是很亲近,更是有分量。梁适请他为狄青说话,代价是好处均分,他保举石全斌做观察使。

三招之后,赵祯的心重新被激活了。他本就要重赏狄青,当初他写给狄青的嘉奖信里就提过,决不做曹操、李存勖那样有始无终,赏罚不明的君主，国家的现状他很清楚，他想过新政，试验过奋发的。眼前的狄青明摆着是国家精英，不提拔他提拔谁？

几天之后，仁宗突然召见两府大臣，他声色俱厉地颁布命令——升狄青为枢密使，孙沔为枢密副使，石全斌先给观察使俸禄，一年后正式晋升。原枢密使高若讷罢免，但升官一级，加学士衔，加经筵（陪皇上读书）官。

庞籍有点蒙，您改得太快了，让臣等回中书省再商量一下，明天回复行吗？

不行！你们就在殿门阁内商议，朕在殿内等候。

话说到这个份上，宰相，或者两府大臣加在一起，也不敢反驳了。当天全体任命一致通过，狄青终于当上了军方第一首脑，西府枢密使。这个消息瞬息传遍京城天下，宋朝无论是军方还是百姓，都为这位平民出身，甚至是罪犯出身的大将军叫好，国家终于赏罚分明了！我们这些平头百姓以后只要发愤图强，为国出力，一样可以出人头地！

人人都高兴，梁适最高兴，他的目标终于近了，狄青上、高若讷下，他的参政变宰相之路，终于畅通无阻了。

他心里有一个算盘。现在庞籍是独相，次相空缺，谁会升上去？按东府次序，应该是他梁适。可是西府枢密使高若讷更有资格，无论是当官的资历，还是这时的官衔，都压得他喘不过气来。

搞掉高若讷迫在眉睫！天照应，狄青突然间蹿红，这时用狄青打压高若讷，一旦成功，西府就成了武将的天下，而武将注定了当不上宰相，次相的位置到头来只能是他的。

算盘打得叮当响，实际操作也成功了。古往今来，很多史学家都把狄青的上位归功于仁宗皇帝的振作之心，说赵祯终于看到了帝国的现状，动乱不断，必须由武将坐镇中央，却忽略了梁适先生的宰相之梦。这时，就形成了一个有趣的格局。

首相庞籍，正牌的进士出身，当文臣有资历，做边臣有功劳，可以说德高望重，文官之首；枢密使狄青，出身行武，帝国屏藩，无论是内战还是外战，都出类拔萃，首屈一指，是理所当然的武将领袖；次相梁适，杂牌子衙内，嘴皮子讨生活，没有任何叫得响的功绩。这三个国家最高行政长官对比一下，就会清楚地得出结论，梁适是个垃圾，根本不值一提。

那么看一下这三个人日后的升迁命运，就会非常有趣。它几乎就是仁宗朝后期的官场缩影，透过它，可以清晰地看见当时的办公室规则，以及那些所谓的名臣为什么会变成了一个个只会微笑、施礼、谦让的精致木偶。

说梁适，此人心高志大，到了次相都毫不满足。欲望决定一个人的成就，眼前的光明大道直指帝国首相的位置，难道要百尺竿头，就此停步？不，决不！他开始寻找庞籍的弱点。这有点难，庞籍，他的名声在中国人的心里很不怎么样。这都是拜各种戏曲小说所赐，比如说《杨家将》。在那里他和狄青狼狈为奸，作恶多端，是杨家、呼延家、寇准、八贤王的死对头。

当然结果也很惨，庞籍全家被杀，还是被死敌呼延庆所杀。狄青也没落好，居然是被千刀万剐死的。为什么会这样，这个题目很大，和中国人的传统思维观念有关，以后会在适当的历史事件里加以讨论。现在要说的，是庞籍本是个为国为民都做过大好事的好官，他怎么就会出什么事呢？

他真就出事了。事实上，一旦坐到了帝国首相的位置，不管你是个什么人，都会变成一种人——坏人。不仅会有梁适这样的人盯着，几乎全官场所有的官，都在盯着你。

寻找首相的每一个错误。

庞籍丢掉宰相，其过程和原因几乎就是前枢密使高若讷的翻版。事情的起因远在齐州，在那儿有一位学究名叫皇甫渊。话说学究的责任很具体，就是管管生员，组织培训，和当地的教育系统紧密配合，为帝国多输送几个进士。多简单，可皇甫兄另有大才，实在是技痒难忍，不得不用。

他喜欢抓贼，并且还真的抓到了贼。这是好事，国家明文规定，只要抓到了贼，就有赏钱。不管你是不是学究。但是皇甫学究不满足，钱是小事，我还想升官，他给有关部门写了好几封信，表达了想升官的热切盼望。结果……被退回。

郁闷啊，学究想升官，和参政变次相一样的迫切！情急之下，他想到了些小动作。不行就走走关系吧。走关系，事实证明，皇甫先生更在行，他居然能七扭八歪地走到帝国官场第一人，首相大人的府上！

他认识一位道士，名叫赵清贶。赵道士和庞籍的姐姐家有亲戚，凭着这条亲情路线，皇甫学究要升官的愿望，注意，史书在这里说得很模糊，没说庞籍到底是不是知道了。而是说，“绐为渊白籍”。绐，指欺诈、哄骗。明显地在设圈套骗边远小城市的皇甫官迷，我们会替你把事上报首相，让你达到升官的目的。

这样的事离不开钱，皇甫行贿了，赵清贶受贿了，为了显示诚意和手眼，他还拉来了庞籍属下的一个堂官，言明这将是内线，于是这个小吏也得了一份钱。事情就坏在了这个小吏的身上。很可能是分赃不均，该小吏跑到了开封府，把事情和盘托出。

受贿案很普遍，涉及现任首相的可不多。这事儿被从重从严地特办。结果是堪称公正的，行贿和受贿的都被流配，事情首相并不知情，所以没有关系。这样庞籍算是熬过了这一关。可是别忙，事情出了致命的变数。赵清贶在流放的路上离奇死亡。这时开封府的一位推官，叫韩绛（注意，以后是大人物）的人站了出来，说这是庞籍利用首相的权力来压制有关人员，在路上杀了赵清贶灭口。

简短地说，谋杀无证据，可是舆论更可怕。庞籍的声誉被损害了。功臣变坏人，他在狄青当上枢密使的三个月后被罢相，到郓州去当知州。梁适以第一顺位，由次相升为首相，终于当上了帝国官场第一人。

最后说狄青，有点奇怪，他是主角，可在整个事件里都消失了。这是狄青的升官记，还是梁适的官场秀？很遗憾，是后者。虽然狄大将军英明神武，可回到开封城之后，没有他半点说话的余地。

有的只是事后的表态。

狄青荣升枢密使，进宫谢恩时，皇帝对他凝视了好一会儿，之后带着温和又伤楚的感情说了句话。狄青，朕有御医，可以把脸上的金印去掉，你恢复原貌吧，不要总带着当年的黥字。

狄青一阵感动。他知道，宋朝开国百年，两府宰执大臣从来没有过配军的刺字，这是耻辱，至少是卑贱的标志。皇帝完全是为他着想，让他改头换面，从此抬头做人。但是狄青拒绝了，他对皇帝说了一句话，从此他在皇帝的心中，在天下亿万平民百姓的心中，留下了不灭的印象。

——陛下擢臣，不问门第，臣正因为脸上有这行金印，才得以报效国家。臣愿留颊上黥字，以使天下贱儿得知，朝廷有此名位相待。

赵祯被感动了，他听得出这是肺腑之言。由此，他更坚信自己做得没错，狄青这人不仅有能力，而且不忘本，是个难得的好臣子。截止到这里，狄青已经获得了皇帝的心，他在官场上，可以说立于不败之地了。不过万事都有好坏两面。

这句话赢得了帝心和民意，那么别的人呢，不是皇帝也不是百姓的那个巨大的团体，他们会怎么想？这一年的狄青刚刚四十五岁，年富力强，功盖当代，官居西府之首，名副其实地站在了人生的巅峰上。他满怀豪情壮志地活着，以实打实的功绩说话，不去理会身边阴柔粘黏的污秽官场，怎一个自豪爽快了得？

但是，他也就此成了一个异类，与众不同，有时并不会换来惊羡欣赏的目光，而是个招灾惹祸的罪过。回望这段历史，有时真的很想问一下狄大将军，您精通兵法，百战百胜，是不是忘了眼前的处境？

到处都是文官，哪儿有您的盟友！孤军深入，内外无援，这是置您于死地啊！

第十五章
掀开名世的袍襟

放下狄青，让我们跳出仁宗朝超长超烦乱的官场琐事，跳到开封城的高空里，向下俯览，去寻找当年国家大事的主线，来发现宋朝的国运秘密。

它是怎样兴旺的，又是怎样衰败的。针对于这时，矛盾和变数就都集中在了至和、嘉祐年间（公元 1054—1063 年）。这段光阴，是北宋史上罕见的国泰民安、岁月平和的年代，它让后世人不断地追忆怀念，恨不能穿越时空，永远停留在那时。

中国人印象里名人辈出，繁花似锦，悠游享乐的岁月，指的就是这时。精确计算，狄青升为枢密使，就是在这前一年。之后好事继续上演，两个月后，最牛最强硬的言官唐介也回京了，他仍旧担任御史。一切的迹象都表明，仁宗皇帝想再次振作，让国家在灾难不断，反叛不断的局面里兴旺起来。

这多好，可惜天不遂人愿，赵祯的悲哀突然降临，他最心爱的人死了。皇祐六年（公元 1054 年）正月初八，张贵妃暴病身亡，年仅三十一岁。从这时起，仁宗皇帝的神志和身体都大受打击，他承受不了心爱之人的离去，逐渐变得精神恍惚，沉默不语。

历史到了这一步，史书上的记载就变得非常微妙，作为现代人和作为宋朝人，就有了本质上的区别。说宋朝的官场，张贵妃之死，让他们非常高兴。我没有夸张，说的不是特指包拯在内的言官系统，指的就是宋朝的全体官场。

张贵妃之死，让所谓的张氏集团骤然崩溃，没有了枕头风，看看张尧佐、文彦博之流还怎么升官发财，尸位素餐。这真是大快人心，从此世界又变得公正了！至于皇帝本人的感觉如何嘛，就不是他们的业务范围了，在所有用儒家学说培养起来的官员的认知系统里，人活着，有"礼"这种法规来规范着，人死了，同样也有各种相应的标准去埋。

悲伤？那好办，您可以用辍朝了、成服了、追赠了之类的办法来表现。一切都有制度，保准您生荣死哀，风光体面。

于是他们就愤怒了，真是搞不懂，皇帝怎么能这样出格呢！？赵祯给自己心爱的女人的出殡礼仪定在了最高规格上。

居然是以皇后之礼殡葬！

严格说来，他这样做是有前科的。当年被他废掉的郭皇后暴死，他也以皇后之礼发送，完全不顾刚娶进门的曹皇后是什么感想。可那时情有可原，毕竟郭氏曾经母仪天下，除去"耳光门"事件外，没有任何出错的地方。这时的张氏完全不能等同，一介贵妃而已，并且时常干政，受贿的丑闻都牵扯到了当时的宰相加御史中丞等一大堆高官。

还有她不当宰执死不甘心的伯父。这样的女人，不打进冷宫都是便宜了，凭什么再追封成皇后？

赵祯不管这些，不管谁反对，他一意孤行，在张氏死后的第四天，追赐其为"温成"皇后，在皇仪殿为其举丧，辍朝七日，天下禁乐一月。他本人亲自成服。到了发丧的正月二十日，他率领文武百官，护送灵位出宫，进奉先寺。

这一切的规格，是无可挑剔的皇后丧仪，说句实话，就连当年他的养母刘娥皇太后都没能享受着。本来注定了只能给一个女人预备着，就是现东宫之主，曹皇后。可是她又消失了，历史里没有她这时的记载。这位贤德到成了习惯的女士继续沉默。可她应有的权力自然有别人为她维护。

维护行动分为丧前和丧中。

丧前时，为了皇后的头衔，整个御史台在现任中丞孙抃的率领下全体出战，和皇上闹得你死我活。半点都没有夸张，因为事后皇帝没妥协，他们真的全体辞职，撂挑子不干了。

丧中时对抗进入高潮，就在举哀的最重要时段，为死者正名，读哀册时，出了大娄子。原先指定的枢密副使孙沔突然放下了哀册，说："当年章穆皇后葬礼，是由两制官（翰林学士、知制诰）读哀册。现在温成皇后是追封的，反要两府大臣行事。这与礼不合，臣拒绝读册。"

事发突然，皇上和大臣们都愣住了。这个孙沔是狄青南方平叛时的副手，很听话的一个人，尤其是刚刚提拔上来，正应该百依百顺报答皇恩的，怎么会突然间翻脸？

赵祯惊怒交集，但是为了葬礼顺利进行，为了让心爱的女人得到最后的安慰，他忍住了，反而派人好言相劝，孙爱卿，你就读了吧。

孙沔大义凛然，说了一句话："以臣孙沔读册则可，以枢密副使读册不可！"说完把哀册往桌子上一放，没向任何人请示，自己就退了下去。

彻底冷场了。赵祯望着眼前黑压压站满庭院的大臣，只觉得一阵阵的头晕。他今年四十五岁了，自十三岁登基以来，已经称帝三十二年。近半甲子的光阴里，可以说对臣子们超级仁慈。他曾经在后花苑里游玩，嫔妃云集，侍者成群，他边走边频频回顾，像是寻找什么，却始终没说出口，直到回到宫里，才急匆匆地说取水来，这一路快渴死了。

嫔妃们很不解，官家为何不在外面要水，弄得渴成这样？

他苦笑了一下，说回头了好几次，都没看见随侍奉水的人。如果当时要水，管事的人岂不要受现难？所以忍一下吧，直到回到宫里。

更有一次，他半夜忽然想吃烧羊肉，想了又想，还是硬压了下去。旁边人问为什么，他说，一旦他想吃，就会变成惯例，每天晚上御厨房里都会杀羊准备。天天杀生害命，于心何忍？

这样的事很多，对眼前这些大臣，他更加是轻拿轻放，平时的俸禄厚上加厚就不用说了，就算是犯了大错，也没有一棒子打死，永世不得翻身的例子。这样的好，为什么就换不回来些许的同情和理解呢？

近在咫尺的这个女人，不管她之前做过怎样没有分寸的事，她都陪着自己度过了之前战争动荡、反叛不断、党争烦人的日子。大臣们，你们道貌岸然、圣人嘴脸，难道身上就真的一点污点都没有吗？抛开平日里工作之余到各处勾栏里公然鬼混，其他的丑行更是数不胜数。

就以孙沔你为论，就不是个好东西。

孙沔贪财好色。按说只要是男人，就没有不好这两样的，可像他这样出格的也实在不多。总体来说，他做到了到处好色，随地发财，走一路贪一路，从没有落空的时候。

先说财，他在并州当官时，衙门里的吏卒们时常出公差，四面八方，跑得超勤快，却不是为了公务，是拿着朝廷的差旅费，给孙沔贩运纱、绢、丝绸、纸还有药品。这很让人讨厌，不过是当时的风气，几乎每个官员都搞这样的把戏。

同时过百万的禁军、厢军，各衙门的小吏衙役们也就都有了营生，不至于太闲了。

上面的是通例，下面就刺激了。孙沔贪财时是凶狠型的，只要挡了他的财路，不管是谁，都小心着家破人亡。他在杭州当官时有两件事，很有代表性。

首先是继续做买卖，孙沔亲自出马，和一个姓郑的萧山人谈纱的价钱。郑某一时不识官商真面目，出的价很高，而且不还价。孙沔只好怀恨出门，越想越气，决定来个狠的。他派人去查郑某的案底，辛勤查账之后，果然查到这人偷漏了税。

把柄在手，价钱好说。可惜郑某把事儿看得太轻了，孙沔要他的纱，更要他的命，一点偷税的勾当，就把他发配到了别州，家产全部充公！

这还是勉强说得过去的事，毕竟郑某自己手脚不干净，给孙沔留下了整人的理由。下一件事，就纯粹是恶人本性，卑劣的畜生行为了。

杭州自古繁华，人杰地灵之外，还相当的有钱，民间总有些稀奇古怪的宝贝偶尔曝光。杭州市民许明就藏有一百颗成色极好、浑圆硕大的珍珠，以及一幅郭虔晖所画的《鹰图》。地道的奇珍加古董，让懂行的孙沔大流口水。为了得到这两样东西，孙沔大动了一番脑筋，想出了一个层次分明，超级浑蛋的计策。

东西有两样，要各个击破，谨防许明一时冲动，把宝贝毁了，来个玉石俱焚。他由自己的小舅子出面，先去买珍珠。一百颗罕见的大珍珠，他出价32000钱，也就是320贯！几乎连一颗珍珠都够戗买下，但是竟然成交了。

这就是手段的高明。孙沔摸准了许明的心理，许明爱珍珠，更爱《鹰图》，总想着花些代价把瘟神打发走，所以对珍珠就不会认真。

珍珠之后，《鹰图》就更成了许明的命根子，孙沔知道得玩狠的了。现在请朋友们掩卷默想，要用什么样的手段，才能让许明乖乖地交出宝贝，不得不屈服呢？

千年之后，都觉得匪夷所思。孙沔居然查到了许明小时候有个乳名，叫"大王儿"。这就是罪，一介平民，僭越称王，你想造反吧！

许明被刺配充军，《鹰图》顺利落到孙沔手中。许明直到孙沔调离杭州之后，才在营牢里自断一臂到提点刑狱使司喊冤，得到释放。

以上是孙沔的贪财事例，下面看他的好色。

孙沔之好色，达到了兼收并蓄，来者不拒的程度。具体的表现就是无论是良家妇女，还是军营官妓，只要他看上了，就在劫难逃，终究要弄到手。

他在处州当官时，某次外出游玩，偶遇一位名叫白牡丹的女子，突然心动，不可抑制，于是诱（史书原字）回官舍，如此这般。这是第一件，第二件发生在并州，他在上任的路上，居然公开接受妓女一路同行。

以上考虑到被害方的身份，妓女，还有白牡丹这个名字就不是正当职业者，孙沔的行为只能归纳到行为不端上，小小的风流罪过。那么请看下一例。它也发生在风景如画的杭州。

杭州自古多美女，西湖边上总关情。孙沔曾经日夜都在那里流连。结果他就看到了一位姓赵的超级美女。可惜名花有主了，她许配给了一个叫莘旦的人。孙沔开动脑筋，要怎样才能不合理但绝对合法地把赵美女据为己有呢？

办法永远都会有的，只要你有权力和欲望。孙沔先从莘旦的家人下手，他借口莘旦的母亲与和尚私通，把她抓到官府，又指派官妓把赵美女的妈妈看住，另换一套面目，充当救命恩人，把赵MM带走，从此日夜厮守……这就是在张贵妃葬礼上大义凛然，主持正义的枢密副使孙沔孙大人的真实本色。

这样的人居然能位极人臣，还动辄以仁义道德自称，真不知人间还有羞耻二字。其实也不只是他，全宋朝官场的大臣们，几乎全体手脚都不干净。就以这次葬礼风波为局限，把出风头的几位都详述一遍，就可以看到盛世间的士大夫一族是怎样的嘴脸了。

下一位出场的人是宰相陈执中。前面说过，庞籍下野之后，梁适升相，但他没有资格做独相，很快皇上的老师、恩人陈执中回朝，分了他一杯羹。这时孙沔突然当众秀道德，撂了挑子，危难中陈执中顶了上来，坚决支持皇帝。

枢密副使不读哀册，那么宰相来读。陈执中让张贵妃的葬礼骤然升格，比之前的待遇更高了。葬礼圆满结束，皇帝对恩师充满了感激之情，大臣们恨不得骂死这个老牌的墙头草。

这是士大夫之间的仇视，作为现代人，可以忽略，因为陈执中毕竟是在那个特定的时代，按照宋朝的为官之道做人。我们所要看的，是他作为一个“人”，做出了什么样的勾当。

半年之后，他家里出了件事。官方资料记载，是死了一个婢女，名叫迎儿，遍体鳞伤，体无完肤，开封府调查，是被活生生打死的。案发过程，有两个说法。一、是陈执中亲自动手，把婢女打死；二、是被他一向酷虐的爱妾张氏殴打致死。

官方结论，不管是哪一种，陈执中都有不可推卸的责任。

还有另一个版本的记载，出自司马光的私人笔记《涑水记闻》，死的不是一个婢女，而是三个。迎儿当年只有十三岁，只是个女童而已，不知犯了什么过错，在张氏的鼓动下，陈执中亲自动手，毒打多次，寒冬天气里，赤裸捆绑，关在黑屋子里，直至冻饿而死。另两个女婢一个叫海棠，另一个不知名，海棠被打死，无名的那个被剪成秃发，自己上了吊。

这是堂堂宰相府、知礼读书家做的事吗？陈执中对外恭谦礼让，对谁都客客气气，想不到背地里居然这样残忍刻毒！

事情曝光了，陈执中被御史台弹劾，停职回家待罪。在当时和现在人的普遍意识里，他这就算完蛋了。想想看在宋朝的仁宗年间，居然出了这样的事，除了法办之外，还有别的答案吗？结果是有。那是个封建年代，人和人就是不平等的，现代的人权意识，在那里没有市场。

哪怕是仁宗皇帝再仁慈，也没法把一届宰相和几个丫鬟使女的性命等同起来。他犹豫，这只是私事，最多不过是丑闻，难道就此罢免老恩师，甚至法办他吗？

他的这种犹豫，直接影响了司法部门对陈执中案件的审理力度。尽管御史台全体出动，不断弹劾，陈执中的宰相头衔岿然不动。直到仁宗朝第一位吵架王、弹劾王欧阳修回京。

庆历年间被贬到外地的大才子欧阳修终于回来了，他的职务被安排到一个非常对口、非常称职的地方，是两制官里的翰林学士。清闲又富贵，可他待不住，第一时间地冲进了旋涡，不遗余力地打压陈执中。不把这个貌似忠厚，却极端无耻的斯文败类打倒斗臭，他誓不罢休！

至于为什么这么冲动，他自己知道，全宋朝也都知道。那涉及另一个巨型丑闻，间接地就由陈执中制造。

庆历新政时欧阳修比范仲淹等主角还要出彩，他旋风腿冲天炮打遍宋朝每一个角落，让几乎全体官员都灰头土脸贴上小人的标签。这样做是有报应的，牛人出牛事，仁宗朝甚至北宋第一丑闻就落在他的身上。

事情是这样的，欧阳修的二妹夫早死，妹妹带着女儿张氏到他家生活。欧阳修把外甥女养大成人，嫁给了自己的远房侄子。可是他的教育力度明显不够，这位张氏女孩儿有个坏习惯，她喜欢外遇，和丈夫衙门里的办事人员有了暧昧关系。事发之后，由当时的开封府尹杨日严办理。

杨日严在历史里名不见经传，在欧阳修的心里也就没了印象。他狠扁过的人实在太多了，数都数不过来。这位杨先生曾经在益州任上贪污渎职，被时任谏官的欧阳修弹劾丢官。有怨报怨，有仇报仇，本来是小一辈的龌龊事，竟然联系到了老一辈的欧阳修身上。

审理报告上说，张氏供认，当年在欧阳修的府上，她和舅舅通奸，而且有银钱往来。此报告一公布，天下立即大哗。天哪，这是乱伦，最让人不齿，最恶心的一种丑事，居然发生在了有当代才子之冠的欧阳修身上！

会是真的吗？普天下的人都在问，官场上却一致认定。真的。理由有二：第一，欧阳修有前科，这人风流好色，早年时就和官妓鬼混，留下了好多精妙绝伦的诗词，他推都推不脱；第二，他变卖了张家的宅院，钱都归为己有，还有契约为证，根本无处抵赖。

在当时，舆论说什么的都有。有人认为欧阳修被陷害，这是打击报复。不能说有银钱往来就是通奸吧？亲戚家互相借贷，这再正常不过了。都是杨日严这小人在从中搞事。另一种占绝大多数的说法是苍蝇不叮没缝的鸡蛋，种种迹象表明，欧阳修就是个乱伦犯！

结果他就被贬出京师，外地反省了。要指出的是，那时的宰相就是陈执中，倒修事件中，他最差也是个默许者，所以欧阳修把他恨得死死的。这时丑闻轮流转，今年到陈家，还不快意报复？

欧阳修出手，是北宋仁宗年间最可怕的弹劾武器，堪称战无不胜，弹无不倒。从战绩来说，别说是软柿子陈执中，就连名垂千古，铁面无情的包拯，都不在话下。

陈执中倒了，他熬过了整个御史台的狂轰滥炸，连御史中丞孙抃为了他辞职不干，要同归于尽都安然无事，可是欧阳修一到，他立即被赶出京城，到亳州去反省思过。

事情到这里可以暂时告一段落。总结一下，在一般的史书中，这段时光里宋朝发生的都是一些零碎的琐事，没什么需要重视的，也没法归纳出什么。紧接着它就进入了至和、嘉祐年间（公元 1054—1063 年），那时就更太平，更祥和，更琐碎了。根本没法整体说事。

但是仔细研究，我发现不尽然。上面所说的这几件事，正是宋朝，至少是仁宗朝由盛转衰的转折点。仁宗朝在此之前，尽管外患内乱不断，可是在赵祯的领导下，一切都平稳有序。在张贵妃死后，赵祯的心灵和身体都发生了巨大变化，这直接影响了他的施政纲领，还有领导力度。

宋朝开始变样了。

说张贵妃之死，本是一件小事，除了生死两皇后的名分很重叠，对曹皇后一再地轻视不敬之外，还有什么大不了的事吗？有的，自古以来，领导人的配偶对领导人的影响非常巨大，连带着对国家的运作也有波及。远的例子，比如唐高宗李治，如果他的身体一直健康，怎么轮到武则天批奏章，管国事？近的说刘娥，赵恒晚年神志昏乱，没法办公，她才走上了前台。再近些说慈禧，她的丈夫也是病死得早，儿子还太小，才轮到她当政。

综上所述，已经很明确了。如果这几位女强人的丈夫一直健康正常，她们根本没有走出后宫，打家劫舍的机会。证据就是她们丈夫得病之前，她们没一个敢挑事的。

具体到赵祯的身上，就是张贵妃死了，他必须找新的女人。这不仅是生活的需要，更是工作的需要。他得给宋朝的百年基业生出个继承人来。于是女人多多选，出现了十位得宠的嫔妃，号称“十阁”。十个啊，这样的工作力度，让赵祯很快出现了健康问题。

他先是无精打采，渐渐地病情加重，突然间昏迷不醒，长达三天；之后健康每况愈下，再也没有振作起来。这样导致了两个后果：第一，传说中的盛世出现了。国家随遇而安，官员随国而安，和他的身体一样，平稳高于一切。不管出于怎样的原因，做到了与民休息。

第二，传说中的名臣出现了。皇帝病倒，国家还得有人管理，一大批的名臣冒了出来，他们既要照顾好皇帝，又要管理好国家，这让所有朝代的臣子们钦佩，造就他们不灭的英明传奇。

具体的发展过程，就从陈执中下课开始。他和梁适都走人，中书省大换血，上任的是文彦博和富弼。其中的富弼和稍后上任的权御史中丞包拯、任经筵侍讲的大儒胡瑗，以及翰林学士欧阳修，并称为“四真”。即富弼是真宰相，欧阳修是真学士，包拯是真御史，胡瑗是真先生。

至于文彦博，谁让他的仕途那么悠长，中间起伏不定，到评定四真的时候，他又潜水了，头衔被暂时剥夺。

四真当朝，是宋史里少见的盛世传说，被后世一再传颂，那么就从他们说起吧，看看这段时光都发生过什么事，谁做了什么。四人之中，胡瑗首先剔除在外。这位真先生是儒学宗师，除了学问高深之外，最让人敬佩的就是道德隆重。人家从来不趁着和皇上挨得近，就什么都讲，什么都掺和。

于是经书之外，没有天地。胡瑗独善其身。

包拯暂时也没有戏份出场，他之前弹劾张尧佐用力过猛，还在修养复原中。余下的就只有富弼、文彦博、欧阳修了。这三个人一贯活在风口浪尖上，可惜富弼也要除去，他真的成了仁宗朝的“真宰相”了。他创造了一个纪录。

高洁无瑕，片尘不染。终其一生，再没有任何人弹劾他。

这真是破天荒头一个，连范仲淹都做不到。其原因是什么呢？此人变了。被夏竦的谣言击中，贬出开封之后，富弼的心灵起了极大的变异，让当年那个为国为民热血沸腾，与契丹交涉不惜性命，谈改革不顾身家的真汉子变成了宋朝最经典的执政官，成为“真宰相”。

这个心灵转变，除了悲哀，或者成熟了、腐烂了之类的评语之外，其转变的原因、过程，都足以成了宋朝不断没落，走向靖康元年闰十一月那个冬天的缩影。帝国之亡，实亡于人心之没落。

说得远了些，五人中只剩下了欧阳修和文彦博。这两个人都是新回京师，能力和风格让他们立即就成为风云人物，其开端就是困扰了宋朝快八年的黄河水灾。

第十六章

妙不可言的灾难

八年前黄河改道，按中国五千年里只有八次的概率，可以说是近千年一遇的大灾了。面对滔天的洪水，百万流离失所的灾民，还有巨大的损失数字，宋朝的举措是相当认真的。

前面说过，两位前宰相贾昌朝、丁度都提出了自己的意见。如贾氏的恢复故道，商胡溃堤，就在商胡复原；丁氏的从长计议，先疏通河水，看准流向之后再动手的缓期救灾。怎样决策，慎之又慎，认真的程度达到了连续思考了四年。

四年后，1051 年七月，黄河在大名府馆陶县郭固口又决堤了。

这次决堤就像是得了癌症之后又发了次小感冒。尽管癌症很要命，可是感冒来得更现实，让人没法不先治它。五个月之后，郭固口合龙，但是仅仅限于合龙。水道内淤泥堆积，越来越厚，水面被抬高，随时都有漫过堤坝，再次崩溃的危险。

说到这里，就让人奇怪了。宋朝是中国历代最有钱的王朝，就以贾昌朝恢复故道的办法，号称最费钱费力，也不过就是一千万贯钱，十万民夫而已。参考一下历次战争的花费，就该知道，这不过是宋朝的九牛一毛。那么拖来拖去的，到底因为什么？

谜底还得再等一会儿揭开。进入至和年间了，文彦博和富弼当上了宰相，这两个人不管真实面目与传说中有多大的差距，为国为民的好心肠还是有的。他们广泛征集意见，整理出了一个新办法。据专家判断，一旦实施，就能以最小的工作量达到最完美的治水效果。

六塔河方案出笼。

六塔河，在河北省清丰县的六塔镇，与黄河相通，却不入海。具体的办法是，把六塔河的河面河道加宽挖深，来容纳黄河泛滥的洪水，这样上游的商胡地段就会得到缓解。水流减缓之后，商胡的崩溃点就可以相当容易地塞住，同时约束河水按故道流淌，进入大海。

提出这个方案的是宋朝的河渠司主管李仲昌。从身份上讲，这是位专职专管的治水专业人员，说的话应该靠谱。从纯技术上分析，也很有道理。以六塔河分水，可以让商胡口的决堤处减缓灾情，容易堵塞。尤其是一旦成功之后，六塔河的后期作用更是巨大。

它可以成为黄河的永久性分水道，不管在什么时候，都能保证黄河的崩溃系数维持在之前历代最低的程度。多好的办法，立即就把文彦博和富弼给迷住了。他们联名上报给皇帝，请批准，立即实施吧。

且慢，欧阳修有话说。

新任的翰林学士看上去义愤填膺，心里有好多的话，都快把他憋爆炸了。他一口气写了几千字的奏章，把前面提出的三种治河方案都批得体无完肤。

第一，关于贾昌朝的恢复故道，欧阳修指出，也不想想为什么近几十年来河患不断？就在于故道泥沙淤积，已经积重难返，根本就不可能再恢复了。一定要逆天行事，难道与天斗，真的其乐无穷？

第二，关于丁度的从长计议，就是宋朝版的官员不作为罪行。从长计议，八年了够长不？你有什么计议结果请尽快出现，难道国计民生的重要，都维系在您不定时短路的脑子？

第三，六塔河计划。这是最让欧阳修不堪忍受的，他实在是怀疑这个世界是怎么了，难道一个个国家大臣都成了白痴加废物？六塔河，只是一条四步宽的州县级河流，它能有多大的容水量，想让它给中国北方第一大河减水……你们的脑子进水了吧？或许每个脑子注水一百吨，黄河就安静了！

综上所述，每一条方案都不成立。欧阳修在愤怒之余，也提出了自己的办法。他建议派真正懂行的水利大臣到黄河的下游去，别再只把目光盯在商胡、郭固口等上游危险地段。把黄河的入海道路修好一切问题就都解决了。

水往东流，渠成自畅。这才是根本正路！

又一个方案产生，欧阳修把整个朝廷吓了一大跳之后，又把希望给了他们。平心而论，他说得都在理，尤其是关于六塔河的分析。无论如何，40步宽的河面就决定了方案的先天不足。

那是给中原第一大河减水！

从理论上讲，只要六塔河的容积不够，黄河水势必倒灌回故道，上游的压力会急剧增加。欧阳修断言，那时上游必溃。

奏章交了上去，他和全天下人开始了等待。强调一下，这就是欧阳修的力量，他的文章在年轻时代就风行全国，二十多年以后，已经是宋朝当时公认的文学泰斗。天下第一大家，随便写点什么都是万众瞩目，这种影响力谁敢忽视？

但真就被忽视了。欧阳修怎么也搞不懂，无论是治河的见解，还是文字的功力，还有他和富弼的交情，都注定了他将扭转治河事件的乾坤，可偏偏就被扔进了废纸篓里，没人去看。

李仲昌的六塔河计划被提上日程，变成了治河主旋律。

欧阳修再一次失败了，他像惯例一样地被主流官场所抛弃。这种遭遇从一些角度上看，是很好玩，很可笑的，他怎么总是出丑啊，干生气没办法。可换一种角度来看，就会别有一番感触。这件事起码潜藏着两个真相。

第一，历尽官场风霜，唯一没有变的人只有欧阳修。以还活着的庆历新政的“君子党”为限，富弼变了，韩琦变了，那些曾经激扬奋发的青年馆阁人员更是找不到踪影。只有欧阳修以前什么样，现在还什么样。这让他继续在官场上出丑，总是当异类。

可“道之所在，虽千万人吾往矣”。他坚守着从青少年时起就抱定的信念，虽然迂腐，哪怕不合时宜，他在物欲横流的官场上永远都保持着一个书生的本色，从来都只做他自己。这难道不是极端难能可贵的吗？

第二，他这次失败的原因也很简单。治河，至少在古代，从来都不是一件民生工程，而是一种政府工程。欧阳修与庆历故人们渐行渐远，不与同流，属于无党派人士了，那么自然就不会再有人重视他的意见。

三种意见，哪种都有幕后的支持者。贾昌朝的背后是陈执中，李仲昌的背后是文彦博和富弼。丁度的稍好些，因为他实际上根本就没提出具体办法。

这样一件大工程，在谁的治下成功，都会变成他巨大的政治资本。就比如贾昌朝的恢复故道法，他和陈执中都处在下野状态，如果被采用，现任的文、富二人脸往哪放？一旦治河成功，功劳算是谁的？

贾和陈立即就有了东山再起的声望。

围绕着最后利益归属的问题，巨大的水灾危害变次要了。双方都用尽了手段，来打压反对对方的方案，无论如何都不能让敌人的意图得逞。最先发难的人是贾昌朝。

贾昌朝的资历很高，在庆历年间从右谏议大夫、御史中丞，一路升上了参知政事，再到枢密使。直到新政开始，才被范仲淹、欧阳修赶出朝廷，也就在那时他和富弼结成了冤家。这时他的运气非常好，本来国家重大决策，大臣们除了写奏章、搞辩论之外，就再没有别的办法了。可是机会突然降临，让他能使盘外招了。

事情发生在那一年的春节时。宋朝的至和三年（嘉祐元年，公元1056年）。正月初一，是一年中的大日子，这一天百官齐集大殿，盛装排列，庆贺元日大朝会。谁也没有料到，就在这个时刻，出大事了。

只见两边的内侍把殿上的帏帘卷起，露出了帘后的皇帝，大家正要参拜，突然看见皇帝的头向一侧歪倒，随即整个人都倒了下去，皇帝昏倒了！

御阶上的帘幕立即又拉了起来，里边人影晃动，一阵忙乱。下边的百官们惊慌骚动，都不知道皇帝到底怎样了。直到好一会儿后，帘幕重新拉开，大家又看到了熟悉的仁宗皇帝，他又能坐直了身子，与大家遥遥相对。

当天大臣们勉强压住心里的恐惧，向陛下依次行礼，徐徐退下。回去的路上，每个人都在想，皇帝到底怎么了？明天还能照常登殿理事吗？

明天不行，宋朝的年假直到大年初五。初五日上班，大家接着朝贺，而且有新节目。宋、辽两国乃兄弟之邦，每年春节，辽国都要来给哥哥拜年，于是按惯例，初五这一天，要在紫宸殿设宴，款待辽国使者。

全体朝臣都提心吊胆，要是陛下再当众玩次晕倒，这名声可就传出国界了。真的要变成“昏君”？他们多虑了，皇帝可以晕倒，不过得二十年一遇。大初五的，仁宗有新花样。

简短些说，所有的排场重复了近百年，都成惯性动作了，什么错也没有，直到宰相和皇帝面对面。最高潮的阶段到来，得由宰相手捧酒觞登阶近距离为皇帝贺寿，并请皇帝发表新年讲话。

就见新年有新气象，陛下坐得稳稳的，下面群臣站得静静的，皇帝突然说：“不高兴吗？”（不乐邪？）文彦博一下子就愣住了，这句话什么意思？是陛下看我不顺眼，还是对宋、辽两国的邦交有了新的意向，要在朝贺日给辽人不痛快？

脑子里电光火石般地闪烁答案，可是都觉得不靠谱。理智告诉他，最贴近的答案就是皇帝还在晕，说的是病话。他作为宰相，就别跟着晕了，于是闭嘴，马上上菜，开吃！

当天的宴席上仁宗一直稳稳地端坐着，没再说话，甚至没有表情，直到典礼结束。大臣们一把冷汗捏着，总算松了口气，不过再次回家时，心里就都有了个问号，皇帝是病好了，还是更重了？

这事儿还真不好讲，瞬间晕倒和语无伦次，哪个都要命。

第二天才真正要命。中华上国，礼仪之邦，初五日是迎接辽使，初六还要送行。仍旧还在紫宸殿，原班人马继续喝。辽国的使者正在上殿，走到庭中央时，皇帝突然间喊了一句话：“速召使节上殿，朕几乎不相见！”

满殿的大臣集体一哆嗦，您是今天失忆，还是昨天梦游，把一整天的事儿都忘干净了？眼看着宋朝在外国人面前保持了近一百年的体面就要倒塌，在场的官员们瞬间开始配合，兵分两路，台下面由宰相出头，把辽国使者拦住，直接往外拉。

理由是皇上高兴，昨晚上喝醉了，今天由大臣们在驿馆里设宴，咱们换台喝。

这时台上面一片忙乱，内侍太监们不由分说，把皇帝架起来就走。那架势倒真跟宰相说得差不多……

当天晚上，宰执大臣们都没回家，他们找来了宫中的大太监史志聪和邓保吉，提出了个自宋朝建立以来，开天辟地第一次有人提出来的要求。文彦博要求内侍随时通报皇帝的病情，不许隐瞒，不许迟缓。

理由充分，国不可一日无君，皇上病成这样，大臣们必须心里有数。

看着很忠心，没想到被大太监们一口驳回，皇宫内部的事，轮不到你们宰相说话，该干吗干吗去，别给自己找祸！

实事求是地说，太监们的话没错。皇宫内外一条门槛，是两个完全不同的世界。之所以要彻底分离开，不光是皇帝的男性心理作祟，拒绝任何给自己戴绿帽子的可能，更重要的是出于安全的考虑。

有人身安全，更有政治安全。

古往今来，能带着人马随意出入皇宫的，只有董卓、曹操等乱臣贼子，想篡位的。其余想随时掌握皇宫内部消息的，也都不是善类。就像这时，文彦博看着是忠心耿耿，可如果开了这个先例，以后皇帝只要有个小病小灾，他就随时掌控皇宫，这个天下姓赵还是姓文？

道理谁都懂，有的人犹豫了，比如富弼。文彦博却大吼一声，当了一回吹风机，他在史志聪的耳朵边吼了一大通的道理。这很平常，宋朝最不缺的就是“道理”，根本就压不服人。真正起作用的是他最后的一句话——来人，带他去直省官署签字，立军令状。以后宫里的事两府大臣不知道，就砍了他。

史志聪立即就服了，不仅答应每天汇报病情，就连当天晚上皇宫各个城门要关闭时，他都要守门的去找文彦博说话，关不关城都由您做主！

文彦博很清楚，这不是服，而是不得不服，看来会有后患。不过他管不了这么许多了。当天他站在暗夜里的皇宫门前，遥望宫阙，心怀陛下。皇上，明天要是能见您一面，该有多好啊！

如愿以偿，第二天他就真的见着皇帝了。初七日，大清早的皇帝突然间披头散发地冲出皇宫，嘴里还高喊着："皇后和张茂则谋大逆！"

文彦博、富弼的头发瞬间顶起了官帽，大逆……那不仅是造反，还要刺王杀驾！皇帝是连滚带爬地冲出来申请政治避难了，臣子们还等什么，还不冲上去救人？

却见昨天的一幕重演，皇帝颤抖的手一直向前伸着，内侍们一拥而上，把他牢牢按住，集体转身，返回了皇宫，留下了外面一大片的大臣们发呆。

同志们，看架势，皇上刚才喊救命倒也像哈……正想着，太监们回头说了句话，让他们从头顶凉到了脚心。"相公们还是为官家颁赦消灾吧。"

颁赦，指大赦天下，除了几项十恶不赦的大罪之外，所有犯人都可以回家，重新当良民。一般来说，不到最后一步，是不会动用这一招儿的。这代表着所有的大内御医都绝望了，皇上病治不了，得老天爷开恩才能奏效！

阴云盖顶，两府大臣们觉得天塌了，摆在他们面前的局面是宋朝自建立以来从没有过的恶劣。皇上疯魔了，连个太子都没有，偌大的国家谁来管理？头疼中，才显出了谁是与众不同的，文彦博瞬间就把麻烦转嫁给了太监们。

他提出了第二个要求。大赦先等等，没过初十，不许惊扰天下，谁知道几天之中会有怎样的转机？先在皇宫内院的大庆殿里设醮，向上天祈祷。两府大臣自今日起，就留在大内里过夜，日夜值班，随时对皇帝负责。

太监们目瞪口呆，别说是宋朝，就算唐朝、两晋或者汉朝，都没有大臣们拉帮结伙在皇宫里过夜的，尤其是皇上病危，群龙无首的时候，不说政治上的后果，你们这票人让满宫的嫔妃们的声誉都飘红染色？

大太监史志聪忍无可忍，说了一句："相公们，这事没有先例，只怕不妥吧？"

文彦博冷冷地回答："现在这样的情况，难道有先例可查吗？"

太监们集体闭嘴，谁都知道再聊下去，就又是军令状说话。算你狠，史志聪转身就走，说来他真是丢人，太监们在宋朝的威风都被丢尽了，想想以前十全大太监王继恩的时候，哪个宰相敢这样猖狂？不过他很清醒，愤怒归愤怒，他知道太监权力的最重要一环，现在归零了，无论如何都没法和外臣较量。

太监必须有皇帝撑腰，才有威力。

史志聪忍了，大臣们在皇宫内院里住了下来。也许是祈祷起了作用，第二天初八，仁宗的神志稍微恢复了些，能走出崇政殿和大臣们见一面，一面之后，马上又消失了，大臣们盯着寝宫的大门开始交换眼色。

各位同仁，都到这步了，还留着这扇门干吗？

一天之后，大臣们一步步走向了皇帝的最后一层遮盖物——寝宫大门。这时史志聪又冲了上来，不管怎么说，你们不能到皇上的卧室里吧？却不料刚想说话，就被富弼吼了回来："宰相安可一日不见天子！"

史志聪终于一衰再衰，衰到底，连说话的权利都没有了，直接被吼声赶跑，躲进皇宫的更深处。从这一天起，不仅两府大臣可以随意出入皇宫，问候到皇上的床边，就连两制官都能每天到内东门问安，百官们不管职称大小，每五天也可以进入一次。

皇宫彻底开放，成了宋朝高档菜市场。

这样一来，好处很明显，坏处也立竿见影。皇上的病情公开化了，别说什么官方病例，官场里的小道消息像风一样快，瞬息之间就流窜了宋朝全境，其间当然少不了北京大名府的前宰相贾昌朝。贾大佬狠抽了自己一个大嘴巴，这事儿很热闹嘛，怎么能少了他？

无论从哪个方面来说，这都是天生地造，为他定做的好机会，绝对不能错过！

几天之后，两府大臣们正聚集在皇宫里说事，突然间闯进来两个人。按说这时天大地大，宰执权力最大，可这两个人谁也不敢轻视，因为他们代表着上天。

宋朝的司天官，专门管理缉查官方民间各种各样的逆天背理的事儿的人，整个就是神仙在人间的代表。比如天上偶然划过一道流星，他们都有权警告皇上，这是上天看你不顺眼，马上自我检讨，你都做过什么坏事了？

这时他们闯进来，说了一句话：“国家不当穿河于北方，致圣体不安。”河，指的是六塔河，它在开封之北。司天官精确计算过了，以官方的风水感应方位，就是你们乱挖，才把皇上挖病的！

提到六塔河，文彦博的脑子里瞬间就闪出了一条关系链。六塔河—黄河—治水方案—贾昌朝，贾昌朝—宫中侍讲—好多太监—皇上病了！

政治斗争的水平，一定要建立在对官场系统的了解上。文彦博从万千头绪里准确地挑出了敌对分子，贾昌朝贼心不死，要利用当年他在皇宫里当侍讲时结识的太监们搞事，借皇帝生病的机会，来搞垮六塔河计划。

分析出原因，文彦博选择了沉默。真正的危险还没临头，这两个司天官突然来喊了一嗓子，像威胁不是威胁，像控诉不像控诉，真正的目的是什么？

谜底还没揭晓呢……

几天之后，谜底揭晓。这两个人又闯进来了，这次不仅重申了六塔河开挖必须停工，还递交了一份解决办法——请皇后听政，这是解决目前状态的唯一正解！

紧接着大太监史志聪出现，从春节开始就灰头土脸的太监大佬变得容光焕发，他从后宫带来了一份书面材料，命令宰执大臣们全体走人，从皇宫内院滚出去，恢复国体。

实事求是地讲，这两条意见都是正确的。在中国的封建时代，皇后与皇帝是一体，两人是平等的。虽然男权至上，皇帝可以休老婆，但相比于宰执大臣，皇后仍然神圣无比。

所有大臣，都不过是她的家臣！

由此可以推论出，文彦博、富弼等人不经皇后允许就私自闯进皇宫，赖着不走，而且作威作福，呵斥内侍，这都是十恶不赦的大罪。现在用书面文字叫他们滚出去，都是相当温和，甚至懦弱的表现了。

那么宰执大臣们是什么反应呢？富弼怎样不清楚，文彦博还是很平静，他静静地听完司天官的发言，打发他们先回去听信。然后接过了史志聪交过来的文件，仔仔细细地看，然后脸上浮现出了欣喜的表情，缓缓地点头，像是鼓励，又像是如释重负，以前所未见的和蔼，请史大太监暂时回避。

一切迹象都向文彦博屈服了，贾昌朝的连环计得逞，以皇后压服宰执，一举毁掉六塔河计划，甚至给稍后可能进行的大清算留下了伏笔。这样的大逆不道，罢官都是轻的吧？

危机临头，怎么化解？一般人能看出危机在哪里，再想出保全自身的办法，就是相当了不起了。可文彦博不这样。这人的本事之一，就是"驱敌为奴"大法，能让他的敌人为他办事。

他最开始是先做了一个小动作，说来那就是史志聪犯的错了。史太监毕竟不是十全大太监王继恩那样在残酷的斗争环境里成长起来的人才，他沉醉在乐观的前景里，没注意到文彦博一边表示赞赏，一边却把文件稳稳地……收进了怀里。

这样重大的决策，没有当场和其他宰执大臣们宣布！更何谈商议和执行？

等到把这两拨人分批支走之后，文彦博的反击立即展开，他火速宣召那两个司天官回来进见，见面之后劈头盖脸地喝问："尔等今日有话想说？"

"是。"两人还是那么硬气。

文彦博大怒："天文异变，这是你们的职责，可以讲。可国家大事是你们有权过问的吗？你们犯罪当斩！"

两个司天官当时冷汗就下来了，他们何尝不知道自己是干什么的。有权说话，却无权下命令，这时宰相发怒，真要砍他们的话，无论是贾昌朝，还是史志聪，除非是皇后，要不然没人能救得了。可皇后为他们求情……这个梦不现实！

说话间文彦博把文件拿了出来，交给其他大臣们传阅。只见文件就像病毒，谁看了谁发抖，各个脸色变青。突然间集体怒吼："奴敢僭言，何不斩之！"这都是几十年官场历练出来的老官僚了，危机指数瞬间就都读懂。你死我活的时刻到来，绝对不能手软。

可文彦博却反对，他说了一句话，就让全体同僚都安静了下来：“若杀这两人，于中宫不安。”小心皇后陛下抓狂。

大家一下子就都明白过来了，他们进宫本来就是无视皇后的威权，这时再杀了提议皇后听政的人，难道真是要逼着皇后跟他们势不两立？

可问题是现在已经势不两立了，之所以还平静，只是因为曹皇后是那么的贤德，一辈子也没发过一次火。现在怎么办，要让局势不继续恶化，让曹皇后继续平静，得怎么办呢？

大臣们冥思苦想，文彦博已经转脸，突然向那两个司天官露出了迷人的微笑，该怎么办，你俩知道吗？

两个小办事员顿时一阵恶寒，后悔得直想哭。他们别的不知道，自己的脑袋快搬家了还是清楚的。真希望时光能倒流，玩什么政治投机啊，老老实实地活着比什么都强！

不想死，就得听话，文彦博给他们指了条路，仍旧还是发挥他们的特长，到六塔河挖掘工地上去，一定要“好好”地计算啊，这个工程到底和皇上的病有没有关系……傻子都知道调查的结果。这两个司天官连夜出京赶赴现场，经仔细勘测、精密计算，发现了个根本性的失误。

以前的推论是错的，因为六塔河的方位是东北，而不是正北，和皇上的病没有半点的干系！

紧接着好运临头，皇上在正月十四那一天，就像突然昏倒一样，突然间神志清醒，能上班见人了。这样一来，局势彻底翻转，皇后根本没有理由走上前台了，贾昌朝、史志聪的计划彻底流产。这还不算完，尤其绝妙的是仁宗有了点小变化。他从这一天起就面无表情，沉默不语，对谁都不说一个字。

就算在上朝办公时，也只是点点头，或者摇摇头而已。在这种局面下，想一想写奏章弹劾宰执进大内的臣子们得多郁闷，皇上连理都不理！

时间一天天地过去，皇帝脸上的表情在一点点地恢复，政府在一天天地正常工作，六塔河那边的工程更是紧锣密鼓地实施，终于到了竣工的那一天。六塔河竣工，就意味着黄河上游八年前决堤的商胡终于可以了合龙了。

至和三年(公元 1056 年)四月初一日,商胡顺利完工,奔腾肆虐的黄河水终于变得温顺,千里之外的六塔河把它多余的水量分走,一切步骤按部就班,实现着最初的计划。千年水祸就此解决,文彦博、富弼还有李仲昌等治水人员终于成功了!

打住,只成功了几个时辰。几个时辰之后,突然间河水猛涨,不可遏制,商胡在刚刚合龙不久,连民工和士兵都没有从堤上撤下来时,就重新崩溃。国家近八年的讨论,半年的施工,数百万贯的钱财,千百条的人命瞬间就被洪水吞没。

让欧阳修说中了,商胡再次决口,原因就在下游负责减水的六塔河。它实在是太小了,刚开始时还好,一旦商胡合龙,水流量突然间增大,它几乎是立即就支撑不下去了。

滚滚洪水倒卷回上游,造成了商胡重新决堤的悲剧。

事故出现,根本没法挽救。宋朝当局只能听之任之,让洪水想怎么流就怎么流,这回算是彻底放弃了。从这之后,黄河不止一次地决堤,它恢复了远古无人时的状态,循地理地貌,自己完成了重新找路入海的工作。

那是在四年之后,再一次在大名府附近决堤,黄河向东分出了一条支流,它下接界首河,在冀、鲁之间入海。这样黄河在北宋年间就变样了,它成了一条二股河,中下游之后,形成了北路、东路两条水流。这就像老天爷跟中国人开的玩笑。

你们想要的,他老人家都给了。六塔河减不了水,这条东流来减,但仍然有代价。这条东流实际上走的是西汉时期黄河改道时的一条旧路,朝代更迭,早就荒废,它比原来的故道危害更大,这是后话,以后再说。

回到开封城里,出了这样的大事,就算贾昌朝这些政敌不追究,御史台、知谏院的言官们也不会放过。他们联名上书,要求严惩治水失职人员。

治谁呀?文彦博、富弼都在郁闷中,费了九牛二虎之力,连大内、皇后都得罪了,可结果呢?居然搞到了这步田地。可也没什么,在一个成熟的政治家面前,是没有解决不了的问题的。还是由文彦博出面,他使出了古往今来，无论是中国，还是外国，都能用的两大政坛绝招。

这两招一旦用出来，就从来没有失效的时候。

第一招，永不认错。

请大家留意，可以去随意翻人类各国历史，每一个叫得响的大人物，从来都没有说过自己做错过什么的时候。人可以死，主张可以被打倒，但信念永远无敌！这一点表现在文彦博的身上，就是谁也没犯错，连黄河本身都是无辜的。什么？你真的要追究？嗯，给你看官方文件，六塔河计划是皇上御笔亲批的，我们都是办事人，你想连皇上也追究吗？

查一下资料，会看到事故直接责任人的处罚决定。以李仲昌和内侍张怀恩为例，李仲昌原为殿中丞，被“降”为大理寺丞；张怀恩原为供备库副使，被“降”为内殿承制。几乎跟没有处罚一样。

这一页就算揭过去了。真正厉害的是第二招。

第一招让人很怒不敢言，第二招可以让人精神抖擞，兴趣盎然地忘记愤怒，重新和宰执大臣们打成一片。那就是传说中的无敌招数——转移视线。

第十七章
狄青之死

这一招不是谁都能用的，唯其威力强大，所以难度极高。使用者得准确地判断出周围空间里弥漫的空气是什么味道的，大众的意愿里有着怎样的可乘之机，才能寻隙觅缝，达到自己的个人目的。

这还不算，历史上能成功地使用这招的人，还必须在那个时段里超级幸运。因为能转移公众视线的事情实在不多，都是属于可遇不可求那类性质，不仅得有心，还得有那个命，才能找得到。

文彦博就是那个既有心，又有命的人。这时整个文官系统都对他们这届领导班子怒目而视，那么要怎样才能让他们重新紧紧地团结在他的周围呢？命题很复杂，操作却极简单。

只要找到比他更让文官集团厌恶的人就成了。而这个人，已经整整让宋朝所有文人厌恶了四年之久——当时西府大臣，枢密使狄青。

四年以来，狄青让每一个文人坐立不安，如芒在背。如果详细排列的话，他不仅让东京城里的顶级达官显贵们难受，就连整个宋朝的风气都随之改变。每次他上街，立即就会出现堵塞现象。人潮翻滚，大家争着目睹宋朝自建国以来第一位面有黥文的平民宰执。

那时节，每个百姓都露出了发自内心的仰慕，还有共同出身的认同。他们争着传颂这位百战将军有多神勇，是汉人里少有的好汉。更不用说京城内的禁军，每当此时，他们都激动得难以克制，这是整个武将群落的骄傲，受了近百余年的欺压和屈辱了，终于有了个扬眉吐气的兄弟！

这些都让文官们愤怒，准确地说，是发自心底的不安。文彦博都看在眼里，在六塔河决口，黄河水灾加剧的局势下，他静静地坐在东府中书省里，仔细计算狄青的敌人到底有多少，文官集团里有谁恨他到了哪一步。

首先就是韩琦。

这位狄青在西北战场上的老领导，在庆历新政失败后，被贬出京城好多年了，最近又调了回来，只是职务低了好多，变成了两府之外的三司使。心高气傲，连排名在范仲淹之后都无法容忍的韩相公，居然成了原下属，一个杀胚贼配军狄青的下级，这让他实在忍无可忍！

但还得忍，朝廷名分排在那儿。可韩琦自有他的招数，让狄青难受。

话说宰相自古为百官之首，自唐朝以来，有个规矩叫“礼绝百僚”。就是说，官员不论长幼，见了宰相都要跪下磕头，而宰相平身受拜，只需欠身拱手就可以，送客从来不下台阶。

这个规矩被富弼打破了，他当上宰相之后，无论是官员进见还是布衣来访，均待之以同样礼节，送客出门，一定要客人上马离去之后，才返回府第。这种谦谦儒雅的君子之风，也感染了当时的朝臣，据说韩琦也一改当年作风，变得非常和蔼可亲。

只是对狄青除外。

他还像当年对下属那样，虽然多了几分客气，但绝无对待两府大臣应有的尊重。而狄青呢？他是个面子很矮的人，心理总是不那么官僚，就像不愿去掉当年面上留下的黥文那样，也不愿意官升脾气长，对韩琦指手画脚。于是他还是像从前那样，经常去拜见韩琦的老母，并且与韩琦的儿子们平辈相称。

时间一长，心里也难免郁闷，他说出了一句话：“我与韩琦功业官职相当，彼不过多一进士及第罢了。”这就是问题的关键，也正是文官愤怒的根本原因。何况他还得罪了另外一个人。

当年韩琦得中高榜，长街夸官，同时狄青犯罪入伍。当时别的士兵哀叹，彼等如此荣耀，我们就像粪土。狄青却说，不见得，还得看能力如何。另一场景，韩琦在西北当着狄青的面杀了他的好友焦用，并且叫嚣："东华门外以状元名唱出者才是好男儿！"

两件事都与一个人有关，就是韩琦那届，以状元唱出东华门外的那位好男儿——王尧臣。这位了不起的状元帅哥比韩琦更郁闷，他是狄青的正牌下属，枢密院副使，正好归狄青管！

是可忍孰不可忍？王尧臣每天看着狄青就气不打一处来，怎么瞧怎么难受，于是化礼节为问候，每天重复一句话："枢相大人，可真是愈加鲜明了。"注意目光，他盯着狄青脸上的金印。

天长日久，狄青终于火了。某天狄青突然微笑，注视着王尧臣。那目光曾让党项人发抖，让侬智高崩溃。狄青说："你要是喜欢，我就送你两行，怎么样？"

王尧臣脸涨得通红，半个字都说不出来。东华门外唱出来的好男儿，终于还是被个傻大兵给压倒了。这不是王尧臣一个人的耻辱，这是整个进士系统，文官集团的耻辱！

当然这也包括文彦博本人，对于狄青他也恨得牙痒痒的。总是有人把他和狄青比，当年收复贝州一城，就当了宰相，拿什么和狄青平复整个南方相比？欺世盗名，名不符实，只要有狄青在，他浑身上下哪儿都难受。这时他平心静气，仔细衡量，终于到了拿狄青开刀的时候。

不仅是他需要，文官系统需要，就连老天爷最近都很帮忙。

这一年宋朝天灾人祸不断，两者还不好分界。比如黄河水灾，造成这样的后果，天灾大些，还是人祸大些？至少没有六塔河的折腾，黄河还不会分岔吧？

说天灾，天子之命系于天，所以皇帝病了，完全可以归在上天降灾里；第二就是黄河，之后五月份开封地段下了整整一个月的大雨，城里能漂的东西都漂起来了，比较松软的也都泡烂了，市民出行基本都得划船；到了七月份，突然间有一条一丈多长（地面目测）的彗星划过天际，其亮度经久不散，直到八月份才走。紧接着太阳也出事了。

八月初一，出现了日食……简直是花样繁多，应有尽有。

回头说人祸，宋朝文官集团的眼睛是雪亮的，他们的目光久久地凝视在狄青的身上。在这种力度和超级渊博的学问指导下，狄青的一言一行都闪烁着巨大的问号。

首先狄青的家里出事了，好好的宅院，突然间在半夜里"怪"光冲天，把开封府都惊动了。一时间街头巷尾都在传说和回忆中，这其中以宋朝的顶级文人两制中的知制诰刘敞的总结最到位，他神色慌张地找到了当时的开封府尹、东京城市长王素。

"大人请翻阅五代史，唐朝的叛将，杀人恶魔朱温当年的住宅就在狄青家附近。在他造反前夕，曾经发生过夜里怪光出屋的现象。邻里还以为着了火，去救，却什么事也没有。大人明鉴，现在狄青家的事是不是有些相像呢？"

王素很想说，像，真的很像。不过开封府里有当天夜里的备案记录。那是狄青家的管家一时疏忽，把事儿给办劣了。当时开封城有规矩，不论高门士绅，如果夜里要做醮事（烧纸钱之类），要先通知厢吏，这样就不会引起火灾恐慌。

狄大管家给忘了，结果枢密府里烟火升腾，外面人等奔走相告，来救火啊，去通知开封府！事情就是这么个经过。但是坊间新闻的升级性是无敌的，第二天烟火就变成了怪光，紧接着怪光已经没法吸引眼球，大家想了想，这样吧，让狄青家的狗长出犄角来怎么样？

这样就比较新鲜灵异了吧！

第二件事，说来真让狄青欲哭无泪。简单地说，和开封城这次的雨灾有关。说来这也怪赵光义，当年死活不让他哥哥迁都，结果开封城这个地势平缓，战时无险可守，水来了也一马平川的大操场就变成了个比较浅的人工湖。

人人都在水里泡着，百姓没办法只能忍，达官显贵都往高处搬。其中狄青选了个非常平民化，甚至集市化的地方——相国寺。

提起相国寺，一般来说，总在前面加上个“大”字。即大相国寺，它在中国历史上占有非常重要的建筑学地位，以及名人效应。比如说，它最早的前身是战国时著名的四公子之一魏公子无忌即信陵君的故宅。不过拜通俗小说之赐，中国人都知道寺内有块菜园子，一个叫鲁智深的胖大和尚在那儿空手拔起棵垂杨柳……呵呵，但是说点实际的，大相国寺在北宋时期在中国无人不知，被东亚所有种族所向往，不是由于它的佛教禅林地位多么崇高，而是它的经济效应无与伦比。

帝国四面八方向开封汴梁汇集的水路码头，据资料考证，都有一个共同的终点站，那就是宋朝京城里富裕的出家人居住区，大相国寺。这里繁华，这里嘈杂，这里非常有钱，可也非常的没品位。于是低调的狄青就选择了在这里避水灾。

可惜天算不如人算，他走到哪里都是平民的焦点，何况还到了平民数量超级多的大相国寺。他的一举一动都在千万双眼睛的注视下，他就是宋朝当时的迈克尔·杰克逊，就是不老的传奇刘德华。其结果就是他的行踪暴露了，另一些传说迅速流传开来。

传说里外面瓢泼大雨，狄青在相国寺的正殿里行走坐卧，这副场景是多么的令人神往啊——神圣庄严的殿堂，魁伟英武的军方第一人高视阔步，轩昂往来，让外面的黎民百姓看得如醉如痴。尤其是当时的主人公还身披着一领黄色的衣袍。

这还是狄青吗？这分明是赵宋的开国之祖赵匡胤！

真是罪大恶极，骇人听闻，宋朝的文官集团迅速达成了统一意见。立国百余年后终于出现了一个顶风作案的奸雄，一旦让他得势，陈桥兵变，黄袍加身（已经加身了）势必就会重演，那时刀兵四起，国将不国，连带着我们的幸福生活也将彻底泡汤。

同志们，我们还等什么，还不联合起来，把狄青消灭在相国寺里？

一呼百应，出手的人很多。简短些说，选出最有名望，打击力度最大的两个人作代表。他们就是宋朝的顶级文人，两制官中各一位。

知制诰刘敞，翰林学士欧阳修。

刘敞从始至终对这件事超热心，在狄青家“怪”光冲天之夜充当报警人去见开封府尹王素之后，又集中精力给皇上写了封奏章。内容把狄青周围近年来所有的奇闻怪事列总了一下，就像个才出土新发现的唐人小说似的，最后归纳出一个主题：“……今外说纷纷，虽不足信，要当使无后忧，宁负青，无使负国家。”

他全是出自一片爱国忠君之心，才要让狄青下地狱的。尽管自己也说，没有实际根据。

比较无厘头，相比之下，欧阳修大才子的文章才有点看头。“真学士”曾经专门提笔写过一篇命题论文，名字就叫做《论狄青》。文章里仔细回顾了狄青出人头地的官方记录，说他出自行伍，号为勇武，在西北战场上所向披靡，在两广平叛，挽回国家局势。

非常的客观，之后还特别地声明了一下，狄青当枢密使四年来，没有任何过错。这是不是成了一篇歌颂狄青好榜样的样板戏了呢？且慢，国手布局，步步紧逼，他夸你的时候，小心棒子已经提到了手里。笔锋一转，但是，“盖军士本是小人……”他真是老毛病改不了，什么事都从君子、小人的分界线上来说事。在欧阳大才子的心里，所有军人都是奸诈、无德、低级、危险的劣等分子！

之后的话可想而知了，他论述了狄青多么的得军心，更得民心，长此以往，险过剃头，并且还有了上古时的中华玄学的总根据来印证——“水者阴也，兵亦阴也，武臣亦阴也”。以此类推，现在又是发洪水，又是下大雨，都是武将们带来的祸患，上天给我们示警呢。

所以请陛下及早准备，把狄青贬出朝廷。这是为天下做好事，也是对狄青本人的爱护，免得以后出了大事，不得不杀他。

真是奇怪，他拿什么来论证来的，五行学说中的阴性之水和军事，以及武将联系在了一起。雄赳赳气昂昂的将军们，居然“亦阴也”。

彻底无语。

正赶上皇帝也在无语的状态中，欧阳修的大作就被留中封存了起来。

时间一点点地过去，各种各样的谣言在上浮，同时也在悄悄地滑落，舆论很奇怪，它的本质就像期货一样，谁想利用它升官发财，就得手脚麻利点！

文彦博很急，但怎么急，也得看准了时机。在这一年的四月之前，他焦头烂额地忙着给六塔河事件擦屁股，五、六、七三个月里的事更加重大，可以说是中国封建时代里大到无与伦比的事。和这件事比，除非狄青真的拥兵造反了，不然就算狄青哪天突然激动抓狂，在金殿上把整个文官集团都胖揍一顿，把一个个人脑袋打成了猪脑袋，都没人在意。

到底是什么事，稍后再说。现在跳到八月份，这件大事还在继续中，但终于缓和了些。因为一个人的出现。这个人是一个真正的大佬，就算文彦博、富弼、包拯等仁宗朝名臣加在一起，对宋朝历史进程的影响都没这人大。就是这个人，写了一封奏章，让仁宗在多半年的沉默后，第一次开口说了话。

人心一片轻松，狄青的罢免提案终于浮上了水面。

提案递交的方式很高超，是中书省的集体提议，不是哪个人，更与西府各大臣没有关系。也就是说，没有哪个具体的人和狄青过不去，是“大家”都想这么说的。

面对罢免，狄青心情复杂，这时就要提一下，他为什么在四年的时间里，面对那么多显而易见的指责、非议，还一定要留在枢密使的位置上不下来。还有，四年前为了他当枢密使，宰相和参政知事掐成一团，他也视而不见，一定要当这个官。

千年以来，总是有人说，狄青你就名利心轻点，扔了这个官又能怎样？不就一身轻松，活到百年了吗？对不起，如果狄青真的这样做了，他还是一个热血沸腾、勇敢争先、永不放弃的好汉子吗？他是英雄，他有与生俱来的自豪感，在他少年犯罪从军时，都有不把东华门外的“好男儿”状元郎放在眼里的自尊！

为什么要自我轻贱，实际上他是和范仲淹一类的人，虽然起步不同，但都是靠着自己的努力，完成了人生由低到高的艰苦跋涉，走过了这一程，凭什么就不能光明正大地出人头地？

在这样的心情底蕴下，他读完罢免提案，走到了皇帝的面前。说了这样一句话：“臣无功而受两镇节麾，无罪而出典外藩，这不公平。”

前一句是自谦，后一句是愤慨，百战之功，无罪罢免，我不服！

皇帝同意，这的确不公平。这时赵祯已经能说话了，他安抚了下狄青，让他先回避，接着找来了文彦博。“狄青是忠臣。”皇帝这样强调。

封建时代，宁用忠，不用能，这是条总原则。只要符合了这一点，哪怕你脑子很蠢，手脚也不干净，一样得上级的欢心。这时仁宗提出这一点，可以说是要在根子上给狄青定性。这是好同志，我要留任他。

可文彦博就是有那样的能耐，一句话就能驱敌为奴，更能几个字就让优点变炸弹。他说：“太祖岂非周世宗忠臣？”

注意，这就是宋朝臣子的特色，这就是名臣士大夫的风骨。他们敢拿自己王朝的开国皇帝说事，问赵匡胤难道不是柴荣的忠臣吗？要皇帝怎样回答？说是，好，为什么叛变了？宋朝是从哪儿来的？别再用群臣推举，迫不得已说事，您是由士大夫从小教育长大的，应该知道杀身成仁，舍生取义，这是做人的根本点。实在为难，当时为什么不自杀？

说不是，那就惨了，您在说自己的祖宗是个不忠不孝的乱臣贼子……当天仁宗再没说一句话。皇帝和宰相之间横亘着一道致命的沉默，这让狄青的命运被确定，同时也让文彦博的政治生涯产生了一个断点。说来这也是他的一个失误。

他没想到狄青真的是个官场二杆子，面对罢免能直接找皇帝要说法。而他本人既然提起了罢免，就没法善罢甘休，要搞倒一个人，就一定要搞到底。缚虎易，放虎难，这事儿不只是几十年后秦桧的老婆才知道！于是就只好坚持，于是被迫与皇帝对立，于是终于埋下了近期内就被踢出朝廷的伏笔。

这些狄青都不知道，他坐在皇宫高墙之内的西府枢密院里，在军方第一人的宝座上接到了一个非正式的命令。他被赐予了一个特殊荣誉，就像第二次世界大战中，希特勒给他最年轻也最善战的陆军元帅隆美尔的命令一样。

你可以保留你的军衔、家人的安全，拥有追悼会，只是必须自杀。

狄青也一样，这是宋朝给他的最后一个恩赐。他可以自己提出辞职申请，有一个体面的下岗理由。历史在这里再次显示了真相的魅力。下面发生的事虽然隐约，但无比真实地显示了狄青是个怎样的人，他的敌人又都是怎样的。

接到这个命令，狄青仍然没有执行，他想不通，就要去问。根本就不去管是不是会得罪什么人，对以后的升迁会不会留下后遗症。同时也显露了他的官场底蕴，前面都提过，像文彦博、贾昌朝、王尧臣之流，他们在皇宫内部布满了眼线，有什么内幕，刚发生了什么，都会第一时间得到消息，从而保证自己官运亨通，平安大吉。

狄青却什么都没有，当官凭的是实打实的功劳，要那些劳什子做什么？于是他就不知道是谁在搞他，他直接去东府，问一下自己到底有什么罪名。

接待他的人正是文彦博。他像自己找抽一样地追问，结果就得到了最真实的答案。或许在文彦博想来，狄青一定是知道了是他在捣鬼才来的吧，他直瞪着狄青说："无他，朝廷疑你尔。"

没别的，就是怀疑你。

狄青在那一瞬间信心崩溃，一直支撑着他的信念倒塌了。在史书中，在各种遗留下来的资料里，连当时弹劾他力度最大的文人，也没能指出他有什么具体的错误，连人生的小瑕疵都没有，连后来岳飞的执拗、凶狠（亲手杀舅舅）等指责也没有。

可这些有什么用呢？一个人让对方不放心，无论怎样做都是徒劳。狄青被这句话悚然惊呆，连退了好几步，再没有话说，黯然走出了中书省，走出了皇宫，走出了东京汴梁城。他被"提升"为同中书门下平章事，以副宰相之职，出判陈州。

临走前，他对自己的一个亲信说。我此去必死。亲信不解，他笑了笑，陈州出产一种梨，名叫"青沙烂"。青此去，必烂死。

被他说中了。他去陈州不过半年，就死于"背疽"。这种病在古代比较多发，著名的有项羽的谋臣范曾，朱元璋的大元帅徐达，都是忧愤交集、无可奈何地死去，基本等同于气死。

狄青也是这样，他在陈州的半年，每隔半月，朝廷就派人去"问抚"一番，这种待遇数遍宋史三百年，只有狄青这一份。真不知道他做了什么，朝廷这样“爱”他。

他死了，文彦博和当时整个文官集团，没有夸张，事实上没有任何一个官员，说过狄青不应罢免，他们得逞了。接替枢密使位置的，是他们非常认同的一位同道中人，韩琦。强悍的，了不起的韩相公终于回到了组织的怀抱里，重新当上了宋朝的宰执大臣。

世界终于恢复秩序，宋朝的官场变得安宁和谐。狄青死了，那又有什么了不起。他的死，不管冤不冤枉，都非常符合宋朝的立国精神。守内而虚外，宁与友邦，不与家奴，不管怎样，我们不会被自己人欺负！至于文彦博等人，说句痛不在己，说得轻松的话。

也不必太痛恨他们。杀死狄青的不是文彦博，而是宋朝的大气候，他是被那个时代压死的。就算没有文彦博，也会有武彦博，没有欧阳修，也有欧阳理，总会有文人跳出来找他的麻烦。狄青，就是风暴中辗转飘浮的一片落叶，被风吹上了云端，又被风刮落到尘埃，一切身不由己，并且很快就会被淡忘了。

直到仁宗之后第三位皇帝，神宗当政时，他才被想起。那时国家征讨西域，苦无良将，才想起了这位英年早逝的常胜将军。而在他刚刚被罢免，或者刚刚死去时，举国无人念他，只有一行干巴巴的官方记录：赠中书令，谥武襄。

那时人世间的焦点，是文人们一次旷世的盛典。

第十八章
百年经营铸高文

宋嘉祐二年（公元1057年）一月，又一届科考开始。宋朝科考无数，中国历史上的科考无数，但论地位，这一届无与伦比。

前提是文学方面的。

中国文学史上盛称“唐宋八大家”，其中唐二宋六，宋朝所占的这六个人中，有四人在这一届的科考中会聚，盛况可谓空前绝后，数遍中华历史，只此一份，再无后继。还有一位，其实当时也在京城中。只是他为人太特立独行了，不跟这些凡夫俗子一起玩。

抛开这位“不为浮云遮望眼，只缘身在最高层”的神仙爷，去说这四个人。四人之中，以欧阳修在当时为首，他是主考官。这是历史的契机，以他从小就深深刻在脑海里的韩愈文集开始，一生至此已经整整五十岁，他成熟了，对于文学，对于历史的掌握让他真正懂得了什么样的“体”，才足以载“道”。

这是个根本点，在这次科考之前，体和道之间，可以说是本末倒置的。浅显地说，就是全天下的文人墨客都以讲究辞藻为能事，谁会修饰，谁就是大家。这样文章中全都是些讲究到了极点的险韵、怪字，大家争奇斗艳，看谁能玩出前所未见的花活儿。

至于文章的宗旨，这个世界上为什么会出现文章，这个终极问题，就没人在乎了。欧阳修身为当时的大方家，注意，还不是大宗师，他非常的愤怒。他一直在倡导要恢复古文，像古人那样，文章的第一要务是要把事儿说清楚。

得与国家有利，与民风有益，文章绝不是时装秀，科考也不是 T 型台，这是要传诵万代的，不是仅仅一时的敲门砖！

他抱着这样的想法走进了贡院，寻找着符合自己要求的举子，他找到了。这真是个异数，茫茫神州，幅员万里，宋朝开国已经百年，文教之盛，是自有文字以来从所未有的，可是能和他心灵相通的人，居然在僻远边陲的西鄙之地——四川境内。

四川在当时是地道的老少边穷地区，财富是这样，文化上更是。数遍整个四川，在这次科考之前，只出过两个进士。

一个在真宗天禧年间（公元 1017—1021 年），是位姓孙的中举。另一位出在仁宗的天圣二年，他姓苏，叫苏焕，眉山人氏。就是在这一年，眉山当地欢庆新举人产生的时候，有一个十七岁的少年变得沉默。他就是苏焕的三弟，苏洵。

苏洵是个快乐的青年，此前的岁月里玩就是他生活的全部。这时他被震撼了，二哥的荣耀，父亲的笑脸，让他的一些东西觉醒，功名，原来是这样好的东西吗？他开始重新读书了。注意，是重新。这个人的聪明才智不容置疑，但就是玩心大，只此一点，就铸成了他一生的郁闷。

十七岁时发奋读书，苏洵是真的努力了。三年之后，下一届科考开始，他一次性通过了乡试，沿着哥哥走过的道路，向传说中的繁华帝都前进。这时他深信，世界是他的，功名是他的，一切都是他的。但是结果……他落榜了。

当时他只是觉得有点沮丧，或者有点惊讶，为什么没考上呢？倒没有半点的悲哀。他知道自己还很年轻，这时不过才二十岁，再考就是了，我这么聪明，肯定会成功的。于是他轻装返回家乡，回程的路上，顺便饱览了大地山川，湖海汪洋。他的眼界开阔了，胸襟变得宽广。

悲哀也在这时悄悄地降临。

他读书的本意是为了功名，这一点始终不变，贯穿了他的一生。可他的性格却在另一条轨道上。他精力充沛，性格倔犟，而且胆子超常的大。这几样素质凝结在一个人的身上，就注定了他不会乖乖地听话，尤其是不会听那些他认为不如自己的人的话。

这时他二十岁了，此前只是个懵懂中的少年，他可以深信书本，去死记硬背，为了功名不顾一切。如果能在这一届考中，他就会沿着富贵之路顺利地往下走。可他没考中，重新回到了天地自然之间，这就不好说了，他的心灵在成长，学识在按着他的天性选择性地积累。

再不是别人教他怎样，他就怎样的局面了。

这是他个人的不幸，却是整个中华民族文学史的幸运。历史可以证明，每一个非凡人物的成长，都有他自我觉醒、自我完善的过程。

没有任何伟人是教室课堂里批量生产的。

苏洵一路漫步回川，他看到了剑门以外的世界，也有了人生的首次挫折，这些都让他的心灵起了变化。奇妙的是，这些变化是他本人事先都想不到的。他厌烦了书本，那些用来考功名的声律、墨义等“学问”再也引不起他的兴趣。

他成了当地的一个怪人，年纪轻轻，不务农，不经商，也不读书，有时一个人默默发呆不说话，有时候却和一大群的浪荡少年欢呼纵饮，旁若无人。更多的时候他游山玩水，登临湖海，若有所思，如果不是他在这段时间里结婚了的话，就真的像是个世外散仙了。

这样的生活一直持续了近四年，好日子终于到头了。他妈妈突发急病，医治无效。这时他才感觉到了悲哀。“子欲养而亲不待”，这是人生最大的伤痛，而苏洵的痛苦要更深一层。他根本就没想过母亲会走得这样早，所以还没有开始“养”！

他要给母亲以荣耀，他迫不及待地抓起了当年扔下的书本，功名，无论如何要快速得到功名！从这时起，他二十七岁到三十九岁之间，共十二年，他夜以继日，发奋苦读，就像《三字经》里所说的那样："苏老洵，二十七，始发愤，读书籍。"

十二年间他两次进京赶考，每次都踌躇满志而去，失魂落魄而归。他实在是搞不懂，自己真的是那么笨吗？为什么他看不上的那些人都能高榜得中，自己却一再地蹉跎。三十九岁那年，科考再次不中，他抑郁满胸，无可排解，再次走向了山水之间。

历史的契机出现，福无双至，灾不单行，就在他走向江西庐山，寻求心灵的安慰时，他的老父亲不幸故去。

苏洵千里奔丧，踉跄归家，细思量十二年间双亲故去，自己将近四十，居然一事无成！人生至此，恨不得自残才能稍微痛快点。

某一天，他万念俱灰，在父亲的灵前把自己这么多年以来写的文章一张张地扔进了火盆里。科考、功名，此生再也不想了……奇迹就在这时出现，万念俱灰才能否极泰来，扔掉了以往的所有，一个新的天地豁然出现。苏洵在守孝期间，百无聊赖，把家中所藏的几千卷古书都博览了一遍。

那些书，是中华民族自春秋战国以来一脉相承，从无间断的文明之光。这道光束，由孔子点燃，他死后百余年由孟子继承，之后数十年有荀子，再二百余年后有扬雄，后千余年出现韩愈。韩愈至宋，已经三百余年了，此间战乱频繁，再没有哪位大家能够重振汉文声威。

三百余年的空白和期待，有些人在繁华世间声名显赫地追寻着，像欧阳修；也有人在西陲一隅默默地若有所思，像苏洵。

抛去功名的牵绊，他返璞归真，同样沿着这条路向前走，他注定了会和欧阳修殊途同归，但同文不同命，闻达各不同。他这条路走得太慢，太累，太沉默了。

三十九岁起，至四十六岁，他才盼到了人生的一线曙光。他不再想着进京，京城却终于有一位名人来到了西蜀。这是位有能力、有见识、办实事的人才。尤其难得的是，此人的成长经历与苏洵有些相似，这让他们有共同语言。

命运向他微笑了。

这时的苏洵和从前完全判若两人，年轻时的跳脱浮躁，变成深沉寡言，当时满腹的应试文体，换作了对世间万物的认识、见解以及解决的办法。

他成了一位大儒。所谓大儒，不仅要精通百典，更要自成一家，向内可以自省己身，向外可以为天下排忧解难。以这样的见识和胸怀所写出来的文章，才是自孔子始，至韩愈兴的中华儒家的正宗体系。

细思量，会发现苏洵的人生，就像宋朝的国运一样，是偶然还是必然呢？透出那么多的巧合，让人掩卷深思，摇头苦笑。

比如他的人生曙光。

在皇祐五年（公元1053年）前后，苏洵建立起了自己的学术体系。他一生中最重要的几篇文章都已经写成，但是地处边疆，无人问津，眼看着要老死乡里，默默无闻终生。别忙，外面的世界很精彩，突然间刀兵四起，烽火连连。

侬智高叛变了。之后整个南方都传颂着鬼面元帅狄青的威名，一战成功，飞越天险，他的名字一直到南宋都让人怀念。打住，请问有谁能把这样的大事和一个眉山地区的乡巴佬联系起来呢？

事情就是这么的奇妙，这居然是苏洵的春天。侬智高逃到了大理，之后就有个传言，他会再打回来，其突破口就是与大理邻近的四川。

一传十，十传百，谣言可以杀人，更能轰动天下。最后连开封城里的大佬们都坐不住了，除了从陕西调重兵向四川集结外，还派去了一位能人，前三司使张方平。

张方平，字安道，河南人。这个人做官做到了两府之下的计相，却不是进士出身，要说学问从哪儿来，比苏洵可强了好多。据说两宋文人大排名，如果以聪明强记为标准，他名列第二，只比苏洵的那个儿子，不出世的大天才苏轼稍逊一点点。

他能一目十行，过目不忘。他曾经向人借"三史"，十天即归还，里边的每一句话都能牢牢记住。至于为什么这么强，也是迫不得已。他家太穷了，生活都成问题，想读书只能去借，现实逼得他必须又快又牢地记住。

简短地讲，张方平把四川的局势稳住，军政两手抓之后，还重视文化，是他发掘出了苏洵，并且替苏洵铺设了一条通往帝都开封的路。

张方平给欧阳修写了封信。这封信非同小可，据考证这是张与欧阳间仅有的几封信之一，他们两人本是冤家死对头。

张方平当年是吕夷简的亲信，欧阳修是范仲淹的“朋党”，几十年间斗得手段用尽，你死我活，但是只要回归到文学上，他们就又变成了谦谦君子，古道热肠。这一点是后来的神宗、哲宗、徽宗年间的文臣们所不能比的。

从某些角度上来看，他们都是君子。

苏洵在两年后离开眉山，来到了京城。这是他第三次进京了，此番不比往常，他几乎是立即就变成了一个奇迹。在短时间内，他和京城里的顶级官员、名臣都建立了联系。比如欧阳修、余靖、田况、文彦博、韩琦、富弼等人，都收到了他的文章和信件。

无一例外地，大家都喜欢他的文章，却对他的人微笑不语。

苏洵很纳闷，难道是自己哪里做错了吗？回头细想，他来京城是有目的，儒家是入世的，穷则独善其身，达则兼济天下。他看到了现实中宋朝的各种问题，想要为天下人实实在在地做些事，这些想法，甚至解决的办法都在文章里和信件里表达清楚了。

那么为什么朝廷里的名人们不理他呢？

这就是他的命运，他来的不是时候。如果早十五年的话，那时与西夏开战，宋朝打破一切陈规陋习，只要是有用的想法就都会采纳，他那时出现，不难博取功名；可是十五年之后，不说现在皇帝都在病中，早些年的庆历新政里，已经有明文规定，不许越级提拔人才，从那之后等级制度牢不可破。

人人都在体制内，您得是什么样的圣贤，才能给您个例外？

何况他的具体做法也太剽悍了些。比如给韩琦的信里，他要求韩琦大开杀戒，狠狠地杀一批懒惰的士兵，军心士气立即就振作了。方法对不对，对，狄青就这么做的。可那是临敌，现在还是和平时期，并且今日之韩琦，再不是西北时的少年相公了。

杀人？韩琦高洁得像天空中飞翔的羽翼，凝练得像雪山之巅的冰雪，再也不做那些粗活儿了。

再比如给富弼的信，他开口就是指责，从庆历年间说起，直到这次上任毫无建树，一点情面都没留，怎么狠怎么讲，没给当朝宰相留半点面子。

是不是失心疯了？不，之所以这样做，是孟子教他的。

孟子曰："说大人，则藐之。"这是孟子一生的行动准则，比如他效法孔子周游列国，游说到梁惠王时，除了言语不逊之外，转身就能说出"……望之不似人君"的话。

看你就不像个当皇上的料。

可以说是胆大妄为，不把君王放在眼里，更可以说，他违背了儒家的最高宗旨——君君臣臣父父子子。上下尊卑有序，不管他是不是圣人，绝对没有这样藐视上级的道理。

可他就是做了，说句到家话，这也是迫不得已。战国时，以及后来所有的战乱时期，只有用这样的手段，才能让当权者信服。例子就是诸葛亮怎样说服孙权的。

说到这里，就可以看出苏洵这个人在学问上的巨大缺陷了。他是大儒不假，文章写得超越古人，独步当时更是真的。但有一点，他这个大儒，准确归纳，是先秦时代的大儒。他自学成材，一直闷在蜀川之中冥思苦想，把先秦时代最高层的思想都研究透彻了，可与当时的现实社会离得就更远了。其结果，很像一个落寞武士的自白。

那位武士输给一个人后，用十年光阴闭门寻找对手的缺陷。十年后终于豁然开朗，自信可以击败对手。可是转念一想，又沮丧得要死，明白自己和对方的差距比当年更远了。

他找到的是对手十年前的破绽，这十年来对手没有进步吗？可他自己的境界却仍然是十年前的！

苏洵就是这样，用先秦时的理论、做派在千余年后的宋朝实践，其结果只能是到处碰壁，还一片茫然，给整个权力层留下恶劣的印象都不自知。说句难听的话，如果不是他的儿子们运气超好，正好这届科考是欧阳修主管的话，父子三人灰溜溜回川都是可能的！

不过这也怪不了他，当年孔子、孟子周游列国时，难道就得到了什么好果子吃吗？儒家学说本身就存在着不可调和不可弥补的大缺陷，在初创者时代就没有完善过。研究历史，就是要正视当年发生的事，像寻病根一样，找到问题所在，好在现实中避免，这才是历史学问的存在理由。

而不是变成追念古代辉煌，让现代人活在梦里，来缓和眼前不如意心态的故事书。

说到这里，索性多说几句题外话。关于大儒这个词，对现实的意义。也就是说，中华民族，无论是古代还是现代，到底需不需要他们。

首先，作为百家学说，或者人类文明的起源，儒家的存在，绝对是划时代的产物，是中国独立于世界民族之林的文化根基。这是积极的，了不起的。

但是有一点，儒家学说里有个大缺陷直到今天也没法自圆其说。比如它是入世的，得解决人世间产生的具体问题，如军事，或者经济。这就出事了，现在我们知道，每个问题都要具体问题具体对待，在现实中找到解决的办法。

很多时候，问题都是随着时代的进步而出现的，那么解决的办法也一样，得创新，得研究才能出现，就好比新病毒和新疫苗的关系。

但是在儒家学说的统治下，解决的办法不在现实中研究，而是在古人的书籍里找注解，找答案。这就是大家看中国的各种古代文献时，动不动开头就是“古人云”的原因。什么事都要看古人老祖宗是怎么解决的，然后我们大家照搬就是。

这样行得通吗？

这就是中国近代落后的根本原因所在，了解到这一点，就会清楚，作为时代进步的要求，大儒早就是废物了。不光是进入二十一世纪，就算在千余年前的北宋时期，苏洵都碰到了死对头，那就是后来以“天变不足畏、神宗不足法、人言不足恤”的三不足大臣王安石。

王安石这时奉旨回京，做群牧判官，负责全国各地养马的事情。他们在欧阳修的家里见过，初见面就互相看着不顺眼，两人都是一样的倔脾气，一样的恃才傲物，碰巧更是一样的自学成材。这样理想的冤家对头你说还能去哪里再找呢？

老苏和王安石成仇，连带着大苏和小苏后来也和王相公长久不和。当然这都是后话了，说过了大儒，下面进入科考正题，宋嘉祐二年（公元1057年）的科考终于开始了。那个几乎可以代表整个辉煌璀璨的宋代文化的人，苏轼苏子瞻，终于横空出世。

第十九章

千年显赫大梁城

关于苏轼的才华，在中国已经是一个神话。他的名字，都被称为“坡仙”。当然，那是在他叫苏东坡之后的事了。

东坡，这两个字一点都不美妙，这是他个人的一次惨痛记忆。不过也正是自那以后，他的文采、书画才超凡入圣，达到了有宋一代，才子第一的程度。

至于他的才华是怎么来的，每个时代的教育家都会强调，跟李白一样，“只要工夫深，铁杵磨成针”。也不管人家李白是不是愿意，就下这样的定义。苏轼就很坦诚，他成年之后曾经交过一次底，说“书到今生读已迟”。

做事要有天赋，他的学问是从前生带来的。

传说他的妈妈，程氏夫人生他的时候，曾经梦到了一个俊俏的和尚，向她顽皮地眨着眼微笑。妈妈，我做你的儿子好吗？苏轼由此而诞生，这也是他后来一生中都喜欢与和尚为伍的一大原因吧。稍微长大，他的父亲把他和弟弟苏辙送进了眉山当地的一座道观里，跟道士张易简读书，主要学的是声律。

这是个关键点，是苏轼的造化，更是中国人的幸运，就是声律学的重要。它对苏家人的影响，可以说，成也声律，败也声律。

声律，就是作诗赋词的技术。一个读书人，怎么能不会作诗呢？但就是这样的尴尬，老苏就倒在了这上面。他什么都强，就是不会作诗。每次科考都是勉勉强强地凑数交上去，其结果自然是被考官扔进废纸篓。苏轼就不同，他的声律功力睥睨千古，傲视当代，让宋词只要流传一天，就永远会有人记得眉山苏氏。

这就和苏洵有自知之明，把儿子送给别人来启蒙有关。不然苏轼和苏辙就又是两位大儒，而不是坡仙与宰相了。不过不管是什么，他们都得先跟着同学们一起迈进贡院的大门，吃几天考生饭再说。

要说科考，在大家的印象里，估计就是在一座像省级监狱的高墙之内，排列着像一排排进口猪舍一样的低矮小房间，没有窗户，没有大门，只有一张床和一张桌子，唯一的出口就是标准的铁栅栏，走进来就上锁，每天只会递进来些吃的喝的。

除此之外，严防烟火，因为就算有火灾地震了，这道铁门都得到交卷时才能开！

基本上也就是这样，在宋朝比较特殊的就是时间和一些制度。

比如说主考官欧阳修就得在贡院里至少待上五十天之久。至于为什么，请看他的工作量。他得出题，还要阅卷。每届至少一两千名的考生，每个考生都有声律、墨义等各种答卷，都得由专人抄写，让字迹不可辨认，光这一项工作，得多少个工时才能完成？

所以说考试嘛，不仅是考学生，更是折腾老师。而折腾，就更是宋朝科考的一大特色。

印象里考生们不许走动，只能在自己的小屋子里一直憋着写字，直到交卷。宋朝不这样，比如某考生在答卷时有疑问，不光是对题目的疑问，就算自己的学识哪处叫不准了，都可以去请教主考官。这叫做“扣帘”。

欧阳修在这一届里就被扣了，扣得他瞠目结舌，终生难忘。

那时是黄昏，欧阳修已是半百的人了，一介书生，既是近视眼，更有糖尿病（史书记载），累得实在懒得动弹，可一考生“扣”过来了。

——学生打算在文章中引用尧舜的典故，但不知尧舜是一个人呢，还是两个人，请先生指教。

轰的一声周围彻底笑场，欧阳修目瞪口呆。这就是宋朝这一届科考之前，通过乡试的学子们的功夫！更绝的是都这样了，那个考生还在帘外毕恭毕敬地等着。

欧阳修想了想，很正经地回答："这个……嗯，是有点难度，我看你还是别用了吧。"

到了阅卷的时候，乐子就更多。比如说某位考生的大作里就有这样的词句：天地轧，万物茁，圣人发。意思想必大家都能理解几分，可是有必要在说事论理的文章里玩这样的词句游戏吗？欧阳修这次存心寻这人的开心，给了六个字的评语。

秀才刺，试官刷。

然后用大红朱笔从头到尾像刷墙似的抹了个全红，有个名目叫"红勒帛"，再批上"大纰缪"三个字，贴到外面的大墙示众，以儆效尤。

以此类推，欧阳修砍掉了绝大多数的"优秀"考生，也把人都得罪了。三年才有一次科考，大家都是按照老规矩、老要求来复习的，你凭什么这样难为人啊？

考生们想不通，发榜之日在大街上就把欧阳修给拦住了，那情形就像农民工找黑心工头要债一样，污言秽语，推搡叫骂，要不是当天遇上了巡街的禁军，大才子欧阳修就得进医院。就这样，他回家后，院子里还被扔进了一大堆一大堆的问候纸条。

这时候苏氏兄弟已经在繁华的东京街头游玩闲走了。他们是幸运的，比他们的父亲幸运太多了。苏洵之所以总是落榜，除了声律之外，最大的原因是文章的底蕴和之前科考的标准严重不合拍。而作为他教出来的两个儿子，如果还是遇上之前的考官们，想想结果是怎样的？

父子三人把家还，六行长泪落涟涟，一个字，惨；两个字，很惨；三个字，非常惨！

这就是这届科考的重要性和幸运点了。没有欧阳修，就没有三苏名扬天下；而三苏不来，欧阳修也没法装点起文学盛世的门面，他要改变天下学子的文风，就更是一句笑谈了。简单地讲，1057年的正月，是三苏的幸运月，苏轼、苏辙都顺利通过了礼部试，就等着殿试时大显身手了。闲来无事，初到帝都，想想人世间最繁华的东京汴梁城就在房门的外面，能想象二十出头的青年会闷在房里，一动不动吗？

苏洵与苏辙很可能一静到底，苏轼却一定会悄悄地溜出去，把开封城的每一个角落都走遍，看清这举世无双的繁华盛景。

首先是回忆，他从西南方的四川来，正好可以在第一时间接触到都城的精华，即东京城外城十三个城门（包括水门）中的正南方"南薰门"到内城，即皇城的"宣德门"这条御街。

进城之前，他首先看到的是一条宽约一百二十尺，植满垂柳的护城河，以及那条蜿蜒曲折，像一条游龙一样凹凸不平，不规则地建在护城河岸边的外城城墙。这道城墙很怪，让人看着高深莫测，很多人不喜欢它，因为不够平整漂亮。

包括后来的宋徽宗赵佶。他把这道城墙给拆了，重新砌了一道整齐的方矩形城墙。可惜在女真人的石炮打击下，很快它就塌了。只有到了那时，人们才会想起原先这道老墙的设计师——宋太祖赵匡胤。这道老墙在军事上有特殊效果，它的不规则，能缓冲猛烈的攻击力！

这道城墙的里面，才是真正意义上的开封城，人口超过盛唐时长安城近十倍的人间天堂。

千年显赫大梁城，苏轼走过周长四十八里二百三十二步，也就是两万两千四百三十六米的外城，进入周长二十里，也就是九千二百余米的内城。在他眼前展现的是一条无与伦比的，古今罕见的长街。

这条街笔直宽阔，长七八里，宽两百余步，也就是三百零七米，直抵皇城的南面入口宣德门。惊人的宽阔，被分成了五条通道。最中央的一条，给皇帝专用。两边的水路，都用巨大的条石砌成渠岸，岸边种满了桃、李、梨、杏等果树，沟里是成片的莲花。

每年花信风吹过，五彩缤纷的花儿就都开了，这条长街就变成了花的河流，一路芬芳伴随着百万居民。

岸边是一排红漆栏杆，它既是水路的屏界，更是一道标志，它划出了左右两条人行车马道，名叫御廊。这条御廊就是北宋繁华的象征，它布满了店铺、民居、官署，还有很多杂七杂八，说不上高雅的去处。它们合在一起，酝酿出了中国历代王朝中独一无二的北宋风格。

苏轼随着人流慢慢地走，眼前先出现的是内城朱雀门前的龙津桥。这是御街三段景的头一段，这里的商家很多，但货物的档次不算太高，算是平民消费区，主要经营时鲜果品、笔墨纸张。这很对苏轼的胃口，他会选些果子吃，再挤进人堆里看看字画条幅的功力，然后撇撇嘴再挤出来走路。

四川最不缺的就是水果，苏轼最喜欢的就是书画笔墨，这些东西都不在他的眼里。他的兴趣很快就被一座亭子、两座道观所吸引。

亭子名叫“看街亭”，说来这真是仁宗皇帝的悲哀。据记载，宋朝的皇帝除了应付外敌御驾亲征之外，就只有赵恒当年去四处烧香拜神了，其他的都没走出开封城周围一百里。他们贵为人间最富有、最强大的皇帝，所活动的空间只有周长五里，也就是两千三百余米的皇城。除此之外，就只有坐上从唐太宗李世民开始，就一直在用的那辆玉辂，一路吱吱呀呀地在御街上转两圈。

转时也很烦，基本上只能看到马屁股。这时仁宗就会叫停，他登上这座看街亭，俯览皇城外的市井生活、民间百态，算是一次难得的放松。

不知那时，他是自豪，还是羡慕……

看见道观，让苏轼有点犹豫，我喜欢和尚耶，不过好奇心战胜了犹豫，他还是走了过去。准确地说，他是走向了街东头。

西边是延真观，接待四方道民，是个宗教大旅店，实在没什么看头。东边的五岳观，那就真是非同小可了。五岳，中国人都知道是五座名山，名山里都住着神仙，比如东岳泰山就是管全人类转世投胎这项超级重要的工作的。

权力超大，道教的狂热鼓吹者宋真宗赵恒就想出了个好办法。为何不把五岳尊神都请进京城呢？就在御街上安家落户，朝夕与他做邻居。于是这座五岳庙就成了北宋“最为雄壮”的道观。苏轼边走边看，摇头叹息，真是不来东京，不知天下之大，不看这座道观，不知皇帝能做出啥！

接着走，他就看到了竞争对手扎堆处，宋朝的国立大学——太学。这个在目前来说，说大不大，说小不小，要到二十年之后，才能扩大为生员三千人的巨大学府。当然，那是神宗陛下和王相公的作为。这时苏轼看着这衙门，嘴撇得更歪了。一群手下败将，礼部试第二名在此，你们哪个不服气？

以前学的都作废了，以后就跟着欧阳老师和我走，自然少不了你们的功名富贵……呵呵。再往前走，最精彩的地段到了。查年纪，苏轼这时只是个二十一岁的青年，真是犹豫，到底该不该在街上小拐个弯呢？

只要从太学的旁边拐进去，就是一团胭脂粉香，莺声燕语的旖旎风光。烟花柳巷到了，宋朝的学子们很香艳，他们每天读书时就能听到道士们的吟唱声和妓女们的打情骂俏声。阿弥陀佛，罪过罪过，还是快点走过去吧。

第一段终于走过去了，它是御街最长的部分，共有五里。接下来的这一段，就是让人最神往的州桥段落。

州桥，还记得《清明上河图》里那道弯弯的、狭窄的虹桥吗？下面河水滔滔，桥上面车水马龙，居然还有做生意搭起来的大伞篾棚，生意做到了见缝插针。但这和州桥比起来，还是小巫见大巫，比较的不入流。

州桥，又叫天汉桥，意喻它就像天上银河的桥梁，又宽又大，请想象它是连接三百零七米宽的超级长街的桥！苏轼向下看，滔滔的汴河水从桥下流过，不过没有船只通行。一来它是石柱支撑型的桥梁，不像虹桥那样横跨两岸；二来再向前就是皇城和各个衙门了，船只的流动性太大，对安全有威胁。

再向四周张望，能看到它正处于子城的中心点，御街和东西御道的交叉点上，是名副其实的市中心。

这时苏轼应该有些懊恼，他还是初到京城，不知道州桥之美是在夜色阑珊时，他来早了。入夜之后，这里才会真正地活起来。那时，桥面上灯火明亮，挤满摊床，会变成苏轼这个中国最著名的贪吃鬼的天堂！

所有你能想到的美味小吃这里都有，你想不到的宋朝人也会做出来。

从华灯初上，到半夜三更，不管你什么时候来，这里应有尽有，煎炒、熬炖、蒸煮、凉拌，鸡皮、腰肾、鸡碎、旋煎羊、白肠、鲊脯、烧冻鱼片、獾儿、野狐、盘兔、旋炙野猪肉、野鸭等。吃腻了荤腥，州桥上的时鲜果品更是上乘货色。

如果您身份高贵，不屑于委身民间，州桥附近更是酒家连片，以桥南端与曲院街接口拐角上的遇仙楼正店为最，号称“台上”，是东京城首屈……那个三指的地方。因为如果要去酒家，东京城最好的选择毫无疑问是“樊楼”和“任店”。

去樊楼，要先向东转，它在皇城的东华门外。事实上它比皇城还要醒目，查资料可以显示，已故的柏杨老先生很可能说错了，他在《中国人史纲》里嘲讽中国封建年代时，说全国的建筑物都非常低矮，不许超过皇宫的高度。

可北宋仁宗年间不这样。樊楼是一座“三层相高，五楼相向”的庞大建筑，考虑到当时是砖木传统结构，说三层，实际上是指楼梯上的三层，也就是说，它是座四层楼高的酒店！皇宫的规格虽高，但就以举行大典的天安殿为例，也高不过它。

五座四层高的楼体彼此连通，层层都有飞桥栏杆，栋与栋之间明暗相连，苏轼站在夜色中，仰头望去，会看到每间阁子的窗口都挂着珠帘绣幕，透出温暖的灯光，每个屋檐的瓦垄上也都挂着一盏灯，远远望去樊楼就是梦幻般的一团光雾。

在苏轼的眼里，是一片激动、羡慕、欲望又懊丧的光雾……格老子的，俺是刚从剑门走出来的川娃儿，腰里实在没几贯铜钱，这么上档次的地方，让俺怎么进去耍嘛！

实际上，他进去也看不到樊楼在中国商业进步意义上的独特位置。第一，他身在局中，跳不到历史的大天空里去俯览；第二，食客是注意不到那些细枝末节的，比如樊楼的后厨房，那才是它在历史上留名的价值所在。

谁都知道，古时候都是些手工业者的小作坊式生产，就好比从前的农民，一家子不分工，从播种、插秧、锄草、收割等农活儿谁都要做，影射到餐饮行业，就是现在都有的夫妻店。

与之相对应的是现代的大酒店，那里边分工明确，每个人各自负责一摊。这就是划时代的象征，只有酒店开到了一定规模，社会的消费力也达到了一个高度，才能出现这种分工。

樊楼在一千多年前就做到了这一点。它的经营由三个部分组成。第一个，每层楼各有一个主管，由他主持本层业务，樊楼五栋四层，至少要近三十个人。第二个是后厨房，一共二十层的食客，都得照顾到，要知道那个时代没有煤、气、水、电！

第三点，就是樊楼的特权了。它之所以这样强盛，是因为它有着国家所特许的酿酒权。每年官府配给樊楼五万斤酒曲，平均每天用曲一百三十七斤，可以酿酒五千五百斤以上！这些酒它可以自产自销，也有权散卖给别的酒店。

有这些内在的支撑，才有苏轼在楼下看到的那团光雾。

夜幕下的开封城光怪陆离，它就像个突然出现在历史天空下的奇迹。宋之前没有过，宋之后也再没有呈现，甚至仁宗朝之后，它就有些失色了。这时有个问题要提出来。

在以前的叙述里，仁宗朝给我们的印象是对外战事失利，不断妥协，对内墨守成规，得过且过。尤其是仁宗本人太宽容，太软弱了，他纵容得自己的臣子都敢当面无礼。这样的皇帝当得实在太失败！

可为什么开封城变得这样繁华昌盛了呢？这是怎么搞的。

其中的道理，可以参照历史上和宋仁宗截然相反的著名皇帝，如汉武帝。这是位真正的大人物了，对内对外一律铁腕政策，不管是国内的豪强，还是塞外的匈奴，只要惹了他，没有不倒霉的。让千年之后的汉人都为之自豪。

了不起的皇帝，纯爷们儿！

稍等，去看当时的民间生活，以及国家成色。这里首先要澄清，没人说他北伐匈奴不对，我本人更没有受虐趋向，说必须与异族百年好合，像宋朝这样用钱买和平才怎样先进和谐。要说的是连年战争，威加天下，他本人强如天神之后，汉朝百姓们的生活。

不用我说，看他自己的《罪己诏》——“朕即位以来，所为狂悖，使天下愁苦，不可追悔。自今事有伤害百姓，糜费天下者，悉罢之！”

这是条无可奈何的真理，无论是出于什么样的目的，不管战争是打胜了还是输惨了，对国力、民生的消耗都是惊人的。就算以汉武帝之前的文景之治攒下来的家底，也承受不住没完没了的征伐。还有，这道《罪己诏》不仅是对战争的总结，更是对内政的忏悔。

他以强权统治国内，用各种办法把民间的钱收归国有，支持他去做那些千秋伟业。这些事情加在一起，除了匈奴被他赶得远远的之外，汉朝人已经辛辛苦苦几十年，一夜回到解放前，彻底贫穷了。

在这种对照下，看着开封城里的繁华，才能映射出宋仁宗的智慧。相对于汉武之强硬，来体验宋仁的“柔弱”，他是怎样在外族欺侮、内臣无礼的境地下，把国家治理得这样文明昌盛的呢？

这是个大课题，可以写出一篇历史研究生的毕业论文。可惜资料实在太少，就算是大师级的人物，也只能是分析和猜想。宋仁宗一直默默地隐藏在幕后，他的臣子们不管是怎样的性格，都可以畅所欲言，没有生命危险地为国家做事。

狄青除外，他的死，一部分也是因为他心理承受力差些。

请问这种施政的手法，是不是很高妙呢？而他的臣子们，也都对他百分之百地忠心，从来没人想过背叛他。你说奇不奇怪？他本是最理想的被篡位者啊！

抛开这些都不讲，只说他的仁慈和这一城的繁盛，就是对他的子民们的最好恩赐。那么下边就可以看一下，他的臣子们是怎样回报他的。

第二十章
45年无太子

终人一生，都有困惑，要怎样才能看清楚一个人呢？古人云，懂得看人背后的，是聪明人；能在背后看人的，是奸雄。

可是，就算看遍了一个人的前面背后，他还有不同的侧面。更要命的，人生没有平行线，只要两两相看，就总有互相的高低……人生最多的还是上下看。那时贵贱分隔，人情怎一个冷暖了得。

就连贵为一国之君，也终有一天会这样伤感。他终究会明白，皇帝这个职称其实跟美人一样，再光辉灿烂的头衔，也会随着年华老去。是人生至尊吗？您可千万别生病。

自从仁宗这次病了之后，他就发现，他的臣子们一边热衷于替他打理江山，另一方面，突然间集体焕发了空前的热情，用来……给他寻找继承人。要说这也是憋了很久的事了，西北打仗，南方叛变，黄河闹水甚至皇上生病，这些事哪一样是文官集团们不懂的啊，可算是皇上本人善解人意，突然间病倒了，考虑下仁宗的年龄，四十七岁，以往的健康没了，如今经常昏迷。太棒了，各位仁兄，我等齐心合力，做一件真正的大事情吧！

要是有谁犹豫，请大家鄙视他，因为他忘了当年那件轰动开封城的闹剧。

那时是皇祐二年（公元1050年），同时期比较著名的事，就是全体动员，狠剋皇贵妃她大伯父张尧佐。正在文官集团热身已毕，准备在包拯等人的带领下大打出手时，皇宫门前突然来了两个人。一个是普通男青年，一个是和尚，听口音还是江西省那边的。

当天这两个人直接就往皇宫里走，那架势就像这是他们的家，想来就来，想进就进，再自然不过了。当时卫士们比较扫兴，他们出面把人拦住了。历史证明，要是这两人当天进去了，这出戏就会加倍的精彩。

“干什么的？”卫士喝问。

青年仰头不理，神态倨傲。那个和尚庄严神圣地说了一句：“不得无礼，这乃是当年圣上龙种，太子也。”

晴天霹雳，太子下凡。大宋朝当时谁都知道，皇帝有过三个儿子，可都没活过三岁，从哪儿冒出来这么大个“太子”？

卫士们的表情就像生吞了两百多只苍蝇，俩疯子，给我滚！不由分说把这两个人赶走。

这就犯了个原则性的错误。当异常情况出现时，是严格地控制住局面好，还是把问题扔到民间好？要知道这可是天下繁华第一，有史以来最大的都市。

超过一百万的居民！

这一僧一青年被赶离皇宫后，直奔闹市街头，站在人群最多的地方，开始了演讲。由于内容实在火暴，人潮汹涌，立即把他们围了个水泄不通。

据和尚讲，这位青年来历隆重，起因是他的妈妈。该妈妈在二十多年前是皇宫里的宫女，也就是最高档的使唤丫头。全人类都知道，女孩儿的命运是不确定的，就看她嫁了什么人，或者被什么人喜欢了。这位传奇性的母亲就是这样。她被当今皇帝仁宗给“喜欢”了。

之后的发展急转直下，出于这样的或者那样的不便于公开的原因，她被赶出了宫门，流落到民间。注意，被迫害的时候，她已经有了仁宗的骨肉。

——他就是现在站在你们面前的这位青年！他就是大宋全体臣民盼望

了N多年的皇太子！

和尚的演说结束，周围的群众目瞪口呆。真的……假的？这没法确定，不过自古以来最有趣的就是围观效应。经过现场众多不明真相的群众的围观，皇太子大街回忆生平记这出戏，已经瞬间传遍全开封城。

当然，也传进了官方具体负责人，当时的开封府尹钱明逸的耳朵里。钱大人一听，这还了得？马上把人给我抓回来，妖言惑众，冒认皇亲，陷陛下于……那个意外的香艳境地，成何体统！

可是人抓回来后，他的乐子就大了。只见一直一言不发，神态冷傲的“皇太子”殿下突然凝视着他，高傲地说了一句：“明逸安得不起！”

钱明逸一听就傻了，这是多么的亲切，亲切里饱含着对自己的臣子身份的蔑视。明逸……他真的很有皇太子风范！不由自主地，他真的站起来了。

站起来之后，他就慢慢地转变了心态。史书里没有继续交代他发现了什么，不过他给出的判断是，把这位“皇太子”殿下发配汝州编管。注意，这是个不太重的惩罚，等于还没有彻底否认这人的皇太子身份。不然就是大逆罪，必斩无疑。

事情到了这一步，可以说深得宋朝法治社会的治理精髓。事情很大，罚得很轻，大事化小，赶走了事，让社会继续平稳，让谣言没有折腾的机会。钱明逸除了一时慌张，被吼起来之外，没什么丢人败事的地方。可事情仍旧搞大了，原因嘛，同样因为这是在宋朝。

宋朝政治宽明，不仅顶级大臣在皇帝面前可以保持尊严，在官场里，也没有什么官大一级就是爹妈的恶习。钱明逸被自己的下属给告发了。

一位开封府的推官参了自己的主官一本，说钱某办事不妥，让造谣者回到民间，等于支持造谣者继续造谣。

比如现在京城里关于皇帝私生子的传说就有了很多新版本。进入弹劾程序，事情终于让皇上本人知道了，那时仁宗还很清醒，他想了又想，二十多年前和某个宫女……有点太久了，想不清哎。于是难题交给了一位传奇性的大人物处理。

知谏院包拯包大人出马。

地球人都知道,包拯办案的力度空前绝后地强大。几天的时间,事情就水落石出了。这个男青年姓冷,叫冷青,就是开封本地人。他妈妈的确曾在宫里服役,出宫后嫁给了一个医生叫冷绪,先生了一个女儿,第二胎才有了冷青。

冷青和家里人不和,跑到江西庐山附近胡说八道,破坏生母的清白,和皇帝搅在了一起。至于那个和尚,他是第一个不明真相,胡乱激动的围观群众。

案子大白,冷青被斩首示众,宋朝的臣民们心情却很复杂。说实在的,他们多希望这事儿是真的,一位健康的成年的皇太子凭空出现,是帝国最大的惊喜,谁管他是不是明媒正娶生出来的。人人都知道,现在的仁宗皇帝身世不就蛮曲折的吗?

而且纵观两宋历史,凭空出现的皇太子是真实存在的。历史证明,只要名分说得过去,一切皆有可能!

回到原题,假太子上街事件后,立真太子的事就被提上了日程。前面说过,这是文官集团们所能做的有限几件事之一,几乎每个人都竭尽全力,使出了各自的绝招,来说服皇帝,成就这件"帝国最重大事件"的成功。

过程很精彩,有几位中华历史上的大名人露出了真实的本相。

第一个人叫范镇,他不算很有名,相信千年之后没多少人知道他的存在,可他在仁宗朝里算个人物,起因在二十年前的一次科考。

那时正是宋、夏战争开战的前夕,王随、陈尧佐、韩亿、程琳、石中立等老人帮主政,那一届的科考出现了丑闻,他们的大批亲信子弟都考中了,结果大清洗,本来是礼部试第一名的范镇被连累。到手的殿试前三名被剥夺,落到了第七十九位。

他本可以当场反对,但他选择了沉默。这种气度和涵养让他瞬间成名,每个人都牢牢地记住了他。这是条真理,人是必须成名的,不管你用什么方式,什么渠道成的名,只要有名,就有一切。

范镇以殿试第七十九名的劣等成绩进入官场,升迁速度却非常惊人,十几年之后,到了仁宗生病的这一年,他做到了言官的首领,成为宋朝的顶级官员。

这时要澄清一点，一个时代里，不管有多少卑鄙龌龊、贪恋权贵的人，高贵清白的人永远都是存在的，尽管很少。范镇就是其中之一。他在科考时表现出的气度贯穿了他的一生，甚至愈老弥坚，从轻视名位，到后来连生死存亡都不屑一顾。

只要他认为他做的是对的。

他在仁宗病刚刚见好时，没跟任何人商量，就直接写奏章，提议立皇太子，确定国家的接班人。他犯戒了，不仅得罪了皇帝，连中书省政事堂里的宰相们都对他怒不可遏。

皇上的病还没全好，你就不能等等？病人本身就敏感，再跟敏感的人说最可疑的事，你的脑袋进水了吧。将心比心，仁宗统治天下三十多年，恩德之厚古今第一，一旦病了，马上就有人跳出给预备后事，忙着找接班人，换谁谁不急？这是什么人心世道！

宰相们更愤怒。当时文彦博们刚刚搞倒了枢密使狄青，正是独掌大权的时候，这样重大的事，居然绕过了当家人，直接找大领导说事，你还把我们放在眼里吗？

更重要的是，谁告诉你这事我们就不想干了？

职场里最讨人喜欢的，是预先帮助领导完成任务的人；最烦人的就是搅了领导好买卖的人。范镇这人又犯了当年科考时的老毛病，只要他自己觉得这事儿行，那就这么办了，根本就不去想官场里的各种规矩。

其实在他之前，以文彦博为首的宰执集团已经在做这件事了，很可惜，仁宗皇帝生病太突然，所有的步骤都被打乱。现在病刚有点起色，突然间范镇就杀了出来。

不管结果怎样，下一位皇帝的第一个提起人，就变成了范镇！

想想陈执中这个官场低能儿是怎么混上宰相的，就知道这份功劳有多大，身为现在的一把手，居然让底下人打了埋伏，这个人无论如何都丢太大了。文彦博怎么忍也没忍住，派人把范镇叫了来。

搞什么，做这样的事为什么不先请求？

范镇非常镇静。做这样的事，我不计后果。如果先来请求，你们说不同意的话，这件事就不做了吗？

文彦博满肚子的话都被堵了回去。这就是官场潜规矩的致命伤，它是潜在的，这个世界虽然很大程度上，潜在的规矩更管用，可是毕竟生活在阳光里。世界的主宰永远都是拿得上台面的那一套，得守法，得公道，得有正义！

能不能做到这一点，就看你敢不敢挑白了说，让某件事大白于天下。

范镇就是这样，我不怕得罪你，你能拿我怎样？降职，给我小鞋穿，呵呵，忘了当年我连状元都不在乎吧。事实上文彦博的确没什么办法，可是身为首相，他能让范镇所有的努力都缩水。

范镇前后一共上书十九道，整整坚持了近大半年，可惜文件就在皇上和宰执们之间来回传递。一会儿交上去了，一会儿发下来了，范镇永远找不到确切的讨论人。不过这样也没能让他放弃，他是国家两大言事官系统之一的知谏院，有机会面见皇帝。

从这一年的七月开始，只要上朝，他必定会谈建储立太子的事。折腾得没完没了，最后皇上和宰相们达成了一个默契，给范镇调转工作吧。把他从知谏院调到御史台系统，给他找个上司管着！不过这也没用，范镇铁了心了。

他拒不上岗，回家躺着较劲，一挺就是一百多天。当人们再看到他时，都认不出来了。范镇须发皆白，就像过昭关时的伍子胥……

事情到了这一步，文彦博已经无能为力。一个人的坚持如果能到了范镇这一步，不管他为的什么事，都足以耸动天下。

这个世界上最有力的是阳光，什么潜规则都是在阴影里才有威力的东西。范镇让这件事曝光了，舆论开始形成，有至少三个重量级的人物站到了他的身边。只是每一个都太特别了，各有各的招数，而结果，每个人所得到的，也都各不相同。

为了区分，先说前两个。他们一个是包拯，一个是唐介。

包大人当时已经结束他最有传奇性的官场生涯，包龙图打坐在开封府已经是过去时了。为了一段经久不灭的传奇，请原谅，虽然它仅仅是个传奇，还是说一下吧。

包拯在开封府的时间大约只有一年。在这一年里并没有发生什么特别大的案件，没有，一件也没有。有的只是他工作的状态。他让人民能够随时见到帝国的首都长官，以及开封市最高检察院院长。

包拯下令，把衙门口大打开，无论谁有什么冤屈，都可以进来告状。绝不会再有层层的关卡，让不识字、不知法、不懂门路的良民有冤无处诉。

凭良心讲，只此一点，就足以让平民百姓们记他到永远。至于那些挑战贵族强权的故事嘛，在这期间，也有过一次。有一次发大水，京师惠民河河水大涨，民房被淹了一大片。查原因，是有些达官显贵们在河上修了一些水榭花园。其中最大的一个，就是位太监的产业。

包拯一点没含糊，找来地契，查看原图，只要有违建，立即拆除。严格地说，这远远不足让他成为铁面无私，断案如神的包青天。可人民，中国的人民所要求的实在是不多。只要是有心为民做事的，不管做到了哪一步，人民都会歌颂他，纪念他，神化他，把他当做黑暗里的明灯，来安慰在现实社会里被打击到体无完肤的心灵。

在真实的历史里，包拯所做的最重要的一件事，就是在仁宗晚年立太子这件事上的努力。这时他从开封府尹提升到了御史中丞，看到范镇的表现，觉得力度有必要加大。范镇，你实在是太软弱，太没有诚意了。

十九道奏章，还问不出一句答复，真不是一般的笨。

包拯直接去见仁宗，只见他站到皇帝的面前，仁宗下意识地就向后闪脸。没办法，当年张尧佐升官记里，为了把张氏集团搞垮，包拯把唾沫都喷到仁宗脸上了，这么大的威力实在让皇上没法忘。

啥事？仁宗问。接下来就是背书，关于太子的重要性，他是国家的根本，他是未来的希望，全体国民的幸福全都在系在他的身上……这些真是老生常谈，没完没了地谈。哪位大臣上书都是这一套，前面范镇都强调了十九遍了！

仁宗还得听，但是怒火也在升腾，终于转化成了四个字——“卿欲立谁？”

这四个字一出口，相信绝大多数的朝臣都只有跪倒认罪的份儿。如果换了是范镇的话，有可能他的头发会瞬间从白色再变回黑色，内分泌彻底吓失调。臣子想立太子，那不是造反是什么？

包拯却不在乎，他把脸，稍等，根据考证，包拯的脸不是一个大大的黑色球体外加上中方位一个白色的月牙，他是个非常儒雅、稍显清瘦的白面长须的古代标准男士。这时他把脸上的表情都抹掉，变得非常正规，平静地回答。

陛下这样问，是怀疑臣。臣年过七十，没有儿子，根本谈不到日后的利益，之所以谈这个事，完全是为了宗庙社稷考虑。您仔细想，我说的是不是真心话。

四十七岁的皇上面对快七十四岁的包拯，看了好半天，终于还是笑了。好，我仔细想想，你下去吧。（帝喜曰：“徐当议之。”）

包拯的官场生涯基本就此结束，他在临走前给自己画了个相当独特的句号。准确地说，如果没有这一笔，不管民间怎样传颂他，在官方的认知方面，他什么都不是。

他是奔着力度去的，可惜事与愿违，力度被久经官场，也久经考验的皇帝轻易就化解了。接下来出场的这位才是仁宗朝的力量哥。他是一切力量的终极篇，唐介，最强悍的言官出场。

唐介是那种半年不说一句话，一句话就能把人顶死的人。大家应该记得，张尧佐升官记里他的那句名言：“……节度使并不是粗官，太祖、太宗皇帝都当过。”

直接把仁宗归纳成辱骂祖宗的不肖子孙。

这时他被调回到京城，继续当言官，以此来显示朝廷是宽大的，言论是自由的。结果某天不经意间，他又说话了。那是包拯谈话后的第三个月，他们共同的老冤家张尧佐终于死了。大家在怀念从前岁月时，仁宗感慨了一句。

你们以前都言过其实了，都说张尧佐是现在的杨国忠，朕要是用他，就会成唐明皇第二，国破家亡远逃西蜀，其实哪有那么严重。

下面群臣低头不语，最近把皇上顶得够戗，现在都老实点吧，就当在尊重死人。可是排在队尾的唐介突然说话：是的，陛下说得对。

啊？大家都心惊肉跳，接着有点恍惚……唐介在说什么，赞同皇帝？皇帝也有点惊喜，于是大家一起屏息凝神等唐介的下文。

就听唐介说，用了张尧佐，也未必会有安史之乱，逃亡西蜀。可是一旦出了乱子，陛下还不如唐明皇！唐明皇有自己的儿子唐肃宗出来收拾局面，再立江山，请问陛下依靠谁？您有儿子吗？

仁宗差点气吐血，有这么说话，这么骂人的吗？就算古代的谏官有讽谏这一说，也不带这么埋汰人的吧？当天群臣不欢而散，考虑到唐介一贯的表现，这次也懒得罚他了。只是建储立太子的事仍然悬而未决。直到前面我说过的那位对宋朝的影响力，比韩琦、文彦博、包拯、富弼等人加在一起还要大得多的通杀级人物出场，才改变了一切。

从宏观上讲，范镇也好，包拯也罢，外加唐介，他们所用的招数都是在要求、劝诫、讽刺皇帝要怎样做，不要怎样做，总是不自觉地站在了皇帝的对立面，尤其是和中书省的宰相们的关系总是摆不平，不是对着干，像范镇，就是根本不屑一顾，如唐介。

这都不是做事的态度。在这位即将登场的大人物那里，这些都成了他的助力。此人一生，不仅让所有的皇帝喜欢，就连皇后、皇太后们对他也青睐有加，尤其是在民间，声誉的隆重性，比范仲淹都有过之而无不及，至于官场里，更是好评一片。

唯一的例外是宰执集团。他和北宋最牛的那位副宰相是终生的死对头，连带着也就和那批人水火难容。但这时是他的蹿升时期，他能做到不仅让仁宗朝的宰相们喜欢他，提携他，甚至还听他的命令。

第二十一章
不识贱人真面目

隆重介绍，司马光登场。

司马光，字君实，号迂夫，陕州夏县涑水乡人，生于宋天禧三年（公元1019年）。因为出生时他父亲司马池正在光州光县做县令，所以取名为“光”。嗯，只是不知为何不叫司马光光。此人出名极早，成名之后着重宣传的是他七岁时就能给家里人讲《左氏春秋》，为他之后成为大历史学家作铺垫。不过谁都知道，他小时候真正名闻天下的是另一件事。

司马光砸缸。要是谁不知道这件事的经过，自己百度去。

俗话说三岁看到老，从这件事里完全可以看出这人的素质，勇于决断，不顾一切地实施。这些都是真的，在他此后近七十年的生命里，他一直都这么做，不管对象是一只缸，还是一个国家。不过奇妙的是，这样一个人，在他活着的时候，这些都隐藏得非常好。让人看到的一面是谦谦儒雅、知书达理、非礼勿做的一位圣贤。

而不是本应该比唐介还要凶狠凌厉的官场屠夫。之所以会这样，只有两个可能。一、当时北宋所有人都瞎了；二、司马光本人的官场功夫实在到家，一边凶狠，一边让全民族敬爱。大家想，会是哪个原因呢？

说到这里，貌似我有点唐突圣贤，和中国人心中普遍存在的司马光大师的形象严重不符，到底怎样，让事实说话。世事纷繁杂乱，透过层层的迷雾，我们会发现，整个立太子事件，就是司马光从外地官员，进入京师官场的一场完美上位秀。

最初范镇独自上书的时候，司马光还在西北的并州做通判。之所以离京都那么远，我们来回顾一下他的仕途历程。

司马光考中进士时才二十岁，国家非常重视他，留在京城里做奉礼郎。这是殊荣，可他没接受，主动要求到边远南方去，理由很动人，他的父亲司马池当时在杭州做官。

他的起步和包拯一样，化忠为孝，感天动地，一直在苏州做判官直到父亲去世。守孝结束，他回到了京城任职。不过很快就又出去了，他展现了为人的另一面。

绝对、完全、毫无保留地忠于领导。注意，这个领导，并不是孔夫子教导我们的那位独一无二的皇帝，而是当时的独相庞籍。

历史没有记载他们是怎样一见倾心的，司马光从此对庞籍像父亲一样地爱戴和尊敬。这不是乱讲，有无数个事实来证明。最重要的两点就是，第一，庞籍在狄青升官事件里被梁适搞倒之后，调离京城到西北当官。司马光的选择是放弃国家正规安排给他的工作，跟着老领导下放改造。就是这样，他来到了并州当通判。

第二，庞籍在西北继续倒霉，他像老朋友范仲淹那样继续向西夏纵深处修堡垒，这就是罪过，都和平时期了，你为什么还要再生事呢？而和平的表现，就是西夏小皇帝在妈妈和舅舅的英明领导下，隔三差五地向宋朝边境出兵。没有大胜利，可小便宜一定要经常地占。

修堡垒，加上临敌小败，庞籍被一贬再贬，直到病死。这期间司马光牢牢地站在领导身边，曾经三次上书声明庞籍的过错里有他一份，请把处罚分过来一半。

最动人的是庞籍死后，他穿上最正规的衣服，请庞夫人到大堂上，像母亲一样接受他的跪拜，对庞籍的儿子就像自己的亲弟弟（籍没，光升堂拜其妻如母，抚其子如昆弟）。这在当时获得了所有人的称赞，以及后世的敬仰。

只是很奇怪，庞籍之死，官方派专人治丧，赠司空、加侍中，谥号庄敏。每一样都是生荣死哀，人家生前是正牌子宰相，为何弄得好像家人无依无靠，如果没有司马光的照顾，就会流落街头，惨不忍睹的样子？

当然，这只是第一印象，我们可以往好处讲，就是领导死了，家里虽然安康，但是他对领导的爱，绝不会人走茶凉，做人要厚道，永远追随领导！

对领导的亲人，比活着时还要尊敬和亲切……包括"抚"其子如昆弟。抚除了抚育、抚养之外，还有别的解释吗？

总而言之，无论如何，这是个多么好的同志啊，从这时起，他就有了一个在官场里超级值钱的头衔，以后他写信给别人时，可以这样落款——你的忠实的司马光。

范镇写第一篇请立皇太子的奏章时，司马光在边远的并州第一时间响应，但注意，他不是接着写第二篇奏章，和范镇站在一起，而是写了封私人信件。信里说，这是件真正的大事，除非不说，说了就要坚持到底，"愿公以死争之"。

美孚石油的创立者石油大鳄洛克菲勒先生当年有句名言："打前锋的赚不到钱。"他也是这么做的，在所有美国人一窝蜂地往新发现的油田边冲，想抢个新鲜，淘到第一桶金的时候，他按兵不动。直到石油由于过度开采，需求量却没那么大，变得比白菜还便宜时，他才冲进去，用极低的价格，不仅把油田盘下来，还把各种开采工具、运输设备都搞到了手。

这才是做事的样子。千年之前的司马光在发迹史上与这位大鳄不谋而合。

直到范镇的头发变白了之后，他才开始行动。最初是非常小心的，他以自己的名义写奏章，同样建议立太子，措辞很小心，这让他抢到了立太子事件的排名位置，可一点都不显山露水。这时命运也开始眷顾他，开封城里的顶级官场重新洗牌了。

战无不胜、意气风发的大宰相文彦博终于下台，他在为之前的强硬埋单，接替他的是枢密使韩琦。韩相公从这时起变成了另一个人。他强硬得比文彦博还要强硬，温文得仅次于另一位宰相富弼，一位真正适应官场的特殊动物诞生了。

司马光被调回京城，担任了一个非常绝妙的职务，修起居注。这是比馆阁学士们更能接近皇帝的差使，每天的工作就是给皇帝写日记，他可以最大限度地了解皇帝的每一个举动。这样的后果，就是他能第一时间掌握到皇帝的心理动态。

比如说，在什么时候跟皇帝说什么话。

嘉祐六年（公元1061年）的闰八月二十六日，这一天是仁宗的悲伤日。出生仅仅六十一天的皇十三女死了。这就像是天地神灵跟仁宗开的大玩笑。

他想儿子，为生出个儿子想尽了一切办法，同时也有了效果。两年内，后宫生出了四个……女儿。这简直让人欲哭无泪，不带这么欺负人的吧，哪怕有一个是儿子也好，皇宫内院都特意建了一座潜龙宫给未来的皇子住了。为什么老天就是不开眼？

关于这一点，实在应该给仁宗正名。不是他无能，是他敌不过整个汉民族的集体命运。常年阅读宋史，每每掩卷沉思，有时我不禁这样想：如果仁宗有自己的儿子，那么让后来的英宗怎样上位？没有英宗的早死，哪儿来的神宗年轻气盛时的改革？如果神宗活得长些，怎会让改革有头无尾？那样哲宗就不会十岁即位，什么事都不懂，被奶奶夺权……再后来天翻地覆，等到他亲政时再把奶奶那一套改过来。然后他再早死，才能轮到精彩绝伦、异想天开的赵佶登场。

那时中原陆沉，神州板荡，全民族被异族欺侮。试问这样的结局都跟仁宗有没有亲生儿子有关，他的生育问题，难道只取决于自身的某些器官的健全？

不，这不是他一个人的悲哀，尽管最难受的人肯定是他自己。

这时仁宗就在悲痛中，难过得好多天都不说话了，就像要再次犯病的样子。司马光就挑在这个他心灵极其脆弱的时刻，写了一道新的奏章。

他没像范镇、包拯、唐介那样简单粗暴地要求立皇太子，而是说，臣不敢奢望陛下立即就选出东宫太子之人，只恳请您在宗室之内选出一位聪明仁孝的好孩子，先立为养子，与其他的宗室子弟稍有区别，好好地培养，让天下人知道您心有所属，民心官场都会安定。等到他日皇太子出生，这位养子就可以退归藩邸，只当是为国家培养了一位好臣子。这样何乐而不为呢？

当天司马光站在一边，静静地看着皇帝。只见仁宗拿着奏章，看了好久，仍然面无表情，很像是和往常一样，继续沉默，躲进自己悲哀的心情里，谁也不理。但是突然他说话了。

“难道非得选宗室子弟入嗣吗？”没等司马光回答，他又喃喃自语，“这是忠臣之言啊！一般人是不敢提的。”

“臣提出此议，自谓必死，不意陛下开纳。”司马光如是说。他平静地顺着皇上的话，把中心议题悄悄地往实施上推。

果然，仁宗这样说：“这有什么害处，选宗室为皇嗣，古已有之，你把奏章交给中书吧。”

从来没有过的大进展！换一个人，心脏肯定会剧烈狂跳起来，奏章由皇帝的命令传达到中书省，那就是命令宰相们实施了！可这是司马光，他马上就拒绝。

“请陛下自喻中书宰相。”说着就请辞告退了。

搞什么，是不是疯了？好容易皇帝亲口答应，居然就这样轻飘飘地放过去了！但是别忙，到底是怎么回事，现在还没到揭谜底的时候。当天司马光的演出还没结束，甚至可以说事情才刚刚开始。

他从皇宫出来，直接走进中书省，向宰相们汇报工作。具体内容是皇上的健康。近几年以来仁宗一向龙体欠安，新一届领导班子继承了文彦博的良好习惯，每天都要询问。这一天例行问答都结束之后，韩琦却没放他走。宰相大有深意地望着他，像是期待着司马光说点什么。

可惜等来的是一阵沉默。

最后还是韩琦先开的口，这样问：“今天皇上还说了什么？”司马光继续沉默，好一会儿之后，才回答：“所言宗庙社稷之计也。”

之后韩琦就微笑了，再没说别的，让司马光离开。

到这时，当天的事情才算结束。司马光仍旧平稳地走出了中书省，他知道已经给韩琦等最高权力阶层留下了非常深刻的印象，不仅深刻，而且极好。

当仁宗要他把立太子的奏章转交中书省的时候，他第一时间地拒绝了。这在后面和韩琦的谈话中证明，是一件绝对正确的决定。如果由他来转交，这就造成了一个说不清的事实。即，立太子这件事是由他司马光一手促成的，连命令都是他从皇帝那里得到，向整个中书省下达。

宰执大臣们被晾在了一边，完全被动。

这样做，简直是把所有的功劳都归于自己，让除他之外的整个官场统统歇菜。这样贪婪的结果，就是把自己扔上了火堆，成为众矢之的，以他当时一个小小的修起居注的京官，简直是在找死。

尤其是韩琦当面就点醒他，当天到底和皇上谈了什么。别以为皇宫之内会有什么秘密，别想耍花样！而司马光的表现是非常的乖，他想了又想，选择说实话。“宗庙社稷之计”，就是立太子的事。整个事件过后，他让宰执大人们觉得他既敢做事，更能做事，难能可贵的是又很会做人。

在这种认知下，韩琦露出了难得的笑容，给了司马光一个天大的面子。某一天，一位姓陈的御史找到了司马光，像闲聊一样说：“前些天某次会议上，韩相公跟我说，他很欣赏你。说你正在上书说建储的事，能不能把奏章先送到中书省呢？你想做这件事，别自立门户（欲发此议，无自发之）。”

这是示好，也是示威，司马光再次面临选择。韩琦这是想收编他，让他成为中书省在这件事上的马前卒。按说也蛮荣幸了，这和他之前的人生轨迹非常相符。

投靠过庞相公，为何就不能再投靠韩相公？

可是司马光那天偏偏又犯了沉默的病，他什么都没说，可没有表态，就等于拒绝。拒绝就是反抗！这可真是让人搞不懂了，他到底是想干什么呢？

半个多月之后，事情就真相大白了，人们从此才真正地认识了这个人。九月的某一天，司马光在写皇帝日记之余，再次抓到了一个好机会。仁宗那天心情好，很适合聊天。那么聊什么呢，在一个人悲痛的时候，让他陷进更大的悲痛里，才好说危机。

比如说国家需要太子，不立天下不稳。

在一个人心情好，体力好的时候，就要换一套方法。对方可以思考了，给他上次历史课。众所周知，司马光的历史水平在整个中华民族里都能排进前五，他挑了个近的，说唐朝的事。

话说唐朝神武，百事开明，出产的人物在各方各面都达到了一个顶峰，真是比我们宋朝强很多啊。比如说，宋太祖赵匡胤开创了科举制度里的殿试，从此让天下举子们都成为“天子门生”，只为皇帝服务，再不看座师的脸色。

可唐朝就有“门生天子”。连皇帝都是他们的徒弟。这是怎么回事呢？就是因为唐文宗一直不立太子，死之后被亲近的太监们做手脚，从此随意拥立唐朝的皇帝，想让谁当谁就当，想让谁死谁就死。堂堂的天可汗的子孙，居然被太监们玩弄于股掌之间！

陛下，您想让这种事在宋朝重演吗？

再没有犹豫了，仁宗下令司马光立即把文件送交中书省，把这件事确定下来。这一次司马光也没再推辞，火候到了。

再次来到中书省，他的神情举止再不是一个下属，而是位充满着神圣感的天使。他庄严地对韩琦等宰执大臣们说：“陛下决意立宗室为皇子，今天诸公如果不能及时议定，他日夜半，禁中出寸纸以某人为嗣，那时天下谁也不能违背了！”

义正词严，说的也都是实话。现在皇帝的身体到了这地步，谁知道哪天驾崩？那时皇宫深处往好里说是皇后，糟一点就会是太监，来决定谁是下一任皇帝，难道那时做臣子的有权反对吗？

韩琦等全体宰执大臣一齐躬身施礼，同声回答：“敢不尽力！”

从这时起，司马光退出了立太子事件，从程序上，从官衔上，他都再没有参与的权力。那么转身就走，决不迟延，他留下的是倡议阶段起决定性作用的名声，以及让全体朝臣都又惊又佩的印象。就比如说大宰相韩琦。

你要我配合，我已经配合了，可绝不是你所希望的马前卒、小跟班。我以正道尽臣子的义务，转身把成果交给你时，神圣得无可侵犯，你必须向我低头！

这就是司马光的作风，万事都有依据，有道义，谁让他学问大，历史知识强呢。回顾一下倡议阶段的四位名人。范镇、包拯、唐介、司马光，只有他一个人在这件事里得到彩头，就此平步青云名利双收。有人会说，不要以小人之心度司马光之腹嘛，干吗这么刻薄？

对不起，一次是偶然，那么两次呢？这种作风和这种结果，不久之后他就再次重演了一次。还是大家倒霉，他一个人得利！

接力棒传到了韩琦的手中，历代史书都说韩琦先生是仁宗、乃至英宗朝的两朝传承、居功至伟的大臣，没有他的努力，没有他近于霸道、专权一样的决策，宋朝就不会是历史里的样子。

其实哪儿跟哪儿，上面都已经说了，司马光把什么事都办完，直接把立太子的决定书交到了他手上，他所需要做的就是按令实施，走那些官面上的过场。

十月初，在官方场合，皇帝和宰执大臣们定下了皇子人选，就是前些时段里提过的，由仁宗和曹皇后主婚的“十三”。

十三是宋太宗第四个儿子商王赵元份的儿子，濮安懿王赵允让的第十三个儿子，名叫赵宗实。他生于明道元年（公元1032年）正月初三，四岁的时候进皇宫生活，因为仁宗的头生儿子早死；八岁的时候被退还王府，因为仁宗生出了第二个儿子。

他生来就是个预备役。

这时他已经近三十岁了，是个沉默寡言的优秀青年。尤其让人感兴趣的是他的生育能力，这时他已经有三个儿子一个女儿，再考虑一下他父亲的生育能力，天哪，一共有二十八个儿子！这是多么让人兴奋的事，帝国自从真宗开始，两代皇帝生儿子比干掉李元昊还费劲，这一下肯定彻底解决问题。

一劳永逸了！

选定了人，开始进入官方程序。要确立一个皇太子不是那么容易的，这首先是一个行政官衔，皇子和官员一样，得循序渐进一级一级地升，才能升到帝国接班人的位置。第一步，先升闲散宗室人员赵宗实为泰州防御使、知宗正寺。

这是个小官，前面的防御使就算了，他不可能出京到泰州方面去报到。知宗正寺嘛，就是管理在京皇族人员的负责人，很不起眼。但无比光明辉煌的人生就在前面不远处，让人流口水的前程突然从天而降，想一下是多大惊喜。

一步登天，皇太子啊！还有人会拒绝，会犹豫，会哭着喊着说，我不——吗？答案是有。要说这也不稀奇，在中国的古代，尤其是宋朝，有学问有修养的人像春天水塘里青蛙的儿子们那样多。各个都把前程、钞票看得比命都重要，却板起脸来说：

“不，我不够资格，绝对不当。”

一般来说，都要来来回回地谦让三到六次不等，这样才能显得自己道德隆重。这位赵宗实就是这样，他躺在家里，先是找了个冠冕堂皇的理由，他父亲赵允让刚死，守孝期间万事不干，拒不接受任命。这好办，国家有明文规定，重要人员的爹妈死了，可以夺情起复，不耽误工作。可他接下来便表现得像块滚刀肉，怎样切都切不动。

充分地表现出了他的最大特性——这个贱人！

说他是贱人，是对他一生完整的评价。至于贱人之所以那么贱，就是个循序渐进，让人一点点看清的全过程。

这时他的拒绝就有些出格，对此非常有涵养的仁宗都有点烦了，对韩琦说：“他这样，那就算了吧。”根本就没多大兴头的事，以为谁逼着他当吗？

事实上这也是大宋帝国国运的一个转机，真的就此把这个贱人否定，后面那些悲剧就都不是那个样子了。可惜这时当宰相的偏偏是北宋百余年间，论硬度能排到前七的韩琦。韩相公一口回绝：“此事岂可中辍，请陛下写亲笔诏书，让宗实知道这是圣意，自然就听命了。”

但事情就是这么的邪，天大地大圣旨最大，可赵宗实就是不听话。他赖在床上不起来，一口咬定自己病了，让皇宫里的传旨太监来来回回跑了十八趟。

后来赵构要岳飞火线班师用了几道金牌？十二道，大军在外都能调回来，可一个在京的闲散宗室人员居然就敢不动弹。最绝的是，臣子接旨有规矩，领旨要谢恩，回绝要辞表，十八道圣旨换回来十八道辞表，其中得利的人居然是濮安懿王府的记室孟阳。

赵宗实跟孟阳说了，每写一道辞表给你十金，十八道写下来记室先生发了笔小财，赚了一千多贯。事情到了这一步，韩琦等人也觉着不对，肯定有什么事让赵宗实不安，能是什么呢？想来想去，大家这样猜。

肯定是名分不对，泰州防御使、知宗正寺这样的官衔说明不了问题。那好吧，我们大家提请，直接把他定为皇子。这个提议由韩琦首倡，欧阳修附和，被枢密使张昪怀疑，最后找翰林学士拟旨时都被拒绝。

张昪面对面地问仁宗："陛下不疑否？"仁宗答："朕欲民心有主，只要是姓赵的就行了。"算是过了审核关，下面是韩琦在翰林学士面前碰壁。当时的学士王珪根本就不相信他。第二天当面请仁宗下令之后，才有了明文圣旨出台。

宋嘉祐七年（公元 1062 年）八月七日，全体在京皇族齐聚大内，由仁宗宣布赵宗实成为皇子，并正式改名为"曙"。

从此名至实归，他已经是帝国的唯一继承人。这时就应该登台亮相了吧？当年老祖宗赵匡胤陈桥兵变时被强迫换衣服，也只是推辞了一下；他本人的重孙子宋钦宗兵临城下时被老爹推上去当挡箭牌，也只是哭了一晚上。

他倒好，到了这一步，都还是那一句话。不当，就是不当！充分地表现出个性的顽强。最后仁宗终于烦了，决定让这个干儿子懂点人事。

派在京皇族管理员，大宗正事两人抬着一顶小轿去，先给他上上课，让他明白，不管是闲散宗室，还是皇太子，你都是帝国成员，皇帝有命，必须遵从！然后再把他抬进宫来。

想得不错，也得人配合。赵曙的反应无论如何都让人捉摸不透，他把回话精减成了八个字，"非敢邀福，以避祸也"。这到底是什么意思？至高无上、人间独大的皇位居然对他是个祸患？韩琦、欧阳修甚至司马光都在挠头，这人到底是真的不想当，还是仍然有什么不满足？

这个疑问是个宋朝的终极问题，这时谁也想不清，要到三年以后，这个人快死的时候，才能知道真相。那时韩琦等人早就骑虎难下，被他累得精疲力竭。

不管愿不愿意，都必须和这人站在一起，当个有始有终的忠臣。

回到现场，事情一直拖了二十天，到了八月二十七日时，皇子大人终于起床了，他坐上小轿进入了皇宫。之所以还是同意了，官方的记录里是那位了不起的王府记室孟阳的功劳。当时赵曙一个劲地强调有危险，孟阳提醒他："现在已经是皇子了，天下都知道，就算你现在请辞得准，回归王府，就敢保证没有后患了吗？"

一句话，你曾经是帝国继承人，就永远贴上了这个标签。

赵曙一下子就爬了起来，对啊，这个我没想到。他立即就上轿进宫了。这也就是说，是躲也没有用，才索性出头的。

从这时起，赵曙的贤德之名就传颂天下了，他视皇位如祸患，跟上古时拒绝接任尧舜当皇帝的贤人是多么的像啊。尤其是他进宫的那一天，全家老小加上奴仆不过三十多人，行李非常简单，跟平民百姓没有区别，所特别的就是藏书丰富，积屋满箱，典籍俱全。

非常符合文官集团的价值标准！他们四处宣扬，赵曙真是天生地造的、最适合当皇帝的那个人啊！其实他们都看错了，这人是一头欲望被压抑得太久的饿狼。

这种欲望被继续压抑着，皇太子的位置被证明是火上浇油，让这个人更加忐忑不安，患得患失。人类的天性决定了，只有对某件事超级在乎时，才会表现得反常。

由此，才能解释后来为什么发生了那样蹊跷的事。

这时谁也没有发觉这一点，包括阅历丰富、鉴人无数的仁宗皇帝。他是真的对这个曾经收养过的养子很疼爱，自从赵曙被接进皇宫，就一直带在身边，尤其是到了年底时，由全体宰执、近侍、三司使、台谏官、主兵官以及宗室、驸马来陪伴，带着他两次进入龙图阁、天章阁，参观祖宗遗物。

把他扶上太子宝座，再送一程，让他能坐得稳。

那一天，仁宗回望前尘，抚物追思，自己在这片皇宫已经生活了五十四年了，自从出生以来灾变不断，连生母是谁都曾经变化过……这是怎样单调又复杂的一生啊。时至今日，辽国、西夏、大理、吐蕃、交趾，周边所有国家都已和平共处，国内不识刀兵，百姓安居乐业，这一城的空前繁华虽然会渐远渐淡，随着国土的遥远被弱化，但谁也无法否认，他让百姓过上了从前无法梦想的好日子。

这就是我的印迹……五十四岁的赵祯在群臣环绕下微笑着传令摆宴，要与臣子们尽一夜欢。这也就是人生，尽管知道这些臣子服膺的只是皇帝的权力，而不是哪位皇帝本人。这一点在立太子的过程中已经看得再清楚不过了。

在后来立神宗时再次证明了这一点。可是也不妨碍与他们举杯共饮。人生、忠诚，也就那么回事吧。那一晚君臣同乐，一直喝到了深夜才散，史书记载仁宗特意叫韩琦近前来，亲酌了一大杯鹿胎酒给他，韩琦一饮而尽。

立储首功之臣。

这下子世界终于清静了吧，再也没人能在仁宗的身上挑出什么毛病。于是日子一天天平稳地过去，直到六十天之后。

第二十二章
唯此一仁宗

宋嘉祐八年(公元1063年)二月十四日,仁宗再次昏倒。这一次宰执大臣们直接被带进了皇帝的寝宫,大内福宁殿西阁。

韩琦等人被眼前所看到的景物惊呆了。这是天下共主的房间,可是幄帘之内,只铺着颜色暗淡的素色被褥,看上去已经很久没有替换了。这时仁宗已经醒了过来,看他们不住地打量,很平淡地说。"朕居宫中,自奉止如此尔。此亦生民之膏血,可轻费哉?"

诸位相公,想想平日里豪奢度日,可有愧吗?

仁宗的病情稍有起色,到三月时,他可以临朝视事了,还主持了他在位期间的第十三次科考。一切的迹象都表明,他又熬过了一劫,直到三月二十九日的晚上。

那一天仁宗很正常,白天里饮食起居和平时一样,直到睡下。半夜时他突然间坐了起来,内侍赶紧上前扶住,他已经说话不连贯。像是预感到了什么,他直接吩咐去请皇后来。皇后来时,医官已经抢救,仁宗说不出话来,只能用手指着心口,满脸的痛苦。

百般医治无效,快到凌晨时分,他终于在自己常年居住的福宁宫里永远地闭上了眼睛。他死了，这时人们发现，那一天是晦日，整整一夜都看不到月亮……

仁宗在位四十二年，是宋朝十八位皇帝中执政时间最长的一人。关于他的评价，我想应该分成两部分。一个是关于“仁宗”的，因为他是一个皇帝。这部分在宋史的《仁宗本纪》里归纳得非常客观，不妨借用。

“……在位四十二年之间，吏治若偷惰，而任事蔑残刻之人；刑法似纵弛，而决狱多平允之士。国未尝无弊幸，而不足以累治世之体；朝未尝无小人，而不足以胜善类之气。君臣上下恻怛之心，忠厚之政，有以培壅宋三百余年之基。子孙一矫其所为，驯致于乱。《传》曰：‘为人君，止于仁。’帝诚无愧焉。”

这是千真万确的评语，无论谁有什么独特的见解，都无法抹杀赵祯作为“仁”宗的唯一性。遍阅史书，历朝历代中还有元仁宗、明仁宗、清仁宗。

元仁宗孛儿只斤，名爱育黎拔力八达，这个人可以被忽略，不说蒙古人在统治制度上的各项缺陷，只说他本人，从哥哥的手里接过皇位，答应再传给侄子，可死后即位的还是他自己的儿子。言而无信，连做人都不够格，谈什么“仁”？

明仁宗朱高炽在位仅仅十个月，能为天下作出什么贡献？史书里说他发展生产，与民休息。对不起，这真是搞笑，休息十个月能让民间喘上几口大气？

清仁宗颙琰，姓爱新觉罗，他在位期间，天理教、白莲教遍地烽火起义，更有一介平民在皇宫门口刺王杀驾，随从的一百多个侍卫居然都没有反应，只有他的本族亲王出来救命。当皇上当到了这个份儿上，基本上可以贻笑千古。

唯有宋仁宗赵祯，死时开封城内军民百姓罢市同悲，数日不绝，连乞丐和小孩儿都买了纸钱，到皇宫门前焚烧痛哭，他们哭的不只是一个封建皇帝，更是一个人情味十足的父亲兄长。就连辽国皇帝都珍藏他的遗像，“奉其御容如祖宗”。

仁者未必无敌，但会一直留在人们心里。

另一方面，赵祯让人怀念的是他作为人的那一面。记得在开篇时，我曾经将他的整个人生归纳为两句话。第一句，他是个不知身在苦难中的孩子。

因为他在锦衣玉食的童年里，不知道自己的亲生母亲是谁，连她死时都没能及身相见。这成了他一生中的至痛。

第二句，他不知道自己活在繁华幸福中。贵为有史以来最富足王朝里最繁华时期的帝王，他一生节俭，不仅卧室中那样朴素，就连饮食一直也很简单。史书记载，某次宫廷内宴，有一盘时鲜，乃是二十八只螃蟹。仁宗问，每只多少钱？

回答，每只一千钱。仁宗当时大怒，一直警告你们不要太奢侈，总是不听。一下箸即是二十八千钱，让我怎能吃得下去？那顿饭，从始至终，仁宗没动过一只蟹。

他这一生，尽管手里的钱不计其数，可是里忧外患，没有安宁，他从来就不敢乱花一文钱，没敢像他的父祖那样，兴建过哪个超级宫殿。

说到这里，我的眼前总是闪过宋朝历代皇帝的画像，每每沉思，觉得每一个皇帝的性情遭遇，都在相貌里表现了出来。比如开国之君赵匡胤，他端坐在皇座上，双目微闭，暮霭沉沉，喜怒不形于色，不怒自威。那是一位胸怀万物，睥睨天下，举重若轻的人。

宋太宗赵光义是立像，他双手笼在袖里，身姿端凝，微微含笑，显得文质彬彬，大有理想。真是一位看上去温文有度，勤于治国的好领袖。不管他做到了哪一步，至少很努力。

宋真宗赵恒宽眉美髯，喜气洋洋，一生中逢凶化吉，没有灾殃，或许真的是来和天尊转世，让他一直活在自己的世界里，管他生不生病，一直都很适意。

再看仁宗赵祯，他身穿一领红袍，端坐在皇位上，身子微微前倾，肩膀有些耸起，显得体质虚弱，思虑过度，最让人痛惜的是他的眼睛。宋朝十八帝里只有这一双眼睛至清至纯，就像个孩子一样凝望着很远的地方。这是他一生的真相。皇帝只是他的职业，他从来没有盼望过当，也没有当出乐趣来。

在他的心灵深处，有一方净土，尽管身处世间最诡诈机变的权力旋涡中心，历经四十二年的风霜雪雨，也一样没法改变他善良、宽厚的性格底蕴。

他是一个异数，在中华五千年冷酷无情，唯力是视的历史中，留下了自己独特的印迹。